财智睿读

城市集聚经济、户籍制度与农村劳动力流动

周光霞 / 著

中国财经出版传媒集团

经济科学出版社

Economic Science Press

图书在版编目（CIP）数据

城市集聚经济、户籍制度与农村劳动力流动/
周光霞著．—北京：经济科学出版社，2019.9
ISBN 978 - 7 - 5218 - 0962 - 6

Ⅰ.①城⋯　Ⅱ.①周⋯　Ⅲ.①农村劳动力 - 劳动力
流动 - 研究 - 中国　Ⅳ.①F323.6

中国版本图书馆 CIP 数据核字（2019）第 210962 号

责任编辑：郎　晶
责任校对：隗立娜
责任印制：李　鹏

城市集聚经济、户籍制度与农村劳动力流动
周光霞　著

经济科学出版社出版、发行　新华书店经销
社址：北京市海淀区阜成路甲 28 号　邮编：100142
总编部电话：010 - 88191217　发行部电话：010 - 88191522
网址：www. esp. com. cn
电子邮件：esp@ esp. com. cn
天猫网店：经济科学出版社旗舰店
网址：http：//jjkxcbs. tmall. com
北京季蜂印刷有限公司印装
710 × 1000　16 开　14.5 印张　240000 字
2019 年 11 月第 1 版　2019 年 11 月第 1 次印刷
ISBN 978 - 7 - 5218 - 0962 - 6　定价：56.00 元
（图书出现印装问题，本社负责调换。电话：010 - 88191510）
（版权所有　侵权必究　打击盗版　举报热线：010 - 88191661
QQ：2242791300　营销中心电话：010 - 88191537
电子邮箱：dbts@ esp. com. cn）

序　一

改革开放以来，我国城镇化进程取得举世瞩目的成就，2018年末常住人口城镇化率达到 59.58%。作为中国城镇化的主导力量，农村劳动力向城市流动一直是备受关注的现象，相关研究成果不断产生。在 21 世纪实施乡村振兴战略、促进城乡融合发展的进程中，农村劳动力市民化的科学研究还需要进一步深入。

中国的城镇化是户籍制度和集聚经济相互作用的进程。一方面，集聚经济是城镇化的本质特征，劳动力及其经济活动在城镇空间集聚是中国经济增长的特征事实；另一方面，户籍制度是中国劳动力市场中影响颇深的制度，与户籍相关的"隐形"制度加深了户籍身份对农村劳动力流动的影响。集聚经济理论为研究户籍制度约束下的中国农村劳动力流动提供了一个新的研究视角。

本书基于集聚经济视角，将集聚经济的金融外部性和技术外部性纳入同一分析框架，以我国省级城市、副省级城市和地级城市的市辖区为研究对象，使用第六次全国人口普查数据、《中国城市统计年鉴》数据、中国家庭收入调查项目（CHIP）2002 年和 2007 年城镇劳动力数据库和流动人口数据库等，采用理论推导和实证模型，分析了农村劳动力在空间集聚的成因、集聚的经济结果，以及农村劳动力是否公平地分享城镇化收益。

本书的研究结果表明：首先，城市集聚经济的金融外部性、技术外部性和农村劳动力规模之间存在"U"型和"⌒"型非线性关系；其次，农村劳动力向城市流动缩小了城乡收入差距；再次，农村劳动力流动带来差异性的城市经济增长，扩大了城市间经济发展差距；最后，农村劳动力的确受益于集聚经济机制带来的工资溢价，但是由于户籍制度的制约，相较于城镇劳动力，农村劳动力获得了较高的金融外部性带来的工资溢价和较低的技术外部性带来的工资溢价。研究在理论上有助于劳动经济学和集聚经济理论的进一步发展，在实践上有助于中国劳动力市民化目标的实现。

本书在国内外相关理论和研究现状基础上，紧密结合中国城镇化的现状和问题，在以下方面做了创新性的研究尝试：第一，基于集聚经济视角，重点研究劳动力流动的集聚经济结果；第二，将金融外部性和技术外部性同时纳入分析框架；第三，拓展了传统的工资决定模型，将城市层级宏观数据和劳动力层级微观数据相结合，实证检验户籍制度和集聚经济共同作用下的工资溢价分享的差异性。

周光霞是我指导的博士研究生，在博士论文完成期间，她严格遵守学术规范，养成了独立从事科学研究的能力，研究成果具有说服力。周光霞在工作和学习上都非常认真，对科学研究充满了非常浓厚的兴趣，相信她在今后的科研工作中会继续走下去。我很高兴见证了本书的从无到有、从有到优的过程，希望读者有所收获。尽管本书是长期专注研究的成果，但是难免会有不足之处，作为周光霞的老师，也恳请各位学术界同仁和读者批评指正。

宋洪远

2019 年 10 月北京

序 二

周光霞副教授是我指导的博士研究生，她的博士论文主要是从城市集聚经济视角来研究户籍制度制约下的中国农村劳动力流动问题，在理论和实践两方面取得了很有价值的研究成果。

城市集聚经济是一个世界现象，户籍制度制约下的劳动力空间集聚却是中国的独特问题。一方面，大量的农村劳动力不断地向城市集聚，持续推动着中国的城市化进程；另一方面，由于缺少城镇户籍，他们难以真正融入当地的劳动力市场，这使得城市劳动力市场具有典型的二元特征。因此，在新经济地理学掀起的规模报酬递增革命第四次浪潮方兴未艾的背景下，户籍制度影响下的中国农村劳动力流动为城市集聚经济研究提供了一个良好的实验场所。

基于新经济地理学、城市经济学等学科，本书将集聚经济区分为金融外部性和技术外部性，并将二者同时纳入分析框架。在此基础上，本书从集聚经济"向心力"和"离心力"的角度，考察城市集聚经济与农村劳动力流动的非线性关系，并探讨劳动力的城市空间集聚对收入差距的影响。城市收入差距的研究主要从三个方面展开：城乡收入差距、城市间收入差距、城市内部收入差距。通过理论和实证检验，作者发现：集聚经济引导下的农村劳动力流动缩小了城乡收入差距，促进城市经济增长的同时扩大了城市间经济发展差距，城市劳动力市场中的劳动力均会受益于城市集聚经济效应，但是户籍制度导致了差异化的工资溢价分享，金融外部性带来的工资溢价更多地被农村劳动力获得，技术外部性的工资溢价则偏向了城镇劳动力。结论对城市化模式的选择、户籍制度的改革、人的市民化推进等具有一定的意义。

周光霞遵守严谨科研作风，恪守学术规范，尊重他人研究成果，努力在研究方法和研究结论上做到严谨、创新，虽然写作过程充满挑战，但她克服困难，力图将理论和实证结果讲清楚，研究具有一定的理论和实践价值。现在，经济科学出版社将周光霞的博士论文正式出版，作为周光霞的博士生导师，我深感欣慰。

改革开放以来，农村劳动力向城市流动是中国经济发展的特征事实，一直得到研究者和决策者的重点关注。伴随着户籍制度改革的深入和中国城市化进程的推进，劳动力跨地区、跨部门流动方兴未艾，这个领域的研究也需要进一步深入。因此，我希望并相信周光霞再接再厉，在前期研究基础上继续前进，取得更大进步，同时也希望更多的学者关注并参与这一领域的研究。

教授、博士生导师
2019 年 10 月南农校园

目录
CONTENTS

第 *1* 章

绪　　论

1.1　研究背景与研究意义

1.1.1　研究背景

中国正在经历着增长阶段转换，高投资和出口驱动经济增长阶段趋于结束，城市化成为中国经济增长新动力（中国经济增长前沿课题组，2012）。大量的劳动力从农村转移到城市就业、获得非农工资收入，这一现象在宏观上就是持续不断的城市化进程。农村劳动力是中国城市化的主导力量，城市化进程在很大程度上取决于农村劳动力流动的速度和规模。大规模的农村劳动力向城市流动开始于 20 世纪 80 年代后期，伴随着时间的推移，农村劳动力流动的规模和范围逐年扩大，21 世纪以来呈加速趋势。全国第六次人口普查公布数据显示，在 2010 年 11 月 1 日零点，以常住人口规模计算的城市化率为 49.68%。2014 年 3 月发布的国家新型城镇化规划提出了 2020 年 60% 的城市化率指标，意味着 1 亿左右的农村人口将流动到城市生活（唐为、王媛，2015），农村劳动力及其经济活动向城市流动会在未来的一段时间内持续进行，不断推进的城市化将成为中国新的经济增长引擎。但是，要实现现代化的、可持续的经济增长，我们不仅仅需要强调城市化拉动内需、促进经济增长的作用，还需要重点关注农村劳动力能否在经济增长中广泛受益。因为只有一个国家绝大部分劳动力切实获得经济增长的好处，这样的经济增长模式才是有效率的（世界银行，

2005）。

　　集聚是城市的本质特征，中国的城市化进程是经济要素及其经济活动空间集聚的过程。从区位上看，东部地区确立农村劳动力主要迁入地的地位；从区域经济带来看，长三角、珠三角两大城市经济体系充分发挥着城市集聚能力；从城市类型看，大城市尤其是超大城市和特大城市持续吸引着大量农村劳动力。中国的农村劳动力流动过程实质为东部地区、区域经济带以及大城市特别是超大城市和特大城市"自我加强"的进程，具有"强者恒强、强者更强"的趋势，呈现出明显的集聚累积效应。因此，农村劳动力的空间集聚是转型期中国经济的一个特征事实。

　　作为较高层次的集聚经济，城市集聚经济是以城市为空间载体，生产要素和经济活动集聚在特定的空间范围，统一劳动力（消费者）集聚和产业集聚。作为一种区位空间现象，集聚经济由某种循环逻辑创造并维持。马歇尔是第一个系统讨论集聚经济的学者，之后诸多学者在理论和经验上进行了深入研究。城市经济学关注了城市集聚经济的离散力，缺乏空间维度，虽然它研究的是空间问题。克鲁格曼（Krugman，1991）将主流经济学家忽视的空间因素引入经济学的理论框架开创的新经济地理学（New Economic Geography，NEG）掀起了经济学界规模报酬递增革命的第四次浪潮。[①] 和以往主流经济学不同，新经济地理学建立在规模报酬递增和不完全竞争的假设前提下，致力于解释经济活动在地理空间集聚现象的成因、经济集聚力的来源、形成机制和演化过程，推动了集聚经济的理论研究和实证检验，相关结论为政策的制定提供了大力支持。

　　集聚经济理论提供了研究劳动力流动的新视角。集聚经济是现实世界普遍存在的一个显著特征，伴随着生产要素和经济活动的集聚，扩大了集聚地的市场规模和潜在市场需求，提高了劳动生产率，吸引了大量新企业的进驻，进一步扩展了劳动力需求（集聚经济的"向心力"），为潜在的流动人口提供了新的就业机会，并且新创造的就业机会既分配给了高技能工人，还更多地分配给了低技能工人（陆铭，2012），因此激励农村劳动力进一步向城市尤其是大城市集聚。然而经济活动的空间集聚在创造就业机会的同时，也产生了交通拥堵、环境恶化等负向外部成本（集聚经济的"离散力"）。在集聚经济产生"向心力"和"离散力"之间的紧张对立过程中，随着城市规模的增长，"向心力"占主导地位，农村劳动力有向大

---

　　① 这次革命开始于20世纪70年代的产业组织领域，有四波：第一波是产业组织理论，第二波是新贸易理论，第三波是新增长理论，第四波就是新经济地理学（空间经济理论）。

城市流动的趋势。但随着城市规模的进一步增长，由拥挤效应带来的"离散力"会促使其向中小城市迁移。

各类生产要素（劳动力、资金、技术等）在空间上相互靠近、相互联系而形成的空间集聚被经济学家视为现代经济增长的一个典型事实。劳动力流动主导的城市化能够促进长期经济增长，根本原因在于经济要素及其经济活动的空间集聚效应。劳动力大规模向城市集中，提高了城市化率，城市化作为生产要素的空间集聚过程，能够通过集聚经济效应提高企业劳动生产率。劳动生产率的提高促进城市经济增长，具有较高劳动生产率的地区有能力支付给劳动者更高的工资。因此，从城市集聚经济的视角来看，劳动力在城市空间集聚会带来城市经济增长和城乡收入差距扩大，提升劳动者的收入和福利水平，使得劳动者广泛收益。

然而户籍制度可能扭曲了上述城市集聚经济机制。对于中国劳动力市场的分析必须考虑一系列制度的影响，其中影响颇为深远的就是户籍制度。户籍制度不仅仅使农村劳动力在社会地位上和经济地位上不同于城镇劳动力，更重要的是户籍的代际传递性以及政府对户籍的管理加深了户籍的影响，农村劳动力进入城市劳动力市场之前就被划分到了城市的边缘。农村劳动力由于户籍身份而无法在迁入地永久居留，作为城市里的一个"过客"，难以完全融入当地的劳动力市场。虽然大量农村劳动力及其经济活动不断向城市集聚，为城市提供了充足、优质、廉价的劳动力，成为中国城市化进程的主要推动力量，农村劳动力获得非农就业机会和非农工资收入；但是由于缺少城镇户籍，农村劳动力在分享城市集聚经济效应方面不同于城镇劳动力，二者存在差异性，如果将与户籍制度相关联的社会保障、公共服务业包括在内的话，这种差异性将会更加明显。

总之，如果将集聚经济作为影响地区经济增长和发展差距的"顺市场力量"，户籍制度则可以被视为影响经济增长和发展差距的"逆市场力量"，二者构成了中国经济发展格局中不可忽视的力量。户籍制度制约下的中国农村劳动力流动为城市集聚经济研究提供了一个良好的实验场所。在研究中我们需要回答几个基本问题：集聚经济如何引导着农村劳动力流动？在集聚经济和户籍制度两种力量作用下，农村劳动力流动能否缩小城乡收入差距、促进城市经济增长？如果前述问题得以证实，农村劳动力入城促进城市经济增长的同时，户籍因素是否制约着农村劳动力在经济增长过程中获益？

1.1.2 研究意义

集聚经济理论为研究农村劳动力流动提供了新的视角：集聚经济引导农村劳动力流动，农村劳动力在集聚经济和户籍制度双重影响下的流动在促进城市经济增长的同时是否无差异地受益于城市集聚经济，关系到现代化、可持续经济增长目标的实现。因此，从城市集聚经济视角研究农村劳动力流动相关问题，从理论上看，有助于加深对城市化促进城市经济增长机制、城市二元劳动力市场差异性工资收入的理解，完善集聚经济理论的研究；在实践上，对于推动户籍制度改革，推进包容、和谐的城市化建设具有重要的现实意义。

1.2 研究目标与研究内容

1.2.1 研究目标

本书从城市集聚经济视角，不仅仅分析农村劳动力空间集聚的成因，还关注农村劳动力集聚的经济结果，进而判断经济增长是否使农村劳动力广泛受益。具体而言，可以细分为四个子目标：

研究目标1：集聚经济对农村劳动力流动的影响。从城市集聚经济的"向心力"和"离散力"紧张对立关系出发，分析城市集聚经济引导农村劳动力流动的影响机制，并进行实证检验，验证城市集聚经济对劳动力流动的作用机制和影响程度。

研究目标2：农村劳动力流动对城乡收入差距影响。在"中心—外围"模式基础上，从理论上分析劳动力流动对城乡收入差距影响，并进行实证检验。

研究目标3：农村劳动力流动的经济增长效应。在规模报酬递增和不完全竞争假设下，分析农村劳动力流动促进城市经济增长效应，利用夏普利（Shapley）的分解框架来研究城市经济增长的差异性。

研究目标4：农村劳动力对城市集聚经济效应的分享。将城市层级中观数据和劳动力层面微观数据相结合，分析城市经济集聚带来的工资溢价，研究户籍因素导致的差异性工资溢价。

1.2.2 研究内容

根据研究目标，本书共分为 8 章。

第 1 章是绪论，介绍论文的选题背景和研究意义、研究目标和研究内容、研究对象与数据说明、研究方法与技术路线，以及可能的创新和不足之处。

第 2 章是概念界定与文献综述。首先就农村劳动力流动、集聚经济、城市经济增长、工资溢价等相关概念进行界定，然后回顾国内外相关文献，并进行述评。

第 3 章是理论基础与分析框架。基于城市经济学、新经济地理学、集聚经济理论等理论基础，提出三个研究假说，建立全书分析框架。

第 4 章基于城市集聚经济视角，在普加（Puga，1998）模型基础上，引入冰山贸易成本和工业品价格指数，进行理论推导和建立实证模型，从理论和实证两方面研究农村劳动力流动的影响因素，验证了集聚经济和农村劳动力流动之间的非线性关系。

第 5 章分析农村劳动力乡城流动对于城乡收入差距的影响。首先以"中心—外围"模型为基础，从理论上分析劳动力流动对城乡收入差距的影响，然后引入交叉项进行实证检验。

第 6 章分析农村劳动力流动对城市经济增长的贡献。首先以西科恩和霍尔（Ciccone and Hall，1996）模型为基础，利用经济理论识别变量并进行实证检验，论证农村劳动力流动对城市经济增长的贡献，引入交叉项证实户籍因素削弱金融外部性。最后采用 Shapley 方法分解经济增长的差异性，并对变量进行排序，验证农村劳动力流动带来差异性的经济增长。

第 7 章研究城市集聚经济效应的分享。首先使用包括城镇劳动力和农村劳动力在内的全样本验证了城市集聚经济对城市劳动力（城镇劳动力、农村劳动力）均存在工资溢价，然后针对农村劳动力样本验证了农村劳动力确实享受了城市集聚效应的工资溢价，在此基础上，考虑户籍因素引起的城市集聚经济带来工资溢价的差异性。

第 8 章是主要结论、政策建议和未来的研究方向。

1.3 研究对象与数据说明

1.3.1 研究对象

本书研究的对象是我国省级城市、副省级城市以及地级城市的市辖区，不包括县级城市。"市辖区"行政界限相对清晰，能够体现城市的经济活动。根据《中国城市统计年鉴》，按照城市行政级别分类标准，我国城市建制分为直辖市、副省级市、地级市和县级市，而《中国城市统计年鉴》对地级及以上城市分别列出"全市"和"市辖区"两项，县级市只有"全市"一项，包括市区和农村地区的经济数据，不能真实反映城市的经济活动。我国行政区划调整频繁，例如2013年山东省撤销兖州市，设立兖州区，并入济宁市，因此济宁市市辖区面积由1043平方公里增至1644平方公里，是不能和2013年之前的济宁市直接进行比较的，这种行政区划的调整必然会影响我们的判断，因此我们难以得到时间上具有可比性的城市市辖区经济数据。

由于本书重点研究农村劳动力流动，需要获取合理的人口规模数据（常住人口规模数据和农村劳动力流动数据）。而《中国城市统计年鉴》中的"市区非农村劳动力"是基于户籍人口口径统计的，并没有将户籍在农村、居住地在城市的农村劳动力包括在内，对于农村劳动力比例较高的省级、副省级、一般地级市而言，该指标会低估城市的真实人口规模，也不能满足本书研究的目的。2008年，国家统计局开始实行"统计上划分城乡的规定"，根据这一规定，城镇包括城区和镇区，其中，城区指的是"在市辖区和不设区的市，区、市政府驻地的实际建设连接到的居民委员会和其他区域"。2010年第六次全国人口普查使用这一规定来对城乡人口进行统计，可以获得最为精确的城市常住人口规模（周光霞、余吉祥，2013；余吉祥、周光霞、段玉彬，2013）。然而根据第六次全国人口普查数据，我们同样只能得到地级及以上城市市辖区的农村劳动力规模，而县级市同样包括市区和农村地区的人口迁移数据，并不能得到县级区的农村劳动力规模。

因此，基于以上两方面的限制，本书将研究对象限于省级城市、副省级城市和地级市，并不包括县级市和镇，从集聚经济视角出发，关注城市集聚经济效应对劳动力要素流动的影响，在规模报酬递增和不完全竞争市场假设下研究人口流动之谜，并分析农村劳动力流动带来的城市经济增长效应及其差异性，关注经济增长的可持续增长，判断农村劳动力是否被包容到城市经济增长进程，为促进城市化进程提出相应的政策和建议。

1.3.2 数据来源

本书需要城市层级中观数据和劳动力层级微观个体数据。全国地级及以上城市市辖区农村劳动力数据来自第六次全国人口普查数据库中 7-5（全省按现住地、户口登记地类型、受教育程度分的户口登记地在本省其他乡镇街道人口）和 7-6（全省按现住地、户口登记地类型、受教育程度分的户口登记地在外省人口）。全国地级及以上城市市辖区常住人口规模和受教育程度来自第六次全国人口普查数据库中 1-1（各地区户数、人口数和性别比）和 1-8（各地区分性别、受教育程度的 6 岁及以上人口）。其他城市层级数据，如市辖区 GDP、产业结构、对外开放程度、地方政府预算内财政支出等数据均来自《中国城市统计年鉴 2011》中的城市市辖区数据。劳动力层级微观数据来自中国社会科学院经济研究所和国家统计局共同收集的中国家庭收入调查项目（China Household Income Project Surveys，CHIP）2002 年和 2007 年中的城镇住户调查数据库和流动人口调查数据库。

1. 第六次全国人口普查数据

新中国成立以来已经进行了六次人口普查，分别为 1953 年、1964 年、1982 年、1990 年、2000 年、2010 年的全国人口普查。第六次全国人口普查于 2010 年展开，以 11 月 1 日零时为标准时点。第六次全国人口普查数据的独特之处在于，可以获得城市级别的常住人口规模，克服长久以来"市区非农村劳动力"低估城市真实规模的缺陷。从集聚经济主要载体的城市层次，以常住人口规模和城市功能区视角分析集聚经济对农村劳动力流动影响，并探讨集聚经济效果的分享，较之前人的研究更加深入、细致。

然而此项研究的困难之处同样来自数据：新中国成立以来，实施了六次人口普查，但是直到 2010 年的第六次全国人口普查才真正建立起与城市"实体区域"一致的城市人口统计标准。虽然周一星、于海波（2004）指出，以建制市街道办事处为基本单元进行统计的城市人口是最为接近城市"实体区域"的指标，利用《1990年第四次全国人口普查资料》以及《中国乡镇街道人口资料》（第五次全国人口普查的汇总数据），可以构建1990年、2000年基于"街道办事处"的城市常住人口规模数据库，和第六次全国人口普查数据具有一定的可比性，但是缺乏农村劳动力流动规模数据（周光霞、余吉祥，2013；余吉祥、周光霞、段玉彬，2013）。因此，针对本书的研究目的，仅有2010年的第六次全国人口普查截面数据可以使用。

2. 中国城市统计年鉴

《中国城市统计年鉴》是综合反映中国城市经济社会发展情况的年刊。该年鉴共收录了全国建制城市（含地级及以上城市和县级城市，未包括香港特别行政区、澳门特别行政区和台湾省）社会经济发展和城市建设等各方面的统计数据。主要分为四个部分：城市行政区划和城市发展概括；地级及以上城市统计资料；县级城市资料；附录，包括主要统计指标的含义、统计范围、统计口径、计算办法。资料中所列"全市"为城市的全部行政区域，包括城区、郊区、辖县、辖市；"市辖区"包括城区、郊区，不包括辖县和辖市。值得注意的是，自1997年开始对地级及以上城市和县级城市分别采用不同的指标体系进行统计，有些指标在两类城市之间不具有可比性，地级及以上城市和县级城市统计资料分为独立的两部分，县级城市统计资料包括县级城市的全部行政区域，因此我们得不到县级城市市辖区的资料。

3. CHIP 数据库

CHIP调查由三部分构成：农村住户调查、城镇住户调查和流动人口调查。CHIP调查内容丰富，涵盖了大量个人微观层面的人口信息以及宏观层面的社会经济信息，可以在控制个人特征的基础上，识别出城市集聚经济对于就业、报酬等的影响机制和影响程度。根据本书的研究目的，我们选取了CHIP2002和CHIP2007两次数据库中的城镇住户调查和流动人口调查数据库。与1988年和1995年相同，CHIP2002和CHIP2007采取了两阶段分层随机抽样方法，第一阶段在全国城市中选择调研的城市和县，第二阶段在所选择的城市和县中随机抽取调查家庭。

CHIP2002 的城镇住户和流动人口调查涉及了 12 个省份（北京市、山西省、辽宁省、江苏省、安徽省、河南省、湖北省、广东省、重庆市、四川省、云南省和甘肃省等）。流动人口调查共涉及 12 个省份中的 24 个地级及以上城市：东部地区 6 个城市（北京、无锡、徐州、广州、湛江、肇庆），中西部地区 18 个城市（太原、大同、沈阳、锦州、合肥、芜湖、亳州、郑州、开封、平顶山、武汉、宜昌、咸宁、重庆、成都、南充、昆明、兰州）；从城市层级来看，包括北京、重庆 2 个省级城市，广州、武汉、成都、沈阳 4 个副省级城市，以及 18 个地级城市。2002 年城镇劳动力调查范围除了上述 24 个地级市之外，还包括 19 个地级市，其中东部地区 7 个城市（南京、南通、扬州、宿迁、韶关、佛山、惠州），中西部地区 12 个城市（长治、运城、大连、蚌埠、淮南、新乡、襄樊、荆州、泸州、广元、内江、保山）；从城市层级来看，包括南京、大连 2 个副省级城市。

CHIP2007 的流动人口调查范围涵盖了 9 个省份（上海、江苏、浙江、广东、安徽、河南、湖北、重庆、四川）的 15 个地级及以上城市：广州、东莞、深圳、郑州、洛阳、合肥、蚌埠、重庆、上海、南京、无锡、杭州、宁波、武汉、成都。其中东部地区城市 8 个：上海、南京、无锡、杭州、宁波、广州、深圳、东莞；中西部地区城市 7 个。从城市层级来看，省级城市 2 个，上海和重庆；副省级城市包括南京、杭州、宁波、广州、深圳、武汉、成都 7 个。2007 城镇劳动力调研范围除了上述 15 个城市外，还包括另外 3 个城市：四川省的绵阳市、乐山市，河南省的安阳市。

1.4　研究方法与技术路线

1.4.1　研究方法

本书采用理论推导、定量分析与定性分析相结合的方法，从城市经济集聚视角，探讨农村劳动力空间集聚现状及其成因，采用描述性分析、数据对比分析、回归模型分析等数量分析的方法，分析农村劳动力流动对城乡收入差距、城市经济增长的贡献，进而评价农村劳动力对经济增长效应的分享，并利用工具变量进行内生性检验和稳健性检验，以求研究结论的客观、科学。

1.4.2　技术路线

本书研究的技术路线如图 1-1 所示。

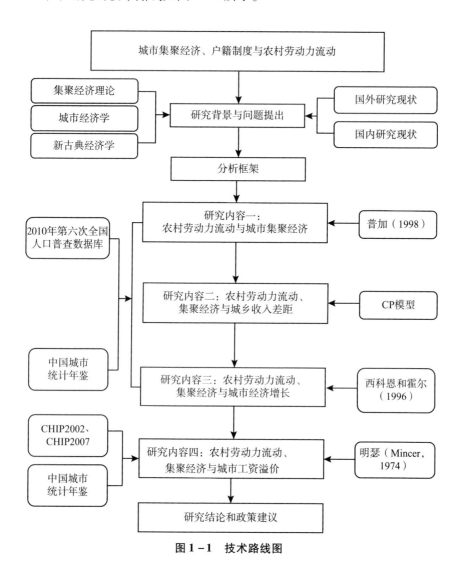

图 1-1　技术路线图

1.5　创新与不足

本书在已有的研究基础上前进了一小步，有创新也存在不足，下面将具体介绍。

1.5.1　本书的创新

（1）本书提出研究农村劳动力流动的"集聚经济"新视角，突破大部分研究"规模报酬不变"假设的局限；重点研究农村劳动力流动的集聚经济结果，弥补目前大部分中国集聚经济研究重视成因、忽视结果的不足。集聚带来的规模报酬递增是农村劳动力主导的城市化拉动内需、发挥新经济增长引擎作用的根源。本书利用集聚经济理论，论证户籍因素制约下的农村劳动力流动对城市经济增长的贡献以及集聚经济效应（工资溢价）分享问题，这在理论上有助于劳动经济学和集聚经济理论的完善和发展，在实践上有助于中国城市化目标的实现和经济的可持续增长。

（2）本书从金融外部性和技术外部性方面研究集聚经济，不同于以往基于产业集聚视角的集聚经济研究。本书同时使用金融外部性和技术外部性实证研究农村劳动力流动对城市经济增长贡献及工资溢价分享，发现了集聚经济的两个互补性机制带来的不同影响。以往的大多数研究笼统对待集聚经济，不进行细致分类，或者重视金融外部性、忽视技术外部性，这会导致一些非常重要的现实因素被忽视，禁锢了集聚经济研究的视野。因此，本书的研究有助于集聚经济实证检验的发展。

（3）在研究方法上，拓展了传统的工资决定模型。本书基于集聚经济理论，将城市层级中观数据引入工资决定模型，同时还控制了传统文献常用的劳动力个人层面的特征变量，如劳动力年龄、性别、婚姻、教育水平、经验等，实证检验城市集聚经济带给劳动力的工资溢价及其差异性。

1.5.2　本书的不足

由于研究条件限制，本书在以下几方面有待进一步深入改进：

（1）从研究对象来看，由于数据可获性问题，本书仅局限于地级及以上城市的农村劳动力流动及其相关问题，并未涉及县级市和县级城市，没有全面分析农村劳动力城市化进程。

（2）从研究时间来看，直到 2010 年第六次全国人口普查，我们才得到城市层级、基于"城市功能区"汇总的农村劳动力流动充分、准确的数字信息；CHIP 数据库可以为我们提供样本城市中劳动力流动的特征性信息，有助于我们进行微观观察和经验研究，但是最新的调研数据仅仅到 2007 年。因此从整体上来看，数据及时性稍差，但是依然可以发现一般性的规律，提出相应的建议和对策。

对以上研究中出现的不足之处，待到时机、条件允许的情况下，将在以后的研究工作中进一步深入研究，继续完善。

第 2 章

概念界定与文献综述

20世纪80年代中期以来，劳动力流动成为理论界研究和探讨的热门题目，当劳动力流动成为一种常态时，理论研究和经验分析进入分专题深入研究时期，新古典经济学在理论和经验方面均做出了巨大的贡献，而集聚经济理论为该问题的研究提供了新的视角。

2.1 概念界定

农村劳动力流动、城市集聚经济、金融外部性、技术外部性是本研究中的关键变量，贯穿全书，对城市经济增长、工资溢价等概念的界定对于理解全书主旨具有重要作用。因此，非常必要对本书中的若干关键变量进行界定和解释。

2.1.1 农村劳动力流动

人口流动涉及经济、政治、自然环境等诸多因素，是极为复杂的现象，针对研究目标和兴趣的不同，人口流动的定义也不尽相同。在中国长期的二元经济结构影响下，农村劳动力流动呈现出两种模式：第一种模式是通过户籍变更、教育、婚姻、购买住房等途径，原来具有农村户籍的人口进城获得了城镇户籍。第二种模式是候鸟式流动，即流动人口现住地为城市的市辖区，户口登记地为本省或者外省的乡、镇的村委会。由于未获得城镇户籍，该部分城乡流动人口生产、消费等显著不同于城镇劳动力。

根据本书的研究视角和目标，我们在时间和空间两个标准界定农村劳动力流动：在时间上，离开户口登记地半年以上；在空间上，现住地和户口登记地不一致，现住地为地级（及以上）城市的市辖区，而户口登记地为外省或者本省其他地区的乡、镇的村委会，这种不一致包括跨地级市（地区）的变动以及跨省的变动。因此本书的研究对象是第二种劳动力流动模式，即非户籍的农村劳动力流动，不包括已经取得城市户籍的劳动力的流动情况。

农村劳动力流动是中国城市化进程的主要推动力量。当大量的农村劳动力从农村转移到城市就业，获得非农工资收入，这一现象在宏观上就是不断持续的城市化进程。农村劳动力城乡流动过程中，发生人口结构和经济结构双重转变：在人口结构方面，农村劳动力从农村转移到城市；在经济结构方面，农村劳动力从农村部门转移到非农部门就业，获得非农工资收入。

2.1.2　城市集聚经济

在新经济地理学中，集聚（agglomeration）是指在规模报酬递增和不完全竞争的假设前提下，经济资源、生产要素及经济活动在地理空间上集中，它由某种循环逻辑创造并维持。集聚是现实世界普遍存在的一个显著特征，可以发生在很多的地理空间层面上，例如城市中存在为附近居民服务的购物中心，企业内部相关技能人员的聚集，美国的"硅谷"、北京的"中关村"等特定产业集聚，新加坡、伦敦等为亚洲、全球金融市场服务的专业化金融中心。

集聚经济是区域和城市的本质特征。城市集聚经济以城市为载体，具有一定的空间规模，经济资源和经济活动在外部经济（外部性）的作用下在地理空间上集中，通过规模报酬递增等内在经济机制形成一种集聚经济的内在吸引力，统一了劳动力（消费者）集聚和产业集聚。城市集聚经济重点在于城市形成的微观基础、形成机制、内在动力和演化规律，是一个长期过程，贯穿城市化的整个过程，即使在高度城市化甚至是在逆城市化阶段，城市集聚经济依然存在。

1931年，美国经济学家瓦伊纳（Viner）按照外部性是否影响资源配置的效率，将外部性分为金融外部性和技术外部性。伴随着对这两种外部性考察的深入，二者的内涵逐步完善。

1. 金融外部性（pecuniary externality）

1954 年西托夫斯基（Scitovsky）将金融外部性限定于生产者之间的投入产出关系，即"后向关联"。克鲁格曼及其后的新经济地理学将生产者之间的金融外部性扩大到了生产者和消费者之间，即"前向关联"。目前金融外部性指的是产业的前后向关联，它通过价格机制降低企业的成本（梁琦、钱雪锋，2007）。金融外部性有时也被翻译为货币外部性或者资金外部性（李金滟、宋德勇，2008）。

"后向关联"是城市生产者与生产者之间的资金外部性，指存在运输成本和城市集聚经济产生规模经济的前提下，大量厂商的选址集中在市场密集的地方，从而使以该投入品为主的下游企业利润提高，吸引上下游企业集聚。"后向关联"实质为投入品共享引起的规模经营，早在 1890 年马歇尔就指出了该项关联的存在。维纳布尔斯（Venables，1996）用垂直关联模型说明了金融外部性的作用。

"前向关联"是生产者与消费者之间的金融外部性，指厂商选址靠近消费市场，产品从生产到消费的运输成本降低，从而降低产品的价格和销售成本，提高当地消费者货币的购买力。"后向关联"和"前向关联"效应与当时的市场价格指数呈负相关关系。

2. 技术外部性（technology externality）

技术外部性的存在是无可争辩的。目前城市集聚经济模型中的技术外部性被定义为"基于技术外溢和扩散的关联"（梁琦、钱雪锋，2007；李金滟、宋德勇，2008），并且区分为马歇尔外部性和雅各布斯外部性。

马歇尔外部性（专业化外部性）描述了专业化城市产生的原因，强调同产业内部的知识溢出，认为知识溢出只能在特定产业范围内获得，同类产业的企业集聚在一起可以促进技术进步、获得规模报酬递增。

雅各布斯外部性（多样化外部性）强调多样化产业而非同产业间的知识溢出，认为互补的知识能够激励企业和劳动者的创新实践，多样化的产业集聚会导致规模收益递增。

因此，马歇尔外部性指的是特定的空间某个行业的大量集中能够促进该行业公司之间的技术和知识溢出，而雅各布斯外部性则强调行业间、具有差异化的公司集聚产生的互补性技术和知识溢出。马歇尔外部性强调专业化带来的外部性，而雅各布斯则认为差异化和多样化会有助于发明和创造。虽然存在不同的两种看法，但二者均强调技术和知识溢出是技术外部性的核心。

2.1.3 城乡收入差距

收入差距变量的选择关系到收入不平等程度是否得到准确、客观、充分的反映，在理论分析和实证研究中具有重要的意义。一般而言，除了居民收入以外，人均 GDP 是最常用的指标之一，且大多数的研究者认为人均 GDP 指标是最适合代表区域经济发展水平的。王小鲁等（2004）认为两个地区的经济差距主要变现为两个地区的人均产出的差距。本书的城乡收入差距等于城市和农村人均 GDP 的差距。

2.1.4 城市经济增长

经济增长一直是经济学家重点关注的研究对象，在宏观经济学中，经济增长通常被定义为产量（国内生产总值）的增加——既可以是经济总产量，也可以表示为人均产量。索洛在柯布—道格拉斯函数的基础上，进行理论推导和变化，研究资本、劳动、技术进步等要素对经济增长的影响。卢卡斯则将人力资本引入索洛模型，将技术进步作为内生变量，分析人力资本溢出对经济可持续增长的影响（周光霞、王学鹏，2014）。而建立在城市经济学和区域经济学基础上的新经济地理学强调了地理因素在经济发展中的作用，强调集聚经济的"向心力"和"离散力"在塑造地理模型中的重要性。城市经济增长是城市增长的组成部分，大部分研究用城市人均 GDP 来表示城市经济增长。

2.1.5 工资溢价

集聚是城市存在和发展的根本原因。伴随着农村劳动力从农村迁入城市，生产能力和部分消费能力随之转移，提高城市的集聚能力和劳动生产率，促进城市经济增长，城市有能力给劳动者提供更高的工资报酬，这种现象被定义为"工资溢价"。

2.2　文　献　综　述

2.2.1　农村劳动力流动的影响因素

1. 基于新古典经济学视角的农村劳动力流动相关文献

新古典经济学派在研究人口流动方面做出了很大的贡献。刘易斯（Lewis，1954）的二元经济模型认为，发展中国家的农村部门累积了大量的农村剩余劳动力，其边际产出近乎为零。由于现代部门的劳动生产率高于传统农村部门，因此引致了农村劳动力向城市工业部门的持续转移。美国经济学家拉尼斯和费景汉分别在 1961 年和 1963 年对刘易斯模型做了改进，重视农村剩余在人口流动中的重要性，修正了刘易斯模型，使之成为一个论述相对全面、完整的二元结构模型。托达罗模型（Todaro，1969）认为，农村人口向城市的流动取决于城市的预期收入，较高的预期收入会提高人口流动速度，较低的收入预期则会降低人口流动速度，而预期收入与城市正规部门创造的就业机会正相关。但是，在这一模型中，就业机会的增长速度是与城市规模无关的一个常量，均衡的人口流动速度与这一常量相等。如果人口流动速度超过了就业机会增长速度，城市失业率上升，从而会降低流动人口的预期收入，流动速度下降。反之，如果人口流动速度低于就业机会的增长速度，城市失业率下降，从而会提高流动人口的预期收入，流动速度上升。

在中国长期的二元经济结构下，农村劳动力不断被吸引进入城市就业，从第一部门转移到第二部门参与第二产业或者第三产业的经济活动，在长期的农村劳动力城市化进程中，东部地区已经逐步确立了主要人口集聚地的地位，而且进入 2000 年后，该地位得到了进一步强化（余吉祥、沈坤荣，2013），尤其是长三角、珠三角地区吸引了大量的农村劳动力（余吉祥、段玉彬，2013）。利用新古典经济学研究中国的人口流动重点在省际间，大多通过对比迁入地和迁出地的收入差异寻找省际人口流动的动因，结果显示，收入差距在流动决策中占据中心地位，迁入地居民收入和流动率呈正相关，距离、迁入地失业率等与流动率呈负相关关系（王秀芝, 2014; 刘晏伶、冯健, 2014; 汪增洋、费金金, 2014; 刘生龙, 2014), 并且经济因素作用明显增强、空间距离影响逐步减弱 (王桂新、潘泽瀚, 2012), 迁入地和迁出地的相对城市化率对流动的影响显著为负, 本地城镇化率的提高有助于流动人口选择本地城镇化 (王秀芝, 2014), 并且与迁入地劳动力市场的发育程度相关 (李实, 1999)。

2. 基于集聚经济视角的农村劳动力流动相关文献

新古典经济学在研究农村劳动力从传统农村部门向现代工业部门转型的过程中, 将城市规模增长带来的就业机会作为外生变量。伴随着新经济地理学的发展, 越来越多的研究注意到城市就业机会增长内生于城市经济集聚中。建立在规模报酬递增和垄断竞争市场假说下的新经济地理学从城市集聚经济视角出发, 研究经济要素和经济活动的空间集聚带来本地市场效应、劳动力市场共享、知识溢出等, 产生经济集聚的"向心力"和"离散力", 在两种力量的对立关系中, 城市集聚达到最优水平, 最终实现"在集聚中走向平衡" (陈钊、陆铭, 2009)。

在实证研究中城市集聚效应也得到了验证。西科恩和霍尔 (Ciccone and Hall, 1996, 2002) 研究发现, 非农就业密度提高一倍, 美国的非农产业劳动生产率将提高 5%, 法国、德国、意大利、西班牙和英国的非农产业劳动生产率将提高 4.5%, 而在中国地级和副省级城市中该弹性系数为 8.8% 左右 (范建勇 2006)。刘修岩 (2014) 使用 1990~2010 年的省级面板数据, 验证了空间集聚是推动中国地区经济增长的重要力量。在城市层面上, 徐肇涵 (2015) 利用固定效应估计方法, 发现城市集聚效应对非农劳动生产率有着显著正相关的影响, 多数城市具有明显的净集聚经济效益, 100 公里范围内最为显著和稳定 (韩峰、郑腾飞, 2013)。当前阶段, 中国经济空间集聚还未达到最优水平, 空间集聚的扩散阶段还未到来 (刘修岩, 2014)。因此, 城市集聚经济以正的外部性为主, 经济要素集聚基本处于规模报酬递增阶段, 劳动生产率的提高和市场需求的增加吸引大量新企业进一步选址在经济集聚地, 扩大了对劳动力需求, 为潜在的流动人口提供了新的就业机会。

莫雷蒂 (Moretti, 2010) 的研究发现, 经济活动的集聚会通过本地乘数效应 (local multipliers) 创造出新的就业机会。实证研究结果显示, 经济活动的集聚在可贸易部门创造 1 个就业机会的同时, 会给不可贸易部门带来 1.59 个就业机会。另外, 经济集聚创造的就业机会在不同类型的劳动力之间的分布是不同的。一般认为，高技术行业在城市里的集聚并不能为低技能劳动力提供就业机会。然而实际情况并不是这样的。因为高技能者收入的增长会提高对低技能服务的需求，从而使得城市的集聚不仅为高技能劳动力创造了就业机会，也为低技能劳动力创造了就业机会。一些学者（Topel，1986；Bound and Holzer，2000；Moretti，2011）的研究发现，对于低技能劳动力而言，信息不完全、融资约束等降低了其流动性，正向的外部需求冲击带来的就业机会和工资报酬偏向本地低技能工人，高技能工人收益较少，城市化降低了城市内部收入差距。陆铭、高虹、佐藤宏（2012）利用 CHIP2002 和 CHIP2007 年数据，发现中国城市规模扩大有利于提高劳动力的就业概率。利用 1953 年第一次人口普查数据作为工具变量的 probit 回归结果显示，个人就业概率对城市规模的弹性系数为0.039 ~ 0.041，不过不同技能的劳动者获得好处存在显著的差异性，城市规模扩大创造的就业机会更多地分配给了低技能工人。吴贾、姚先国、张俊森（2015）发现较之于城镇本地劳动者，农村移民广泛存在更高的失业率，而城镇户籍降低失业率的效果正在逐步增强。寇恩惠、刘柏惠（2013）发现，城市集聚产生的就业机会依然在农民工之间具有选择性，本地农民工工作稳定，合同长期化率明显提高。这是间接分析城市集聚效应对城市人口规模的影响。

　　在直接验证城市集聚和人口流动方面，普加（1998）建立模型分析了运输成本、规模报酬递增和劳动力流动之间的关系，回答为什么发展中国家城市偏小的问题。克罗泽（Crozet，2004）利用市场潜能表示前向关联，利用欧盟数据证实了市场潜能引导人口流动。杜旻、刘长全（2014）在集聚效应框架下，利用 2000 ~ 2011 年 261 个城市的面板数据，构建技术外部性和金融外部性模型，发现大部分城市人口增长率因城市规模增长而下降，市场潜能是城市人口增长的重要力量。王永培、晏维龙（2013）认为地区市场潜能和跨省劳动力流动之间具有较强的正向关联。这是为数不多的直接分析经济集聚效应对于城市人口规模影响的实证研究。

　　新古典经济学验证了城市就业机会增加带来的较高预期收入等经济因素是影响农村劳动力迁移的重要因素，新经济地理学将就业机会内生于城市规模增长中，从集聚视角以全新的角度解释城市集聚力量对农村劳动力流动的影响。城市集聚力量是最为普遍、最为基本的经济力量，在中国人口城市化进程中发挥着重要的驱动作用。然而城市集聚力量对城市农村劳动力流动规模的影响这一问题，还没有得到充分的论证，缺乏充分检验。

从已有的针对全国范围内人口流动空间研究的成果来看，大部分并未区分农村劳动力流动和城市间流动人口，而是以省份为研究空间单元，从城市角度对农村劳动力流动特征进行分析的并不多见。以城市为研究单元，从城市集聚经济视角研究农村劳动力流动的空间分布及其影响因素，既可以充分认识农村劳动力流动的驱动因素，分析城市集聚经济效应，也可以为城市化模式提供借鉴，具有一定的理论意义和实践价值。

2.2.2 农村劳动力流动与城乡收入差距

城市集聚经济和城乡收入差距的相关性研究得到越来越多的关注，目前研究主要集中在以下三个方面。

1. 城市经济和县域经济的相关性研究

城市经济和县域经济的相关性研究主要存在三个观点。一是中心城市在扩张过程中对县域经济具有显著的溢出效应（刘以安、宁宣熙，2005；汪增洋，2014；王素娜、王世界、徐良，2015），但是该辐射带动作用会随着时间推移不断下降（汪增洋，2014），并且溢出效应取决于县域经济系统的承接能力（刘以安、宁宣熙，2005）。二是一部分学者则认为中心城市发展和扩张过程本质上对县域经济具有吸引和辐射双重作用（董国利、侯彦温，2010；柯善咨，2009），并且存在显著的地区差异，西部地区的中心城市经济集聚对县级经济有回流作用，抑制了县级单位非农经济发展，中部地区的地级市在 GDP 和就业增长上分别对县级市和未设置市的县镇具有显著的扩散作用，而在东部地区中心城市的经济增长对县级市具有明显溢出效应（柯善咨，2009）。三是中心城市对邻近的县域经济的影响比较微弱（李陶、李向新、王艳艳、陈克忠，2015），"小马拉大车"现象严重存在，许多城市不能充分发挥中心城市的优势拉动所辖县乡的经济发展（孙学玉、伍开昌，2004），甚至从短期来看，城市经济会造成周围区域的要素流失（任寿根，2005）。城市的经济发展引导生产要素的不平衡流动，甚至以行政手段将所属县及农村地区的资源投入到中心城市发展战略中去，强化了中心城市的极化效应，进一步扩大县域经济和城市经济的经济差距（何显明、2004；高新才、李岳峰，2007）。

2. 城市集聚经济与经济增长不平衡的研究

集聚经济和经济增长之间的高度相关性已经是一个普遍事实，新经济地理学的系列研究发现，经济活动的空间集聚差异是决定不同国家或地区经济增长和劳动生产率差异的一个重要因素（Fujita and Thisse，2002；章元、刘修岩，2008）。城市集聚本身就是生产要素和经济活动的区域非均衡发展的过程，经济集聚效应是区域经济的重要基石。范剑勇和朱国林（2002）发现改革开放以来的全国范围内的产业空间转移和集聚，与地区差距扩大具有密切关系。蒋涛（2008）认为市场力量内生的空间集聚必然会导致区域收入差距。何雄浪（2012）发现地区间实际收入差距是区域效应和集聚效应相互作用的结果，但是集聚效应起主要作用。

3. 农村劳动力流动与城乡收入差距相关性研究

大多数学者认为农村劳动力向城市流动可以缩小城乡收入差距。李实（1999）运用抽样调研数据进行研究，认为农村劳动力流动可以直接、间接地提高外出打工户的家庭收入水平，从全国来看，还会抑制农村居民收入差距扩大。陆铭、陈钊（2004）认为城市化加剧了城市劳动力市场的竞争，减少了农村剩余劳动力，从而降低了城市劳动力的工资、提高了农村的劳动生产率和收入水平，因此城市化会通过要素报酬的均等化缩小收入差距。李金凤（2015）发现城镇化和地区城乡基尼系数呈反向关系，城镇化会缩小城乡收入差距。有些学者则认为城市化扩大了城乡收入差距。程开明、李金昌（2007）利用时间序列数据，发现城市化是造成城乡收入差距扩大的原因，而陆铭、陈钊之所以会得到相反的结论，是因为忽视了时间因素。钱淑芳（2015），薛宝贵、何炼成（2015），贺建风、刘建平（2010）等也得到了相同的结论。第三种看法则认为城市化和城乡收入差距之间的关系复杂，存在累积因果关系和明显区域差异，其作用机理在于城市集聚效应和扩散效应的发挥（李森圣、张宗益，2015；李金凤，2015；蔡武、吴国兵、朱荃，2013）。

长期以来，国内关于农村劳动力流动和城乡收入差距的研究局限在分割的劳动力市场上，受制于户籍制度在内的一些制度性安排，大多数研究将转移到城市的劳动力工资收入还原到户籍所在地的农村家庭，以此来研究城乡收入差距变化问题，很少有研究可以将农村流动人口并入城市，虽然和中国"候鸟式迁移"特征相一致，但是这并不符合"人口城市化"的目标。城市集聚经济吸引农村劳动力流入并在城市长期稳定下来，农村部门在进行劳动力转移、进行规模经营或者生产经营组织创新、提高农村生产率，只有这样才能缩小城乡收入差距，实现真正意义上的城乡统筹发展。目前城市经济集聚效应与经济发展不均衡主要集中在区域间，很少有研究涉及地级行政辖区内部的集聚效应分享问题。而关于中心城市和县域经济所在的经济圈内部差距的研究主要是从增长极、区域梯度转移等视角进行的，缺乏利用经济集聚视角研究中心城市经济集聚及其外部性对县域经济的影响，没有将二者的差距融入城市化进程中。

2.2.3　农村劳动力流动与城市经济增长

生产要素及其经济活动的空间集聚差异是决定不同国家或者地区经济增长和劳动生产率差异的一个重要因素（章元、刘修岩，2008）。劳动力资源是经济活动中的基本要素，其区位分布与地区效率、地区收入水平高低密切相关，通过考察劳动力地区间配置分析地区经济增长的差异，是一条自然而然的研究路径（赵连阁、钟搏、王学渊，2014）。

1. 农村劳动力流动与城市经济增长的相关文献

国外对劳动力规模与经济增长之间关系的研究结果表明，劳动力规模的增长和劳动生产率的提升是各国经济增长的主要动力。罗伊（Roy，2009）利用日本、美国、法国、英国、韩国、土耳其等国的长期数据证明人口变化对经济增长的重要贡献。马达洛尼等（Maddaloni et al.，2006）证实欧洲人口要素变化对实际 GDP 增长的贡献率为 19%，由于积极移民政策的影响，美国的该比率稳定在 40% 左右。李（Lee，2006）和布卢姆（Bloom，2003）等利用多国历史数据，证实人口红利确实能够带来经济增长。

国内针对我国劳动力非农转移影响经济增长的研究成果较为丰富，但是定量研究较少。齐明珠（2014）采用历史增长核算法，通过分解经济增长，发现农村劳动力非农转移提升了劳动力利用效率和产业结构，是经济发展的重要驱动要素。刘秀梅、田维明（2005）通过建立生产函数，证明农村劳动力从农村转向非农产业改善了农村劳动力的边际生产力，促进了国民经济增长。蔡昉（2010）指出中国的人口红利逐步消失，以农民工市民化为内涵的深度城市化是经济增长的新引擎。杨晓军（2012）通过构建城乡三部门经济下的劳动力配置效应模型发现，农村劳动力非农转移对经济增长贡献较大，这是为数不多的定量分析农村劳动力影响经济增长的结论。

2. 农村劳动力流动与差异化城市经济增长的相关文献

　　劳动力流动和经济增长差异的关系具有复杂性，该领域的研究充满了争议，学术界称之为"流动之谜"。根据新古典经济学理论，在生产要素边际报酬递减规律的指引下，劳动力流动在使迁入地的要素报酬下降的同时使迁出地的要素报酬上升，最终达到新古典意义上的劳动力要素报酬均等化，因此劳动力流动是缩小地区差距的有效途径（Taylor and Williamson，1997；林毅夫，2003；蔡阳，2014；姚枝仲、周素芳，2003；王小鲁、樊纲，2004）。

　　尽管有大量理论支持城市人口集聚会缩小城市收入差距的观点，但是仍有一些学者提出相反观点。贾小玫等（2013）运用全要素生产率理论，发现人口流动实际上扩大了各地区的经济差距。刘修岩（2014）利用省级层面数据进行研究，发现空间集聚在推动地区总体经济增长的同时，导致了地区内部收入差距扩大。段平忠（2012）认为中国省级人口流动不仅仅显著扩大了中国整体的地区差距，还显著地增加了东部地区内部差距、西部地区内部差距、三大地带间差距。

　　有些学者认为在该问题上不存在规律性的结论。艾伦（Alan，1994）等人研究表明，人口流动在某些国家或地区产生了收敛效应，而在另一些国家或地区产生了发散效应。也有证据表明人口集聚对经济增长没有影响甚至有负的影响，如经济合作与发展组织（OECD）主要国家的数据显示经济增长率和劳动力规模之间存在不变或者递减的相关关系（Jones，1995）。二上等（Futagami et al.，2003）的研究表明，经济增长率和市场规模（用人口规模衡量）之间存在着非线性的"U"型关系，这意味着适度的市场规模才有利于经济增长，而较大和较小规模的市场则不利于经济的增长。许召元和李善同（2008）通过建立两区域经济增长模型，证实了由于存在"资本追逐劳动"的现象，劳动力流动可能缩小也可能扩大地区差距。洪兴建（2010）利用基尼系数分解结果发现，人口流动性没有缩小或者扩大地区差距。

　　生产要素及其经济活动的空间集聚差异是决定不同国家或者地区经济增长和劳动生产率差异的一个重要因素（章元、刘修岩，2008）。近年来国外有大量文献从集聚经济的视角对地区差距的成因做出解释。随着中国城市化进程的加快，城市集聚水平不断提高，中国的城市经济集聚问题的研究开始出现，但是总体来说，对中国城市集聚进行系统而深入的研究还很欠缺。农村劳动力流动是中国城市化进程中的一个最为显著特征，关于中国农村劳动力流动对地区收入差距的影响并没有取得一致意见，而且主要以省级层次研究为主。从行政区域划分来研究区域集聚的经济效应问题，很少利用经济集聚理论研究城市层面的人口集聚对收入差距的影响。

2.2.4 农村劳动力流动与城市工资溢价

集聚力量塑造了世界经济地理（高虹，2014）。大量农村人口及其经济活动不断向城市集聚，为城市提供了充足、优质、廉价的劳动力，推动了中国的城市化进程，扩大了中国的内需，实现了中国的现代化和工业化。而城市经济增长是否包含农村劳动力得到了大量学者的关注和研究。

1. 城市集聚经济与工资溢价的文献回顾

城市化作为生产要素的空间集聚过程，能够通过集聚经济效应提高企业劳动生产率（Fujita et al.，1999；Duranton and Puga，2004）。具有较高劳动生产率的地区有能力支付劳动者更高的工资，城市集聚经济显著影响劳动力工资水平（田相辉、徐小靓，2015），使得在这一地区企业就业的劳动者受益。然而也有学者提出相反的观点，认为大城市的高工资优势并不存在。宁光杰（2014）利用 2008 年农村外出劳动力的收入数据（RUM-iCI），发现如果控制学历、培训等劳动力的可观测能力，城市规模和劳动力工资水平的相关系数为正值，但是系数较小，城市规模带来的工资升水并不大；在进一步控制地区禀赋、劳动力不可观测能力和选择偏差后，发现大城市带给劳动者的工资升水不再显著存在，甚至可能出现负的工资升水。

更多的研究进一步关注了不同类型劳动者城市集聚效应的差异性，格莱泽等（Glaeser et al.，2009）发现城市化扩大了城市内部收入差距。高虹（2014）利用 CHIP2002 和 CHIP2007 数据，建立了个人层面的收入决定模型，考察了城市人口规模对劳动力收入的影响，结果发现城市规模对劳动力收入的影响显著为正，呈现非线性的促进效应，相比较于收入处于中、高水平的劳动者，收入最低的劳动者受益程度相对较小。踪家峰、周亮（2015）利用 CHIP2002 年数据，建立一个三部门罗森—罗巴克（Rosen－Roback）空间均衡模型，在控制城市生活成本之后，发现城市集聚经济和城市工资溢价之间存在显著的正相关关系，在进一步区分劳动力异质性的情况下，发现短期内城市集聚经济带来的工资溢价明显地偏向了高技能劳动力，但是随着居住时间的延长，从长期来看，各层次劳动力均可以从城市集聚中获益。美国的数据则从反面证实了城市集聚对不同类型劳动者的影响，随着制造业向国外转移，美国低技能工人和高技能工人的收入差距显著扩大，原因在于低技能劳动力更难规避负向需求冲击（Topel，1986；Bound and Holzer，2000；Moretti，2011）。库姆斯等（Combes et al.，2012）发现大城市同时吸引高技能劳动者和低技能劳动者，但是内部收入差距更大。

2. 户籍身份与工资溢价

中国劳动力市场上影响颇为深远的制度就是户籍制度。1958 年《中华人民共和国户口登记条例》正式划分农村户口和非农村户口。关于户籍身份的收入分配效应的观点是不一致的。早期研究发现，城镇居民与农村移民收入差异的不可解释部分有很多来自职业内部（Meng and Zhang，2001）和岗位内部（王美艳，2005），因此在中国城市劳动力市场上的确存在着同工不同酬的户籍身份歧视。不过最近使用人口普查数据（邢春冰，2008）以及 CHIP2002 数据（Demurger et al.，2009）的研究却发现：导致农村移民与城镇居民收入差距的主要原因是人力资本结构而非户籍歧视。

王春超、荆琛（2012）利用科布—道格拉斯生产函数进行研究发现，农民工对我国非农经济产出的贡献率平均为 16.37%，是中国非农经济发展和工业化的主要动力，然而农民工分享中国非农经济产出方面却明显低于城镇居民：城镇职工收入为农民工收入的 3.43 倍，而城镇居民对非农经济的贡献率却仅仅为农民工的 1.63 倍。蔡昉、都阳（2011）认为中国劳动力市场已经到达刘易斯拐点，农民工和本地劳动者之间的工资收入差距呈现缩小趋势。

虽然国务院 1984 年和 1997 年相继推出了两套户籍改革方案，政府逐步出台各种城乡统筹政策，逐步消除农村劳动力进城的不合理限制，但是有证据表明，户籍歧视并没有趋于止步。吴贾、姚先国、张俊森（2015）发现较之于城镇本地劳动者，农村移民获得较低的工资，城镇户籍可以给劳动者带来正向的工资溢价。1989～2011 年间在城市劳动力市场中对农村户籍劳动者的歧视程度没有减弱，而是在增强，实际上农村移民在进入城市劳动力市场之前就被划分到了城市的边缘。陈珣、徐舒（2014）利用非线性工具变量回归方法，对农民工和城镇居民的工资差距及其动态同化进行研究，认为农民工在城镇劳动力市场上长期处于劣势地位。

农村劳动力在城市劳动力市场上受到"双重歧视"。章元、王昊（2011）基于2005年1%人口抽样调查，将城市劳动力市场区分为本地工人、本地农民、外地工人和外地农民，发现外地农民受到了双重歧视：户籍歧视和地域歧视，外地工人并没有受到明显的地域歧视。张皓星（2014）利用2011年中国家庭金融调查（CHFS）数据发现劳动力市场存在地域歧视现象，本地人比外地人工资高出46.8%。

现有文献研究了城市集聚经济带来的就业机会和工资溢价，也深入分析了户籍身份不同带来的劳动力市场的工资歧视，但是很少有研究将二者结合起来，分析在快速城市化进程中的户籍身份经由城市集聚经济机制而产生的差别性工资溢价问题。因此从集聚经济视角分析城市集聚经济对工资溢价影响机制并进行实证检验，既可以丰富该领域相对不多的研究，在理论上深入发掘城市劳动力市场工资溢价的形成机制和影响因素，也有助于增进对中国城市化进程的正确认识，加深对中国城市二元劳动力市场工资收入不平等的理解，对推进和谐城市化建设、缩小城市内部工资收入差距具有重要的现实意义。

2.3 本 章 小 结

新古典经济学是研究人口流动的常用理论视角。但是，新古典增长理论在完全竞争和规模收益不变的假定下，无法对经济活动的空间集聚和经济发展水平的地理不平衡提供合理的解释（Fujita et al.，1999），在研究农村劳动力从传统农村部门向现代工业部门转型的过程中，将城市规模增长带来的就业机会作为外生变量。然而伴随着集聚经济理论的发展，越来越多的研究注意到城市就业机会增长内生于城市集聚经济中。集聚经济首次被马歇尔系统地论述，此后逐步完善，而新经济地理学的兴起则将集聚经济的研究推向了高潮。建立在规模报酬递增和不完全竞争假说下的集聚经济理论，首要任务就是解释经济活动的集聚现象，为现代城市经济提供新的集聚经济视角和新的研究方法。它克服了新古典经济学规模报酬不变的假设，有助于全面认识和研究劳动力流动。

然而，从既有的文献来看，关于集聚经济的研究主要集中在集聚经济对劳动生产率、就业机会等的影响方面，重点在于集聚经济产生的原因以及集聚效应，而关于集聚经济对劳动力生产要素本身的影响的研究却很少，相应的影响结果也被忽视。但是在"城市化滞后于工业化、人口城市化滞后于土地城市化"的背景下，中国要继续推动城市化进程，需要树立"包容性"城市化目标：一方面要发挥城市化拉动内需、促进经济增长的引擎作用；另一方面要将绝大部分劳动力包容到城市经济增长的过程中，不同类型的劳动力要广泛受益。农村劳动力是推进城市化进程的主要力量，农村劳动力流动对城市经济增长的影响是判断城市化能否作为经济增长新动力的重要途径，而城市集聚经济对农村劳动力工资溢价的影响，是农村劳动力能否从城市集聚经济中广泛受益的一个重要指标。因此，集聚经济理论也为中国农村劳动力流动提供了新的研究视角，利用集聚经济理论研究中国农村劳动力流动的相关问题是可行的、必要的。

第 *3* 章

理论基础与分析框架

生产要素及其经济活动在地理空间上不断集聚，是经济世界普遍存在的一个不争的事实。自 20 世纪 80 年代以来的农村劳动力流动，是中国最普通、最基本的集聚表现，然而农村户籍身份有可能复杂化城市集聚经济，使其呈现出不同于其他国家或地区的集聚经济特征，因此，在中国户籍制度制约下的农村劳动力流动为集聚经济理论研究和实证检验提供了一个良好的实验场所。

3.1　理 论 基 础

关于城市集聚经济的系统论述最早来自马歇尔 1890 年提出的外部经济，之后在城市经济学领域得到了一定的论述。由克鲁格曼、维纳布尔斯、藤田（Fujita）等开创的新经济地理学将不完全竞争、规模报酬递增、运输成本联系起来，对经济活动的空间分布规律和空间集聚效应进行研究，为研究集聚及其带来的效率和公平问题提供了一个全新的分析框架。本节仅限于与本书相关内容。

3.1.1　外 部 经 济

外部经济首先由剑桥学派的马歇尔提出并进行阐述，从一开始就与空间集聚密切相连。外部性是现实经济活动中的普遍现象。

马歇尔（1890）指出，同行业企业在地理空间上的集聚可以带来三种好处：劳动力市场共享、中间投入品共享、知识溢出。劳动力市场共享效应是指大量专业化的劳动力和厂商在空间上的集聚能够有效满足劳动力供求双方的需要，从而提高经济运行的效率。具体来说，地理集中的产业能培育专业化供应商（马歇尔认为外部收益的来源是市场规模或者本地市场效应）。同行业厂商集聚可以创造一个厚的劳动力市场，降低工作匹配的时间和成本，使得企业和劳动者之间更容易协调互动，当劳动力需要寻找新工作的时候，在企业集聚程度高的地方，找到新工作所需要的时间和成本会较低。同样当经营状况好的厂商扩大生产经营规模时候，可以较为容易地雇佣到所需要的劳动者。而知识溢出效应又提高了人力资本的收益率。因此，专业化的人力资本也倾向于向同一地区集聚。

而雅各布斯外部性（1969）则强调了城市产业多样化带来的外部性。多样化、互补的、不同的产业间存在的溢出是城市增长的重要动力。多样化的企业和劳动力集聚更容易产生创新和规模报酬递增效应。由此可见，马歇尔外部性强调的是城市专业化带来的好处，属于行业层面集聚经济的规模经济；雅各布斯外部性则强调城市内部不同产业间的集聚，属于行业间集聚经济的规模经济。

3.1.2 城市经济学

作为经济学的一个分支，城市经济学具有悠久的历史和深厚的底蕴，最早可以追溯到 1755 年坎蒂隆（Cantillon）（Huriot and Thisse，2000）的关于村庄、集市和首位城市主导的抽象系统的组织。比较完整的城市分析框架是冯·杜能的土地利用模型，之后亨德尔及其追随者在城市体系方面做出了开创性贡献。对城市经济学的全面考察超出了本书的范围。下面仅对我们分析中可能用到的几点做简要的介绍。

1. 冯·杜能模型

19 世纪早期冯·杜能建立了一个土地利用模型来探讨空间利用问题。该模型将空间区分为两部分——城市和乡村，并假设乡村生产三种商品——蔬菜、小麦和牛，三种商品的生产均需要占用一定的土地，均有多种不同的种植（养殖）密度，因此单位土地面积的产量均不相同。城市的商品均需要乡村供应，运费与生产地到城市的距离正相关，距离城市越远，商品运输到城市的费用越高。据此，冯·杜能提出了两个问题：在满足城市需求量的前提下，如何分配土地使得总成本（包括生产成本和运输成本）最低？如果农民和土地所有者均寻求利益最大化，并且可以自发的竞争，那么城市周围的土地如何分配？

在完全竞争条件下，不同农产品获得相同的利润。农民都愿意在距离城市最近的地方生产，但是只有出价最高者才能实现这一目标。农民间的竞争使得地租呈梯度状分布，城市的地租最高，距离城市最远的土地地租为零，地租以城市为中心向外围依次递减。农民在地租和运费之间进行权衡取舍，而地租又与农作物的生产成本呈负相关关系。在三种商品中，蔬菜生产成本最低，在利润一定的条件下，可以出最高价，因此可以在距离城市最近的地方生产，其次是小麦，最后是牛。最终在市场机制的引导下，三种商品的产量恰好满足市场需求，其生产呈现出同心圆形式的布局。

图 3-1 描述了冯·杜能模型的典型结果。图 3-1 可以分为上下两部分，上半部分显示的是市场均衡时，三种商品的竞租曲线，纵坐标表示地租，横坐标表示商品生产地和城市之间的距离。图的上半部分有实线和虚线两种曲线，其中虚线表示蔬菜、小麦和牛等三种商品的竞租曲线，实线是三条竞租曲线的包络线，决定了地租的梯度。三段实线上的任何一点均表示该类商品的种植者愿意比其他种植者支付的更高的租金。图 3-1 的下半部分给出了该同心圆的四分之一。

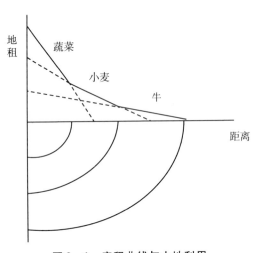

图 3-1　竞租曲线与土地利用

1964 年，阿隆索（Alonso，1964）以单中心城市为研究对象，用中央商业区代替冯·杜能模型中的"孤立的城市"，用通勤者（commuters）替代农民，建立了"单中心城市模型"，最终产生了土地利用的同心圆结果，该模型直到今天依然是大量理论和实证文献的基础。

然而冯·杜能模型及其同类模型均建立在城市或者中央商业区预先存在的前提下，如果在城市数量和规模内生的情况下决定如何使用有限的土地，冯·杜能模型就无效了。因此，以外部经济为基础的集聚经济理论作为冯·杜能模型的补充应运而生。

2. 城市体系

1974 年，亨德森利用外部性解释理想城市规模。在将整个经济作为一个城市体系（城市集合）的假设前提下，一个居民的净效应来自外部经济和外部不经济综合作用的合力。外部经济来自城市产业在地理空间上的集聚，而外部不经济则来自由城市规模扩大带来的较高租金和往返费用等。研究发现城市规模和居民的净效应呈现倒"U"型关系（见图3-2）。亨德尔还认为实际中的城市会趋于理想规模，原因在于城市数量较少的情况下，城市规模将很大。

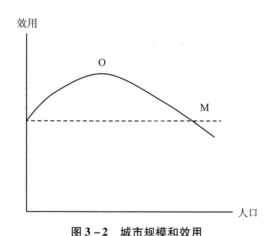

图 3-2　城市规模和效用

注：O 为倒"U"型曲线最高点；M 表示居民净效应为 0。

那么为什么城市规模会存在差异呢？根据亨德尔对外部经济和外部不经济的定义可知，外部经济往往在特定行业中产生，而外部不经济则与城市产出无关，主要由城市规模产生。这样会产生两种结果：（1）越大的城市规模越容易产生外部不经济，因此将不存在相互溢出的产业放在不同城市是有意义的，例如纺织产品制造和书籍出版之间几乎不存在外部经济，那么纺织厂和书籍出版社放在不同的城市是合理的，这样既不会抬高地租，也不会造成拥挤，所以每个城市合理的选择是选择一个或者少数几个可以相互溢出的产业。（2）外部经济的产生和行业特征密切相关，不同行业可能具有差异性极大的外部性。比如，一个服装生产中心的形成可能并不需要太多服装厂的建立，但是对于高科技行业而言，更多的科技机构集聚在一起，可能会产生更多的科技创新。因此，一个城市的最佳规模取决于自身设定的功能。然而在控制地租等其他外部因素的情况下，最终在不同类型的城市中，代表性居民的福利在理想状况下会处于同一水平。如图3－3所示，服装类城市和科技类城市均存在最佳规模，在达到最佳规模的情况下，这两类城市带给居民的效用相同。

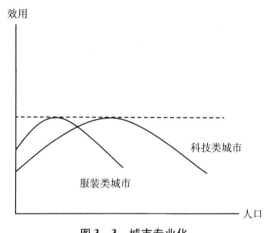

图3－3　城市专业化

亨德尔模型存在两个难点：（1）模型依赖于不受控制的、"看不见的手"的作用；（2）虽然处理的实质是空间问题，但是模型本身确是非空间的。

3. 多个次中心

冯·杜能模型和亨德尔模型在解释现代大都市时存在难点，原因在于现代大都市内部有多个相互竞争的中心。这就意味着想将现代大都市模型化，需要考虑就业分布是如何决定的。因此需要了解外部经济的真容，必须到外部经济的"黑箱"中看上一眼，以了解外部经济达到了何种程度。藤田和小川（Fujita and Ogawa, 1982）将离散力和向心力引入模型。向心力来自生产商间的外部经济，由于外部经济的发挥伴随着距离的减少而增加，从而将就业引向集中的商业区。离散力来自就业人员往返工作地点和居住区的费用。离散力和地租之间存在着类似冯·杜能模型的取舍，原因在于只有远离集聚中心的地方才具有较低的地租和较低的工资。多中心模型可以说明现代大都市的现状，但是难以找到可能的均衡特征。

4. 城市经济学的用途与局限

城市经济学在城市内核、城市周围土地的利用，以及城市存在的原因方面提出的理论很有见地，将经济视为一个城市体系的观念也令人信服。然而城市经济学也有明显的局限性，仅仅触及离心力，而缺乏向心力的讨论。虽然城市经济学家有些看似合理的集聚理论，但不过是对他们模型的非正式补充。最主要的是，由于集聚理论缺乏空间维度（因为他们没有解释这些影响是如何随着距离的增加而下降的），传统城市经济学的离散力与向心力之间缺少与距离有关的合力。

3.1.3 新经济地理学

1991 年克鲁格曼提出以规模经济、运输成本为特征的中心—外围模型（core-periphery model，简称为 CP 模型），从集聚经济的角度来探究城市的本质，从运输成本和企业层次规模经济的角度来解释城市集聚经济的性质和来源，"进入那个特定黑箱，通过更基本的考虑来获得空间集聚自我强化的特征"。克鲁格曼的中心—外围模型中向心力占据了主导地位，几乎看不到离散力的作用。此后克鲁格曼、藤田昌九等学者进行了一系列后续研究，建立了新经济地理学。新经济地理学的基本问题就是解释经济活动在地理空间中的集聚现象以及经济集聚力的来源，重点探寻经济集聚力的内生演化过程，在垄断竞争框架下分析经济要素及经济活动空间集聚，将离散力和向心力相互融合，弥补了之前研究的不足。

1. 中心—外围模型

在 1991 年克鲁格曼提出中心—外围模型之前，很多研究仅仅假定集聚经济的存在，而 CP 模型的核心就是要"进入那个特定黑箱，通过更基本的考虑来获得空间集聚自我强化的特征"。

（1）研究假设。

假设经济存在制造业 M 和农村 A 两个产业部门：制造业的产业类型为垄断竞争，规模报酬递增；农村部门则为完全竞争，部门规模报酬不变。

劳动力为唯一的生产要素，即生产制成品的制造业工人和生产农产品的农民，劳动力的地理分布由外生因素和内生因素共同决定。假设地区数量为 R，农民数量为 L^A，并且每个地区的农村劳动力份额是外生且既定的，表示为 ϕ_r。制造业的劳动力随着时间而变化，L^M 表示工人数量，λ_r 表示地区 r 的制造业劳动力份额。适当地选择单位可得到：

$$L^M = \mu, \quad L^A = 1 - \mu^①$$

制造业产品存在运输成本，用"冰山"形式表示，即 1 个单位的工业制成品由地区 R 运往地区 S，只有 $1/T_{rs}$ 单位的产品可以运抵目的地。

农产品运输成本为零，各地农民工资率相同，用 $W_r^A = 1$ 表示。

w_r 和 ω_r 分别表示地区 r 制造业工人的名义工资和实际工资。不同地区的制造业工人的名义工资和实际工资可能存在差异，在不存在流动限制的情况下，劳动力会倾向于流向实际工资高的地区，离开实际工资低于平均实际工资的地方。

定义平均实际工资为：$\varpi = \sum \lambda_r \omega_r$

同时假定动态方法为 $\dot{\lambda}_r = \gamma(\omega_r - \varpi)\lambda_r$，并且 $\sum \dot{\lambda}_r = 0$，即 λ_r 的增量必须能够保证所有地区份额变化的总和为 0。

需要注意的是，上述模型描述的是各地区制造业的瞬时特征。伴随着时间的推移，制造业的分布会发生变化，而制造业的分布变化会进一步引起实际工资的变化。

（2）瞬时均衡。

利用 4R 方程的解来描述瞬时均衡。该方程决定了各地区的收入、各地区消费的工业制成品的价格指数、该地区工人的工资率和实际工资率。

收入方程：首先将农民的工资标准化，设置为 1（农产品运输成本为 0）。地区 r 的收入为：

$$Y_r = \mu\lambda_r w_r + (1 - \mu)\phi_r$$

价格指数：地区 s 的制造业工人数量为 $L_s^m = \mu\lambda_s$，价格指数为：

---

① 令 $\mu = \dfrac{L^M}{L}$，$L = L^M + L^A$，$1 = \dfrac{L^M}{L} + \dfrac{L^A}{L}$。

$$G_r = \left[\sum \lambda_s (w_s T_{sr})^{1-\sigma} \right]^{1/(1-\sigma)}$$

由价格指数公式可以看出，与地区 r 保持低运输成本的那些地区制造业份额越高，地区 r 的价格指数将会越低。在仅有两个地区的情况下，假定其他条件完全相同，那么如果制造业发生转移，那么制造业转入地区的价格指数将会降低，从而更多的制造业工人则被吸引到该地区。

名义工资：$w_r = \left[\sum Y_s T_{sr}^{1-\sigma} G_s^{\sigma-1} \right]^{1/\sigma}$。如果与地区 r 保持低运输成本的那些地区收入较高，地区 r 的名义工资将会更高，原因在于如果厂商能够接近较大的市场，有能力支付较高的工资。

实际工资：由于工业制成品在工人支出中所占的份额为 μ，实际工资为 $\omega_r = w_r G_r^{-\mu}$

均衡的确定：模型的瞬时均衡能够由满足 4R 方程的解来确定，4R 方程包括收入方程、价格指数方程、名义工资方程和实际工资方程。

（3）中心—外围模型。

中心—外围模型是一个特例，仅仅包括两个地区，农村在两个地区间平均分布，ϕ_r 为 1/2。简化符号，令 T 表示制造业产品在地区间运输成本，λ 和 $1-\lambda$ 分别表示两个地区的制造业所占比例。

瞬时均衡的方程为：

$$Y_1 = \mu\lambda w_1 + (1-\mu)/2$$
$$Y_2 = \mu(1-\lambda)w_2 + (1-\mu)/2$$
$$G_1 = \left[\lambda w_1^{1-\sigma} + (1-\lambda)(Tw_2)^{1-\sigma} \right]^{1/(1-\sigma)}$$
$$G_2 = \left[\lambda(Tw_1)^{1-\sigma} + (1-\lambda)w_2^{1-\sigma} \right]^{1/(1-\sigma)}$$
$$w_1 = \left[Y_1 G_1^{\sigma-1} + Y_2 T^{1-\sigma} G_2^{\sigma-1} \right]^{1/\sigma}$$
$$w_2 = \left[Y_1 G_1^{\sigma-1} T^{1-\sigma} + Y_2 G_2^{\sigma-1} \right]^{1/\sigma}$$
$$\omega_1 = w_1 G_1^{-\mu}$$
$$\omega_2 = w_2 G_2^{-\mu}$$

三个特例：以 $\omega_1 - \omega_2$（两个地区实际工资率的差额）和 λ（地区 1 的制造业份额）为坐标轴，$\sigma = 5$，$\mu = 0.4$ 计算，运输成本 T 各不相同，分别 T = 2.1，T = 1.5，T = 1.7。

在图 3 - 4 中，当 $\lambda < 1/2$ 时，两个地区制造业工人的实际工资差额为正值，此时具有高实际工资收入的地区由于拥有低于半数的制造业工人，制造业对工人具有吸引力，工人开始流动，最终活动收敛于长期对称均衡，此时制造业在两个地区之间平均分布。当 $\lambda > 1/2$ 时，两个地区制造

业工人的实际工资差额为负数，最终还是在工人流动的情况下趋于长期对
称均衡。

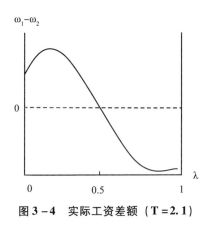

图 3 - 4　实际工资差额（T = 2.1）

在图 3 - 5 中，两个地区间的实际工资差额严格随着 λ 单调上升，一
个地区的制造业份额越大，越具有吸引力，呈现出"强者恒强"的特点。
出现这种单调上升的结果可能是由于"瞬间均衡"中的"前后关联"引
起。在其他条件相同的情况下，一个地区的发达制造业会吸引越多的劳动
力，劳动力集中会增加当时的市场规模，本地市场效应会提高本地的名义
工资水平（此为后向关联）；而另一方面当地集中了更多的制造业产品，
可以降低中间产品的制造成本和运输成本，进而降低价格指数（此为前向
关联），提高实际工资水平，进一步增强该地区的吸引力。值得注意的是，
在此种情况下，制造业在两地平均分布依然是一种均衡状态，但是极为不
稳定，最终会形成所有制造业集中在一个地区而另一个地区制造业逐步萎
缩的中心—外围模式。

第三种情况，对于运输成本 T = 1.7，结果如图 3 - 6 所示。在图中，
制造业在两个地区均衡分布是局部稳定的（与图 3 - 5 一样）。不过在对称
均衡两侧分别出现了一个不稳定均衡。

最后，对中等水平的运输成本，图 3 - 6 给出了更为复杂的情况，和
图 3 - 5 相同，对称均衡是局部稳定的。然而，如今在其两侧分别出现了
一个不稳定的均衡，如果 λ 具有足够大或者足够小的初始值，最终会形成
典型的中心—外围模式，制造业均集中在一个地区。只有当 λ 的取值介于
一定范围之间，最终经济才会收敛于对称均衡。因此，在图 3 - 6 中，共

存在五个均衡，三个稳定均衡（对称均衡和制造业集中于任何一个地区的均衡）和两个不稳定均衡。

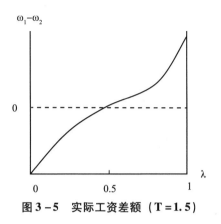

图3－5　实际工资差额（T＝1.5）

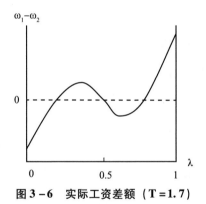

图3－6　实际工资差额（T＝1.7）

图3－7表明各类均衡是如何随着运输成本的变化而变化的。图3－7中，实线表示稳定均衡，虚线表示不稳定均衡。如果运输成本足够高，那么存在唯一的稳定均衡，在此均衡状态下，制造业在两个地区之间平均分布。伴随着运输成本的逐步下降，当到达某个临界水平之下，会形成新的均衡状态，制造业会集中于某一个地区。而如果运输成本继续下降，则制造业在两个地区之间平均分布的对称均衡则演变成为不稳定均衡。

图3－7中存在两个临界点：支撑点 T（S）和突变点 T（B）。在第一个临界点，中心—外围模式一旦确立，就能够维持下去，而在后一个临界点上，两地区的对称均衡不稳定，一定会打破。

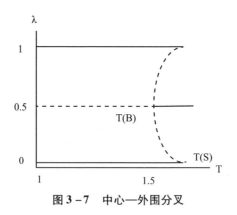

图 3 - 7　中心—外围分叉

中心—外围模型告诉我们集聚经济如何从个体生产者水平上的规模经济、运输成本和要素流动这三者间的互动中产生，也让我们对向心力和离散力之间的合力以及随之产生的不连续变化的可能性有了清楚的认识。

2. 新经济地理学的进展

1991 年克鲁格曼的 CP 模型发展了一种新的方法，此后诸多学者在这一模型的基础上分别在贸易、经济增长、区域经济、城市经济等领域进行了一系列后续研究。本部分仅限于与本书相关内容。从城市集聚角度，城市出现本身就是区域分化的结果，是在使经济活动集聚的"向心力"和使经济活动分散的"离散力"相互作用的过程中形成的。

新经济地理学强调离散力和向心力在决定城市体系时的作用，认为任何"有趣"的经济地理学模型必须考虑促进人口和生产集聚的向心力和排斥这种集聚的离散力之间的紧张对立关系（Krugman and Elizondo，1996；Overman and Ioannides，2001）。向心力是指促进经济要素及其经济活动向城市集中的力量，主要源于外部经济，如前后关联、知识溢出等。离散力则是指经济要素和经济活动向周围扩散的力量，主要源于外部不经济，如拥挤效应、污染效应以及企业从竞争激烈地区搬离的倾向（Tabuchi，1998）。

由于集聚经济的存在，靠近集聚中心的企业由于靠近中间品的提供商和顾客，能降低产品的运输成本，存在规模报酬递增（Venables，1996）。因而，集聚能力强的城市会因为本地市场效应等吸引大量的企业集聚，进而能够提供更多的就业机会和工资溢价，吸引生产要素和经济活动进一步向经济增长更快的地方集聚。随着经济活动的集聚，集聚的离心力逐渐显现（Combes，2002），这表现为在城市经济集中区租金和工资成本通常更高，而这会促使企业向经济集中区外流动。一般认为，随着大城市经济活动的过度集聚以及中小城市生产的专业化，企业将有向外流动到更为专业化的中小城市的激励，因此经济要素及其经济活动会逐步向外扩散。

3. 新经济地理学的评论

经过大量学者的努力，新经济地理学已经成为空间经济学的主要分支之一，较为清晰地揭示了集聚经济现象的来源和微观机制，克服了长期以来新古典经济学的规模报酬不变假设，将不完全竞争和规模报酬递增引入理论分析范式，将马歇尔提出的城市集聚经济的分类更好地运用到理论分析和实证检验中。

然而长期以来，新经济地理学的实证研究滞后于理论研究，原因在于新经济地理学的实证检验强调假设的一般化，并且强调模型的实践价值，但是理论模型又过分依赖两部门假设，过于特定化，存在很大的局限。

3.1.4 集聚经济理论

马歇尔早在 19 世纪末就发现了集聚经济的现象。早期关于集聚经济的研究主要关注地理、资源禀赋等第一自然因素，新经济地理学则关注了第二自然地理特征——生产、消费的空间集聚。目前集聚经济的相关理论是综合前人贡献的成果。

1. 集聚经济的经济基础

马歇尔最早指出了集聚经济的三个来源：投入品的共享、劳动力市场共享（其中包括集聚使得雇主需求和工人技能更好地匹配并降低了二者的风险）、知识溢出。其他一些来源在近期被提出，如本地市场效应（需求集中可以鼓励集聚）、消费效应（城市之所以存在是因为人们喜欢娱乐）、寻租（负面因素推动集聚）等。

（1）资源禀赋：城市的第一地理特征。

不同城市所处的地理区位不同（如临近运输港口、铁路，地理地貌特征等），会影响到集聚能力的发挥。拥有优越资源禀赋的城市会吸引更多的劳动力资源，进而获得更快的城市经济增长，劳动者也会从中获益，获得更高的工资水平和工资溢价。资源禀赋对企业选址和劳动力流动的影响是客观存在的，它的潜在作用也是显而易见的。在本书中，我们引入地区/省份虚拟变量、资源城市虚拟变量等来反映这一问题。

（2）共享（不可分设施/商品、中间产品的分享）。

共享不可分设施/商品期初投入高额的固定成本，然后以不变的边际成本提供需要的商品或者服务。为了共享不可分设施/商品，消费者需要在通勤成本和商品/设施之间往返，城市是共享地方公共物品或者设施的空间俱乐部，大的不可分商品/设施带来城市层次收益递增是城市存在的主要理由。因此，不可分设施/商品的存在是城市集聚经济的一个动因。

中间商品的分享（临近原材料），主要是从价值链上垂直一体化方面来分析的。地理上集中可以支持专业化产品的生产者，刺激行业内部企业的垂直分散，激励企业从其他中间品的供应者手中获得投入品，从而可以自己进行研发和市场开拓。当然这需要当地具有多个上下游企业。

（3）劳动力市场供求匹配。

企业和劳动力集聚会形成厚的劳动力市场（thick labor market）：更多的企业和更多的劳动力集聚在一起，形成了一个劳动力供给和需求的集中地。越来越专业化的社会分工使得劳动力受到人力资本专有性的束缚，转移就业的能力较差，因此马歇尔很早就指出，企业集聚可以使工人避免企业破产而面临的失业风险，企业集聚分担了市场供求波动带来的风险。对于企业而言，劳动力个人专业化收益可以给企业带来总体收益的递增，因为厚的劳动力市场为企业寻找到合适的工人提供了机会，企业能够在自身需求和劳动力供给配合中获利，集聚经济提供的劳动力蓄水池使企业彼此竞争的同时受益。早在1990年，海斯利和斯特兰奇（Helsley and Strange）就发现，在信息不对称的劳动力市场结构中，劳动力市场的规模越大，工人的技能越容易被提高，而劳动力和岗位需求之间的匹配程度也会随之提高。

同时由于资产的专用性和合约的不完全，劳动力和企业之间可能遭遇要挟问题，面对要挟时候，如果可以转向其他合作方，并实现专有性资产的价值，要挟问题就没有那么重要了。而城市有大量潜在的合作方存在，有助于减轻这一问题。因此，厚的劳动力市场增加了劳动力市场供给和需求匹配的概率，分散了专业化分工带来的风险。

（4）学习效应。

无论是正规的学校教育、培训，还是工作中的边干边学，在很多情况下都不是个人行为，相反涉及很多"面对面"相知的相互关系，而城市把大量的人口集中在一起提供学习机会，这是城市存在的充分理由。地理上的临近可以增加劳动者之间正式和非正式的交流，产生面对面交流的知识外溢。与具有较高技能或者知识的人接触有助于技能的获得、知识扩散和传播。因此城市中劳动力和企业的高度集中有利于信息的传递和知识的交流、积累，进而带来经济增长和要素报酬的递增。早在 1988 年，卢卡斯就研究了人力资本的外部性，认为人力资本不仅仅具有内部性（影响自己的生产率），还可以通过相互学习或者向他人学习获得知识的溢出效应，影响他人的生产率，并且人力资本水平越高的个体产生正的外部性越高。

（5）本地市场效应。

克鲁格曼是最早分析本地市场效应的学者之一。戴维斯和温斯坦（Davis and Weinstein，1996）利用 OECD 和日本的数据，发现本地市场效应是城市集聚的重要决定因素。本地市场效应是内部规模经济和运输成本的相互作用导致本地市场规模在自我强化中扩张。具体来说，收益递增内生的就业机会导致就业集中到一个区域，进而创造了大的市场需求，在存在运输成本的情况下，大的市场潜能吸引其他企业选址在同一区域，在累积循环中扩张了本地市场规模。本地市场效应强调集聚对劳动生产率的影响。

（6）消费经济性。

消费经济性强调的是大城市的消费机会是集聚的来源，城市可以更容易满足消费者的消费偏好。一般而言，城市通过四种方式提高消费。第一，部分商品或者服务仅仅存在于城市（如歌剧院）；第二，城市尤其是具有文化底蕴的地方具有艺术、审美上的吸引力；第三，城市能够提供公共物品（前文已有论述）；第四：城市较高的居住密度增加了社交的可能性。

相比较于农村，城市居民所需要的生活必需品必须从市场购买，城市人口规模越大，消费商品的需求种类和数量越高，潜在的市场潜能越大。而且一般来说，消费能力的高低源自自身可支配收入的多少（虽然还有消费习惯、风俗、生命周期等原因），城镇居民的收入要比农村居民高（我国在 2014 年城乡居民收入比才降到 3 以下，2014 年和 2015 年该比值分别为 2.92：1 和 2.73：1），① 因此企业选址会向城市集中，这意味着越临近消费市场越能降低运输成本，提高经济效益。

（7）寻租。

政治因素和经济因素、资源禀赋同等重要，甚至政治因素更为重要。国家经济政策和地方政府支持政策的差别也会造成各个地区和城市吸引劳动力资源、资金等流动方面存在显著的差异。在本书中，我们引入城市层级虚拟变量来反映这一问题。

2. 金融外部性的形成机制和衡量指标

金融外部性通过价值链上的产业前后向关联起作用，强调企业在经营中投入产出的价格变化，通过价格机制降低企业的成本、提高企业的收益，在利润最大化约束下形成一种内在均衡，内生化企业的区位选择，使企业自发地集聚在某个经济区域。因此，金融外部性主要来自不可分设施和中间产品的共享、本地市场效应、消费经济性、劳动力市场匹配。

由于金融外部性来源明确，能够模型化，以克鲁格曼为代表的经济学家在此领域做了大量的工作，关于金融外部性的形成机制的理论已经比较成熟。就基础理论而言，可以沿着两个框架逐步深入：一是 D—S 框架，具体可以分为要素流动模型、垂直关联模型和资本创造模型；二是 OTC 框架，该研究框架克服了 D—S 框架研究假设的限制，运用线性效用函数和线性运输成本研究金融外部性的形成机制（梁琦、钱学峰，2007）。

为了准确衡量金融外部性，借鉴刘修岩、贺小海、殷醒民（2007），范剑勇、张雁（2009），程中华、刘军（2015）等的做法，本书利用市场潜能来代理金融外部性。市场潜能作为新经济地理学强调的第二地理特征，用来度量城市所拥有的市场规模，强调了地区间经济活动因空间邻近性而获益。我们采用哈里斯（Harris，1954）市场潜力计算公式，具体为：$mp_i = \sum Y_j / d_{ji}$，② 经济意义为：城市 i 的市场潜能等于周边城市（包括自身）对城市 i 产品或者服务需求量的加权总和，权重为城市间距

---

① 中国城乡收入比连续两年"破 3" 15 年来最低．［EB/OL］．http：//country. cnr. cn/gundong/20160119/t20160119_521169789. shtml.

② 式中，Y_j 为第 j 个城市的 GDP，d_{ji} 为第 j 个城市和第 i 个城市之间的距离。该变量为地理距离，由于市政府所在地很少发生变化，所以本书以两城市的市政府所在地的最近球面距离表示两城间的距离。当 j = i 时，城市内部距离定义为：$d_{ii} = (2/3)\sqrt{S_i/\pi}$，$S_i$ 为城市行政辖区的面积。

离的倒数。为了更加接近市场潜能的本质含义，这里市场规模使用的是行政辖区的 GDP，而非市区 GDP。市场潜能越大的城市拥有的市场越大，距离原材料产地、中间产品生产、消费者越近，越容易降低生产成本、提高利润率和劳动生产率，进而有能力为劳动者提供高的工资回报率。

3. 技术外部性的形成机制和衡量指标

以往的城市集聚经济研究更多地强调金融外部性，忽略了技术外部性的重要性。这些研究大多将技术外部性视为一个黑匣子，原因在于技术外部性直接作用于生产函数，不通过市场机制起作用，难以精确模型化，而通过对集聚经济微观经济基础的探讨可以有助于进一步探究这个黑匣子。技术外部性强调的是劳动力共享、交流带来的知识溢出效应：更多的厂商和劳动力集聚在城市中，匹配度高，通过不断的就业、招募，双方能相对容易地找到和自身匹配的对象，降低了搜寻的时间和成本，进一步鼓励了劳动分工和专业化程度；并且集聚给企业和劳动者创造了更多的学习和交流的机会，有利于创新和劳动生产率的提高。因此，技术外部性主要来自学习效应和劳动力市场的供求匹配。

近年来，经济学家试图打开技术外部性的黑匣子，努力将技术和知识外溢的微观基础融入空间计量模型，典型文献分为三类：垂直差异化知识的动态演进、通过知识创新和转移合作过程中的异质性知识（水平差异化）的动态演进、综合考虑金融外部性和技术外部性与集聚之间的内生互动（梁琦、钱学峰，2007）。

由于技术外部性不以市场机制为媒介，识别和度量比较困难，目前处于各类学说混战的阶段。一些学者强调了用人口密度来衡量城市集聚的相对规模效应，但是根据西科恩和霍尔（1996）的模型，使用经济密度指标衡量区域内部集聚程度的优点在于剔除了区域空间尺度差异的影响。然而博斯克（Bosker，2007）年认为经济密度与经济活动的集聚性并非密切相关，它只是衡量区域内集聚的较为粗略的代理变量。特别是度量较大空间尺幅范围集聚的时候，密度指标缺陷更为明显（Spiezia，2002；Gardiner et al.，2011）。同样的大学毕业生，与在小城市工作两年相比，在大城市工作两年可以学到更多的知识，原因在于大城市有更多优秀的人才，且存在知识外溢（宁光杰，2014）。从微观角度考察，劳动力流动被认为是一种人力资本投资（王永培、晏维龙，2013）。因此，大量实证研究证实了知识溢出的存在性，认为城市人口规模的扩张会给劳动者带来更多的学习和创新机会（Moretti，2004；陆铭、高虹、佐藤宏，2012；宁光杰，2014；高虹，2014）。杜旻、刘长全（2014）直接利用城市人口规模来衡量技术的外部性，认为城市化经济与集聚的绝对规模相关。因此根据本书的研究目的，我们使用城市人口规模来代理城市集聚的技术外部性。

4. 集聚经济理论的应用和局限

集聚经济理论的基本问题就是解释经济要素和经济活动的空间集聚问题，从现有的理论体系来看，已经取得了一定的成果，但是还存在不足之处：重视金融外部性，忽视技术外部性，具有明显的不平衡性。集聚经济的形成是金融外部性和技术外部性共同作用的结果，二者都是集聚经济的主要来源。然而从目前的研究成果来看，大多数文献在讨论集聚力的来源方面，着重探讨和关注的是前向关联和后向关联导致的金融外部性，金融外部性和集聚经济之间的内生互动关系得到了充分的理论推导和经验论证，并且伴随着集聚经济理论的发展，相关的研究还处于不断地完善和拓展中。关于技术外部性的研究则深度不够，大多将其简化处理，在模型中完全视为外生变量，无论在微观机制还是在经验检验上，都与其逻辑重要性很不相称。究其原因在于知识、技术、交流等难以测度，但是这种不平衡的研究禁锢了集聚经济研究的视野，忽视了非常重要的现实因素。

3.2 研究假说1

3.2.1 城市集聚经济的"向心力"

生产要素及其经济活动的空间集聚是现代经济增长的典型事实。根据集聚经济理论，在解释经济要素及其经济活动在地理空间集聚方面，金融外部性和技术外部性具有互补性。

金融外部性通过产业的前后关联发挥作用，通过价格机制有效降低生产成本，更少地承担运输成本，获得厂商层面的规模经济效应。在金融外部性的引导下，企业选址倾向于临近大型消费市场或者价值链上的上下游企业间联系密切的区域，从而有助于节约贸易成本、获取更高的利润。而大量企业的进驻扩张劳动力的市场需求，为潜在的流动人口提供了新的就业机会。因此，农村劳动力会被吸引到市场潜能高的区域，期望获得非农就业机会和较高的非农工资收入。

城市集聚经济的技术外部性不通过市场机制起作用，直接作用于生产函数，通过劳动力共享、交流、学习获得的知识溢出效应提高生产技术水平和要素生产率。因此技术外部性的影响机制脱离市场，经由劳动力空间集聚带来的共享、交流、学习、模仿、竞争等途径，将劳动力和企业自发地集聚在一起。技术外部性既可以发生在行业内部，也可以发生在行业之间。同行业厂商的空间集聚可以共享专业化劳动力市场、中间投入品市场，以及行业内的知识溢出效应，从而获得马歇尔外部性（Mashall，1890）。多样化产业空间集聚能够获得知识在行业间溢出的雅各布斯外部性（Jacobs，1969）。

金融外部性和技术外部性表现为正的外部性，就形成了吸引农村劳动力及其经济活动向城市流动的"向心力"：生产中的规模报酬递增，专业化或者多样化产业集聚带来的劳动力市场共享、学习效应，会激励企业选择在市场潜能和人口规模相对较大的地区进行生产经营活动，从而创造出较多就业机会和较高的要素价格水平，在地理空间上形成吸引农村劳动力及其经济活动向城市尤其是大城市集中的力量，城市化呈现"强者恒强"的特征。

3.2.2 城市集聚经济的"离散力"

伴随着城市生产要素及其经济活动的集聚，集聚经济的外部成本逐步凸显。从金融外部性而言，表现为在城市经济集聚地，租金和工资成本通常更高，因此随着城市经济活动的过度集聚，以及中小城市生产的专业化，企业将有向外流动到更为专业化的中小城市的激励（Fujita and Ishii，1994；Duranton and Puga，2000）。另外对于劳动力而言，经济活动的空间集聚在创造就业机会的同时，也产生了竞争激烈、交通拥堵、环境恶化等负向外部成本。一般来说，随着城市规模的增长，竞争变得更加激烈，交通变得更加拥堵，环境质量趋于下降，城市生活的外部成本显著上升，迫使经济要素及其经济活动趋于离散，即产生城市集聚经济负外部性的"离散力"。

当城市集聚经济带来的"离散力"居于主导地位，企业会逐步搬离集聚经济地，劳动力也随之向外围地区扩散，最终经济在集聚中走向均衡。

3.2.3　提出研究假说 1

任何有趣的经济地理模型都应该充分考虑集聚经济产生"向心力"和"离散力"之间的紧张对立关系（Krugman and Elizondo，1996）。城市规模增长既是企业在集聚经济外部收益和外部成本共同作用下的区位选择过程，也是劳动力在这一机制引导下的流动过程。城市尤其是大城市具有更高的金融外部性和技术外部性，暗含着更多的就业机会和更高的工资回报，以及激烈的市场竞争和更高的通勤成本（上下班交通成本，communating cost）。在保持其他因素不变的情况下，在"向心力"和"离散力"相互对立作用过程中，如果集聚收益平衡了激烈市场竞争和较高的通勤成本，企业和劳动力会进一步集聚；如果集聚收益不能平衡集聚成本，利润最大化的厂商则选择其他地区组织生产经营活动，劳动力则会随之流动。

因此提出假说1：城市集聚经济将就业机会内生于经济增长中，引导着农村劳动力流动，农村劳动力流动是集聚经济"向心力"和"离散力"共同作用的结果。在集聚经济产生"向心力"和"离散力"之间的紧张对立过程中，随着城市规模增长，"向心力"占主导地位，农村劳动力有向大城市流动的趋势。但随着城市规模的进一步增长，由拥挤效应带来的"离心力"会促使其向小城市迁移。集聚经济对农村劳动力流动产生非线性影响。

本书将在第 4 章基于城市集聚经济视角研究农村劳动力流动的成因及空间分布，利用 2010 年中国第六次全国人口普查数据库和《中国城市统计年鉴 2011》，汇总得到城市市辖区范围内的农村劳动力规模，以市场潜能和城市市辖区人口规模分别代理金融外部性和技术外部性指标，验证集聚经济对农村劳动力流动的非线性影响。

3.3　研究假说 2

3.3.1　城市集聚经济与城乡收入差距

克鲁格曼的中心—外围理论中对城市和农村的分离与演化机制做了系统的阐述，该理论认为，任何一个区域系统都是由中心和外围两个系统组成的，二者共同构成完整的二元经济结构。后人对 CP 模型进行拓展和调整，形成了今天的新经济地理学。根据新经济地理学，在规模报酬递增和不完全竞争的前提假设下，生产要素及其经济活动以城市为载体，在城市地理空间上集中，形成城市经济集聚，而城市经济集聚本身具有很强的规模经济效应和外部经济效应。

由 CP 模型可知，中心和外围不是截然分开的，它们通过要素流动和商品交换紧密联系在一起，并且在漫长时间里不断演化。初期资源、市场、技术、环境等的区域分布差异是客观存在的，中心城市由于经济竞争优势获得空间集聚，生产要素必然会逐步从外围地区向中心地区转移，并且在集聚过程不断强化城市经济集聚的"洼地"，外围地区处于附属地位。但是伴随着时间推移，"离散力"效应逐步显现，周边地区将会得到更多的经济辐射，获得较快的发展。在"向心力"和"离散力"两种力量相互交互、相互矛盾的进程中，中心城市和周边地区的经济发展水平出现差异，经济发展差距是扩大还是缩小，取决于"向心力"和"离散力"净效应的大小。如果"向心力"大于"离散力"，那么会扩大区域内差距；反之，则会缩小区域内差距。

3.3.2　农村劳动力流动、金融外部性与城乡收入差距

根据新经济地理学，城市经济集聚外部性影响经济发展的途径有两个：金融外部性和技术外部性。因此农村劳动力流动也可能通过金融外部性和技术外部性两个途径影响中心城市经济和县域经济的发展差距。

首先，从金融外部性来看，中心城市经济活动集聚内生出新的就业机会，并且新创造的就业机会更多地分配给了低技能工人，城市集聚能力越

高越有能力给劳动者提供较高的工资水平，因此大量的农村劳动力向中心城市集聚。中心城市的劳动力集聚产生的"本地市场效应"吸引企业进入中心城市，并且通过"前向、后向效应"反馈给上下游企业，使中心城市企业数量得以扩张，上下游企业运输成本和中间投入品价格得以降低，企业利润提高，此时金融外部性以"向心力"为主要表现形式，中心城市经济的高劳动生产率的"洼地效应"必然会吸引外围地区的要素流入，在经济集聚"向心力"作用下，中心城市经济和县域经济发展差距会扩大。然而从长期来看，中心城市集聚能力受到地理范围的限定，当集聚能力达到一个的规模后，激烈的市场竞争会压缩企业的利润空间，市场拥挤效应带来的"分散力"逐步显现，生产要素及其经济活动产生搬离中心城市的激励和意愿。在长期的经济互动发展过程中，中心城市和县域地区之间特殊的行政区划关系和区域经济关系，会导致中心城市的经济发展政策、资源额配置导向影响县域地区决策，县域地区已经具备了承接中心城市产业转移的条件和基础。因此，当金融外部性带来的"分散力"超过的"向心力"时，作为和中心城市彼此相连的县域地区，会成为中心城市分工深化、交易扩展的选择，成为承接中心城市转移资源的"受体"，中心城市和县域地区的经济发展差距可能会缩小。因此从短期来看，城市集聚产生的金融外部性以"向心力"为主，农村劳动力流动会加大中心城市和县域地区的经济发展差距；从长期来看，中心城市和县域地区的经济发展差距会趋于缩小。

不过需要注意的是，中国长期的二元经济结构使该问题复杂化。由于户籍制度的制约，农村劳动力并没有获得城镇居民身份，难以获得与户籍相关的福利政策，如教育、社会保障等，还要支付各种费用，如房租、路费、各种手续费等，"候鸟式"迁移和"城市过客"身份使其经济活动不同于城镇居民。农村迁移人口在城市的消费能力受到一定限制，比如住房等。同时"候鸟式迁移"使迁移人口在城市获得较高的非农收入，他们将资金汇回农村，给农村、农村生产带来资金的投入，可以提高农村投入水平，提高农村生产率，带动农村发展。因此从户籍身份制约来看，农村户籍身份在一定程度上弱化了金融外部性对城乡经济发展差距的影响。对于城市经济集聚的金融外部性而言，户籍制度在一定程度将金融外部性对中心城市和县域经济发展差距的影响复杂化，金融外部性对城乡收入差距的影响有待实证检验。

3.3.3　农村劳动力流动、技术外部性与城乡收入差距

城市经济集聚外部性影响收入差距的第二个路径就是技术外部性。根据新经济地理学，技术外部性衡量的是劳动力市场共享、知识溢出等，城市规模通过分享、匹配、学习三个机制产生集聚效应。不同于金融外部性的是，技术外部性带来"向心力"，但城市达到一定规模后，技术外部性会减弱或者不起作用。由于大城市有更多的优秀人才，存在知识外溢，与更优秀的人同行可以使普通劳动者受益，劳动者更有可能提高劳动生产率（宁光杰，2014）。格莱泽（2001）、格莱泽和马雷（Glaeser and Mare，2001）强调大城市加速了人力资本积累，劳动者在大城市能学到更多。路易斯托和邓肯（Luisito & Duncan，2004）通过研究 100 个国家 30 年时间序列的经济数据，分析了城市化进程和人力资本提升之间的关系，得出城市化每上升 1 个百分点，人力资本平均相应提升 0.144 个单位，即平均受教育年限提高 0.72 年。因此，对于农村劳动力而言，要提高人力资本水平，返回学校接受正规教育是不太可能的，他们可以进入城市劳动力市场，通过和更多的优秀人才交流、互动，获得学习效应，在工作中边干边学，获得能力的提升。因此中心城市较高的人口集聚强化了企业人员往来、劳动力共享和知识联系，深化分工协作，降低交易成本，提高企业经营效率，进一步吸引上下游企业向中心城市集中。中心城市可以进一步获得周边地区以及其他地区的资源、获得进一步增长。而对于以劳动力流出为主的县域经济而言，劳动力的数量和质量反而会随着农村人口迁移而下降，从事农村生产的劳动力逐步以"3860"为主，新型农村经营主体的兴起和规模经营的普及对农村的影响要经过一段时间才能显现。因此，较高素质的农村劳动力进入城市劳动力市场，获得知识溢出和人力资本的提升，进一步加大了中心城市和县域地区的经济发展差距。

农村户籍身份同样制约着农村劳动力获得技术外部性。农村劳动力没有城市户籍，在城市分割劳动力市场中、工作岗位上获得"进入"歧视，主要表现在就业单位的所有制性质和从事行业方面。一些垄断、高端行业农村劳动力难以进入，例如国家机关、事业单位等计划控制部门几乎不对农村劳动力开放；大部分农村劳动力只能获得由私营、个体经济提供的非技术性低报酬的工作。王美艳（2005）利用 CHIP2002 数据发现外来劳动力在低工资行业中就业比例大大高于城市本地劳动力。更重要的是，户籍

的代际传递性以及政府对户籍迁移的控制使这一现状难以得到改善，农村移民实际上在进入城市劳动力市场之前就被划分到了城市的边缘（吴贾、姚先国、张俊森，2015），这在一定程度上降低了农村劳动力可能获得的技术外部性。不过，即使是在户籍身份制约下，技术外部性会被削弱或者不起作用，但是激励作用仍在，城市存在的高收入阶层以及较高的工资水平依然会激励其他人努力工作。因此从城市经济集聚的技术外部性而言，农村劳动力流动会通过技术外部性机制扩大中心城市经济和县域经济的发展水平差距。

3.3.4 提出研究假说2

据此提出研究假说2：从短期来看，城市集聚产生的金融外部性和技术外部性会加大中心城市经济和县域经济的发展差距；从长期来看，中心城市经济和县域经济的发展差距会趋于缩小。然而户籍制度在一定程度将金融外部性对中心城市和县域经济发展差距的影响复杂化，技术外部性却会扩大二者的经济发展水平差距。

本书的第5章利用2010年第六次人口普查数据库得到的城市常住人口规模数据，将地级及以上城市中农村流动人口并入城市劳动力市场，利用新经济地理学的经济集聚理论和中心—外围模型，分析农村劳动力流动通过经济集聚机制对地级中心城市经济和县域经济之间的发展不均衡的影响，既可以进一步认识城市化带来的经济效应，又可以结合市管县体制，深入分析县域经济和中心城市经济的相关性，有助于城乡统筹和谐发展。

3.4 研究假说3

3.4.1 农村劳动力集聚对城市经济增长的影响机制

在不考虑户籍因素的情况下，伴随着劳动力流动，劳动力所具有的消费潜力也会随之流动，会增加迁入城市的市场需求规模。并且伴随着劳动力从农村迁移到城市，生活用品的自给自足能力下降，更多的产品需要市场提供，促使该城市更大程度上的自给自足，进一步增加了城市的市场需求规模。在城市消费需求增加和地区间存在运输成本的情况下，企业选址趋于在靠近市场潜力的地方集中，达到降低生产成本和运输成本、提高企业利润的目的。较多的企业集中会使价值链完善，越来越多的上下游企业集中，进一步降低中间产品的贸易成本；劳动力的集聚能够降低企业用工的搜寻和培训成本，获得知识溢出效应。因此，农村劳动力向城市流动必然会促进城市经济增长。

3.4.2　户籍制度制约下的城市经济增长

户籍制度使该问题复杂化，虽然中国户籍制度改革一直在推进，但是有证据表明户籍歧视并没有趋于止步（吴贾、姚先国、张俊森，2015）。在长期二元经济结构下，在中国劳动力市场上影响颇深的户籍制度弱化了农村劳动力流动给城市带来的集聚效应。农村劳动力因户籍身份而无法在迁入地永久居留。作为城市里的一个"过客"，农村劳动力对城市集聚的外部成本的评价将显著低于城镇居民。中国的农村劳动力流动更多地受经济集聚的外部收益推动。

首先从金融外部性来看，由于农村劳动力在城市劳动力市场上没有获得城镇户籍，"候鸟式迁移"的特点使劳动力具有将来回流到农村的预期，因此消费能力并没有发生过多流动，甚至更多地回流到农村。这在缓解农村的信贷约束，提高农村家庭的消费能力和投资能力的同时，削弱了城市市场需求。蔡昉（2010）发现，一个单身农民工平均会把全部收入的26.3%寄回农村，实际上农民工并没有多少结余用于基本生活之外的消费或者储蓄，因此削弱了金融外部性带来的经济增长效应。我们预期长期户籍制度制约导致的"候鸟式流动"，会削弱金融外部性带来的集聚效应。

从技术外部性来看，在分割的城市劳动力市场上，农村劳动力在就业单位所有制和就业岗位方面存在"进入障碍"，他们中的大多数在个体经济和私营经济提供的岗位上就业。一般而言，农村劳动力受教育水平和质量会低于城镇居民，但是返回学校接受正规教育是不太可能的，进入城市劳动力市场，通过和更多的优秀人才交流、互动，获得学习效应，在工作中边干边学，获得能力的提升。虽然户籍身份的制约有可能削弱技术外部性的影响，但是由于大城市先天性的优势吸引了更多的优秀人才，加速了人力资本积累，劳动者在大城市能学到更多，并且激励效应始终存在，能够鼓励更多的人去努力工作。可以预期，农村劳动力会通过技术外部性促进城市经济增长。

3.4.3 农村劳动力流动与城市经济增长的差异性

早在 1957 年，默达尔（Myrdal）就指出劳动力和资本同方向流动使得经济效率和空间平等不可兼得，经济收敛假设应该被质疑。集聚经济研究将集聚与增长关系内生化，认为空间效率和区域集聚之间存在一种交替关系：空间集聚在促进经济增长的同时，加剧了地区不平等。

中国的农村劳动力城乡迁移具有显著的空间集聚特征。据统计，约79.73%的农村劳动力集聚在东部地区城市，其中61%集聚在长三角、珠三角两大经济带，55%左右的农村劳动力选择特大城市和超大城市作为迁入地。大城市尤其是超大城市和特大城市持续吸引着大量流动的农村劳动力，具有"强者恒强、强者更强"的趋势和明显的集聚累积效应。因此，农村劳动力城乡流动存在着扩大城市经济增长差距的逻辑。

首先，随着农村劳动力向东部沿海地区集聚，东部沿海地区的市场潜能将会得到扩大，选址在此地的企业能在更高的水平上获得集聚经济带来的规模报酬递增效应。对于可贸易品生产厂商而言，中国地区间市场分割导致地区间存在较高的贸易成本，因此，农村劳动力向东部沿海地区的空间集聚成为东部沿海地区跨越贸易壁垒的有效手段。尤其对于不可贸易品中的服务商品而言，农村劳动力的空间集聚会带来更大的规模经济效应。即使不存在市场分割造成的贸易障碍，农村劳动力向东部沿海地区集聚，在增加当地市场需求的同时，也会节约产品到消费者手中的运输成本。因此，从金融外部性来看，农村劳动力向特定区域集中会扩大市场需求、降低成本、提高经济效率（Fujita et al.，1999；余吉祥、沈坤荣，2013）。

其次，从技术外部性来看，伴随着农村劳动力流动，东部沿海地区会形成一个较大规模的劳动力市场，在该市场中劳动力供求双方有较高的匹配度：企业会比较容易找到所需要的劳动力，而劳动力也可以减少工作转换的成本，这会带来劳动生产率的提高。并且在一个较大规模的劳动力市场中，劳动力通过正式交流、非正式交流获得共享知识、学习知识的机会增加，获得学习效应。

因此，从城市集聚经济视角来看，农村劳动力空间集聚带来的规模报酬递增效应是导致城市经济增长趋异的力量，农村劳动力流动在促进城市经济增长的同时，会带来差异性的城市经济增长，扩大经济发展差距。

3.4.4 提出研究假说 3

据此提出研究假说 3：农村劳动力及其经济活动的空间集聚会在总体上促进城市经济增长，使得经济整体受益，但是户籍因素在一定程度上削弱了农村劳动力流动带来的经济增长效应，并且农村劳动力流动的空间不均衡会带来差异性城市经济增长，扩大城市间经济发展差距。

本书第 6 章将使用 2010 年第六次全国人口普查数据和《中国城市统计年鉴 2011》，以西科恩和霍尔（1996）的人均收入决定模型为基础，构建线性回归模型，分析农村劳动力流动对经济增长的影响，并在此基础上引入农村劳动力流动和城市集聚经济交叉项，分析户籍因素制约下集聚经济机制对经济增长差异性的影响；最后计算城市经济增长差异性，利用 Shapley 方法确定农村劳动力流动对经济发展差异性的影响。

3.5 研究假说 4

3.5.1 城市集聚经济与工资溢价

从金融外部性来看，由于城市尤其是大城市拥有广大的市场规模，距离原材料产地和市场终端近，降低了生产成本、运输成本，产生集聚效应，提高了企业的劳动生产率，在这些企业工作的劳动力也会受益，因此对于农村劳动力而言，迁入城市规模会直接影响获得的收益。城市集聚经济效应表明，城市市场潜能越大，企业生产率越高，企业越有能力支付较高水平的工资，在其中工作的劳动者受益越高。当一个农村劳动力从农村迁移到城市或者从小城市进入大城市后，工资水平能够立刻提高。

第一，从技术外部性来看，城市集聚形成了厚的劳动力市场，降低了人力资本专有性束缚，更多的企业和更多的劳动力能够较好协调互动，降低寻找工作的时间和成本，降低市场供求波动带来的风险。例如，一个大城市的企业数量和劳动力数量分别是一个小城市的 2 倍，大城市企业和劳动力匹配数量会超过小城市的 2 倍，在搜寻工作存在时间成本的情况下，大城市的劳动者找到工作的时间可能较短，更换工作的频率可能更高，那么劳动力在大城市就会获得较高的工资溢价。第二，人力资本具有外部性，较多的劳动力集聚在一起，通过正式或者非正式交流，可以相互学到更多的知识。马歇尔早在 1890 年就已经发现，劳动力在大城市或者生产率更高的地区，能够学到更多。教育和培训是提升人力资本水平的重要途径，但是对于农村劳动力而言，不太可能返回学校接受正规教育，因此"干中学"是提升人力资本水平的有效途径。人口城市化本身就是人力资本水平积累的过程（Glaeser，1999；Glaeser and Mare，2001）。大城市提供了更好的学习平台，并且存在知识外溢，与更多优秀的人同行可以使普通劳动者受益，城市人口规模大，优秀人才多，劳动力生产率和收入都会得到提高（宁光杰，2014），因此，厚的劳动力市场和知识溢出会使劳动力获得工资溢价。

因此，从城市集聚经济的视角来看，金融外部性和技术外部性的确能够给劳动力带来较高的工资水平。

3.5.2　户籍制度约束性下的工资溢价

然而中国的户籍制度极有可能复杂化这种集聚经济带来的工资溢价。金融外部性激励着企业选址定位于大城市，大城市有能力提供较高的工资水平，城市金融外部性增加带来的高工资收入引导着农村劳动力向大城市流动。由于没有城市户籍，相较于城镇劳动力，农村劳动力流动成本（如资产处置、社会关系重建等）较低，城市"过客"身份使得农村劳动力易于被金融外部性的外部收益推动。因此，农村劳动力更多地向预期工资收入较高的地方流动。这样一来，金融外部性带来的工资溢价会更多地被农村劳动力所分享。

技术外部性则会更多地受制于户籍制度。技术外部性的发挥需要劳动力有机会进行交流、培训等。对于农村劳动力而言，重新回到学校接受正规教育的可能性极低，并且他们大多在私营企业就业或者自我雇佣，极少获得培训的机会，因此人力资本水平的提高更多要依靠"干中学"。在城市分割的劳动力市场上，农村劳动力大多工作时间久而工资水平却低于城镇劳动力。在这种情况下，农村劳动力和城镇劳动力日常接触、交流的人员存在明显不同，因此获得知识溢出也会存在差异性。以 A 城市中的国有企业和民营企业为例，和民营企业相比，国有企业拥有更多的优秀人才，也有实力吸引和留住更多的人才，进而进行科研项目和科研活动，因此在国有企业，就业人员有机会学习、模仿进而获得知识的扩散和传播。而在民营企业，与优秀人才同行的概率会降低，通过面对面交流或者其他非正式接触获得的沟通外部性也会降低，因此，就业人员获得的知识溢出效应相对较低，并且还难以获得和优秀人员同行的激励效应（和优秀人才在一起，会更努力工作，进而提升自己）。因此，户籍制度分割了城市劳动力市场，减弱了以劳动力正式接触和非正式接触为主要传递渠道的技术溢出效应，技术外部性带来的工资溢价会更多地被城镇劳动力所分享。

3.5.3 户籍制度细分下的差异性工资溢价

新型城市化存在两种模式：本地城市化和异地城市化。因此有必要将农村劳动力细分为本地农村劳动力和外地农村劳动力。在城市劳动力市场中，劳动力可以分为城镇劳动力、本地农村劳动力和外地农村劳动力。外地农村劳动力和本地农村劳动力的区别在于是否具有本地农村户籍，背后是城市保护本地劳动力、对外排他的制度性安排。本地农村劳动力和城镇劳动力的劳动力市场地位差异来自长期的城乡分割差异。外地农村劳动力和城镇劳动力的劳动力市场地位差异来自地方排他性制度安排和城乡分割的综合作用结果。

从金融外部性来看，农村劳动力流动是一种市场行为，他们选择本地城市化还是异地城市化是由利益和成本决定的。地方政府保护本地劳动力的相关制度必然会提高本地农村劳动力的竞争优势。一般而言，携带较高人力资本的劳动力更容易在城市中优先找到工作，受教育程度高的人群通常具有较强的迁移动机（颜品等，2014）。只有具有竞争优势（或者高人力资本水平）的农村劳动力才会在异地城市劳动力市场中获得金融外部性提供的就业机会。因此相比较于外地农村劳动力，本地农村劳动力自身拥有的竞争力可能较低，有可能获得较低的金融外部性带来的工资溢价。当然由于其不具备城镇户籍，获得的工资溢价也会低于城镇劳动力。

然而从技术外部性来看，本地农村劳动力具有一定的天然优势。相较于外地农村劳动力，本地农村劳动力由于居住在本地，即使在城市劳动力市场中，他们的社会资本依然丰富，既可以克服劳动机会寻找中的信息不对称，又可以更多地获得正式交流和非正式交流的机会。相较于外地农村劳动力，本地农村劳动力可以获得较多技术外部性带来的工资溢价。因此结合 3.5.2 的分析，城镇劳动力获得最高的技术外部性带来的工资溢价，本地农村劳动力次之，外地农村劳动力最低。

3.5.4　提出研究假说 4

据此提出研究假说 4：在城市二元劳动力市场上，劳动力均会受益于金融外部性和技术外部性带来的工资溢价。由于户籍身份的不同，城市劳动力市场中的工资溢价分享方面存在差异性，金融外部性带来的工资溢价更多地被外地农村劳动力所分享，依次可能是城镇劳动力和本地农村劳动力；技术外部性带来的工资溢价更多地被城镇劳动力获得，其次是本地农村劳动力，外地农村劳动力获得的工资溢价最少。最终金融外部性和技术外部性综合作用结果决定了城市集聚经济效应分享具有的差异性程度。

本书的第 7 章将使用城市层级中观数据和 CHIP2002、CHIP2007 劳动力层级微观数据，构建劳动力个人层面的小时工资决定模型，考察城市劳动力市场的集聚经济效应的分享问题。首先利用包括城镇劳动力、本地农村劳动力和外地农村劳动力在内的全部样本验证了城市集聚经济带来的工资溢价问题；然后利用农村劳动力样本（包括本地农村劳动力和外地农村劳动力）证实农村劳动力城市化过程中确实获得了城市化带来的好处；最后对比城镇劳动力、本地农村劳动力和外地农村劳动力获得工资溢价系数，考察集聚经济分享的差异性。

3.6　分析框架

图 3-8 总结了本书的分析框架。本书在相关理论和国内外研究现状的基础上，基于城市集聚经济视角，将集聚经济区分为金融外部性和技术外部性，以集聚经济影响农村劳动力流动的空间分布为研究起点，分析农村劳动力流动对城乡收入差距、城市经济增长的差异化作用，进而研究户籍因素制约带来的劳动力分享集聚经济效应差异化问题，从而有助于正确认识农村劳动力流动主导的城市化进程，为实现人口城市化和可持续经济增长提供相应的建议和对策。

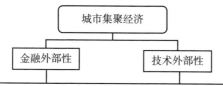

研究假说1：农村劳动力流动是集聚经济"向心力"和"离散力"共同作用的结果，"向心力"和"离散力"之间的紧张对立过程中，金融外部性、技术外部性与农村劳动力流动之间呈现非线性关系。

研究假说2：从短期来看，城市集聚产生的金融外部性和技术外部性会加大中心城市经济和县域经济的发展差距，从长期来看，中心城市经济和县域经济的经济发展差距会趋于缩小。然而户籍制度在一定程度将金融外部性对中心城市经济和县域经济发展差距的影响复杂化，技术外部性却会扩大二者的经济发展水平差距。

研究假说3：农村劳动力城乡流动会在总体上促进城市经济增长，但是户籍因素会削弱该经济增长效应；并且农村劳动力流动的空间不均衡会带来差异性的城市经济增长，扩大城市间经济发展差距。

研究假说4：在城市二元劳动力市场上，劳动力均会受益于金融外部性和技术外部性带来的工资溢价；然而户籍身份的差异使工资溢价分享存在差异性，金融外部性带来的工资溢价更多地被外地农村劳动力所分享，依次可能是城镇劳动力和本地农村劳动力，技术外部性带来的工资溢价更多地被城镇劳动力获得，其次是本地农村劳动力，外地农村劳动力获得工资溢价最少。最终金融外部性和技术外部性综合作用结果决定了城市集聚经济效应分享具有的差异性。

图 3 − 8　分析框架图

第 *4* 章

农村劳动力流动与城市集聚经济

　　农村劳动力不断被吸引进入城市就业、城市人口规模增长是城市化进程的重要特征。根据第六次全国人口普查数据，在 172 个样本城市中，居住在省级、副省级及地级城市的市辖区而户口登记地在本省或者外省的乡、镇的村委会的农村劳动力流动总量为 7054.3370 万人，约为城市常住人口的 21.34%，是快速城市化的主要推动力量。

　　新古典经济学在研究农村劳动力流动方面做出了很大的贡献。建立在规模报酬不变前提下的新古典经济学在研究农村劳动力城乡流动的过程中，将城市规模增长带来的就业机会作为外生变量，而伴随着新经济地理学的发展，越来越多的研究注意到城市就业机会内生于城市集聚经济中。新经济地理学在规模报酬递增和不完全竞争的框架下，将城市集聚和城市规模增长之间的关系内生化，为解释农村劳动力流动提供了新的具有说服力的解释工具。

　　本部分的数据主要来自 2010 年第六次全国人口普查和《中国城市统计年鉴 2011》。第六次全国人口普查数据的独特之处在于，可以获得城市级别的常住人口规模和农村劳动力规模，克服长久以来"市区非农村劳动力"低估城市真实规模的缺陷。然而此项研究的困难之处同样来自数据：新中国成立以来，共实施了六次人口普查，但是直到 2010 年的第六次人口普查才真正建立起与城市"实体区域"一致的城市人口统计标准。虽然周一星、于海波指出，以建制市街道办事处为基本单元进行统计的城市人口是最为接近城市"实体区域"的指标，余吉祥、周光霞（2013）利用《1990 年第四次全国人口普查资料》以及《中国乡镇街道人口资料》（第五次全国人口普查的汇总数据），构建了 1990 年、2000 年基于"街道办事处"的城市人口规模数据库，和第六次全国人口普查数据具有一定的可比性，但是缺乏农村劳动力数据。因此根据研究目的，仅有 2010 年的第六次全国人口普查截面数据可以使用。

本部分通过利用第六次全国人口普查数据和《中国城市统计年鉴 2011》，在理论分析的基础上建立了实证模型，利用市场潜能和城市常住人口规模分别代理金融外部性和技术外部性，分析城市集聚经济对农村劳动力规模的影响，结果发现金融外部性、技术外部性和农村劳动力规模之间分别呈现显著的"U"型和"⌒"型非线性关系。

本章的结构是这样的：4.1 节阐述了本章所依据的理论模型和相关经验检验；4.2 节是样本的描述性分析，4.3 节介绍使用的实证模型，4.4 节报告了实证回归结果，并进行稳健性检验和内生性检验，4.5 节是本章结论。

4.1 理论分析

本部分在集聚经济相关理论和国内外相关研究的基础上，借鉴普加（1998）、Crozet（2004）等分析城市集聚和人口流动的研究，建立了城市集聚经济和农村劳动力流动的理论模型，从理论上分析城市集聚经济对农村劳动力流动的影响机制，为实证分析奠定理论基础。

4.1.1 基本假设

假设 1：假设存在两个地区，地区 i 和地区 j，消费者可以消费农产品 A、工业制品 I 两类产品，其中农产品市场是完全竞争的、产品无差异的市场，并且不存在贸易运输成本，即各地区的农产品价格是一致的。工业制成品在垄断竞争市场中，产品是多样化的，可以满足消费者特定需求，并且工业制成品是可以贸易的，存在"冰山"贸易运输成本 τ_{ij}，假定运输成本是两地区距离 d_{ij} 的增函数（$B > 0$；$\delta > 0$）。

$$\tau_{ij} = Bd_{ij}^{\delta} \qquad (4-1)$$

假设 2：消费者具有相同的消费偏好，用柯布—道格拉斯函数表示 i 地区消费者的间接效用函数：

$$V_i = P_{Ii}^{-\alpha} P_{Ai}^{-(1-\alpha)} y_i \qquad (4-2)$$

其中 α、$1-\alpha$ 分别表示工业制成品、农产品的支付份额，y_i 表示消费者的收入水平，P_{Ii}、P_{Ai} 分别表示地区 i 的工业制成品价格指数、农产品价格指数。根据假设 1 可知，农产品市场为完全竞争的、产品无差异的市场，因此，各地区的农产品价格是相同的，因此可以假设农产品价格指数等于 1，即 $P_{Ai} = 1$。

工业制成品价格指数为：

$$P_{Ii} = \left[\sum_{h \in N_{Ii}} p_{Ih,i}^{(1-\sigma)} + \sum_{j \neq i} \sum_{h \in N_{Ij}} (\tau_{ij} p_{Ih,j})^{(1-\sigma)} \right]^{\frac{1}{1-\sigma}}$$

$$= \left[\sum_{h \in N_{Ii}} p_{Ih,i}^{(1-\sigma)} + \sum_{j \neq i} \sum_{h \in N_{Ij}} (Bd_{ij}^{\delta} p_{Ih,j})^{(1-\sigma)} \right]^{\frac{1}{1-\sigma}}$$

$$= \left[\sum_{i=1}^{M} N_{Ii} (Bd_{ij}^{\delta} P_{Ii,j})^{(1-\sigma)} \right]^{\frac{1}{1-\sigma}} \quad (4-3)$$

其中，σ 表示用常数替代弹性（CES）函数表示的工业制成品间的替代弹性，N_{Ii} 表示 i 地区多样化的工业制成品的类别，M 表示地区的数量。

假设 3：借鉴普加（1998）的研究，假定劳动力在迁入地 i 获得工作机会的概率服从期望值为 ρL_i 的泊松分布，L_i 是迁入地 i 的人口数量，即迁入地人口数量越多，越容易吸引劳动力的流入。流动成本 c 在区间 $[1, e^{\delta}]$ 服从密度函数 $dF(c) = 1/\delta c$ 的分布。

根据普加（1998）的研究，劳动力在地区间流动取决于效用水平的不同，只有当迁入地带来的效用和迁出地效用差距至少超过流动成本 c，流动才会发生。劳动力流动的动态过程取决于以下因素[①]：

$$\dot{L}_{si} = \lambda \sum_{j=1,2} \sum_{r=U,R} \ln\left(\frac{V_{s,i}}{V_{r,j}}\right) L_{s,i} L_{r,j} \quad (4-4)$$

普加主要是在二元经济结构下，对两个地区劳动力流动进行了动态分析，其中 $\dot{L}_{si}$ 指 i 地区 s 部门（R 农村，U 城市）在时间 i 劳动力的变化，$V_{s,i}$、$V_{r,j}$ 分别表示迁入地和迁出地消费者的效用，$L_{s,i}$、$L_{r,j}$ 分别表示迁入地和迁出地的劳动力数量，$\lambda = \frac{\rho}{\delta}$。

4.1.2 基本理论模型

假设在二元经济结构中，即 i = 1，i 地区存在农村（rural）和城市（urban）两个部门，将式（4 - 1）、式（4 - 2）、式（4 - 3）代入式

---

① 具体推演过程见普加论文的第 234 ~ 235 页。

（4 - 4），可得农村劳动力城乡流动的动态过程：

$$M_{ur} = \dot{L}_{ur} = \lambda\ln\left(\frac{V_U}{V_R}\right)L_u L_r = \lambda\ln\left(\frac{P_{Iu}^{-\alpha}P_{Au}^{-(1-\alpha)}y_u}{P_{Ir}^{-\alpha}P_{Ar}^{-(1-\alpha)}y_r}\right)L_u L_r = \lambda\ln\left(\frac{P_{Iu}^{-\alpha}y_u}{P_{Ir}^{-\alpha}y_r}\right)L_u L_r$$

$$= \lambda\ln\left(\frac{\left[N_{Iu}P_{Iu}^{1-\sigma}\right]^{\frac{-\alpha}{1-\sigma}}y_u}{\left[N_{Iu}(Bd_{ur}^{\delta}P_{Iu})^{(1-\sigma)}\right]^{\frac{-\alpha}{1-\sigma}}y_r}\right)L_u L_r = \lambda\ln\left(\frac{y_u}{(Bd_{ur}^{\delta})^{-\alpha}y_r}\right)L_u L_r$$

$$(4 - 5)$$

式（4 - 5）描述了农村劳动力城乡流动以及其带来的城市人口规模的动态变化过程。从中可以看出，影响农村劳动力向城市流动的因素主要有：城市、农村人口规模 L_u、L_r，流动成本参数 λ，城市、农村的收入 y_u、y_r。在城乡二元结构模型中，城市集聚力量主要体现在城市人口规模上。城市人口集聚带来的制造业集中、较高的收入预期等集聚向心力起主导作用，吸引农村劳动力继续向城市流动。当城市集聚达到一定规模后，城市集聚带来的生活成本边际效应超过城市工资和生产率等边际效应（Henderson，2005），城市集聚的"离散力"逐步占据主导作用。在城市集聚的"向心力"和"离散力"两种对立力量相互作用中，城市规模在动态过程中实现了自我累积，达到城乡人口分布均衡。

4.1.3　模型的拓展

在式（4 - 5）的基础上，我们将地区数量扩大到全部地区（地区数量为 M，每个地区中存在农村部门 R 和城市部门 U），研究劳动力在地区间动态流动问题。由于本书研究的是劳动力城市化问题，那么 i 地区的城市部门 U 的劳动力可能的来源为：i 地区的农村部门 R 以及其他地区，令

$$A = \sum_{j=1}^{M}\sum_{r=U,R}L_{rj}, \quad B = \sum_{j=1}^{M}\sum_{r=U,R}\ln(V_{rj})L_{rj}$$

$$M_{Ui} = \dot{L}_{Ui} = \lambda\sum_{j=1}^{M}\sum_{r=U,R}\ln\left(\frac{V_{Ui}}{V_{rj}}\right)L_{Ui}L_{rj}$$

$$= \lambda\sum_{j=1}^{M}\sum_{r=U,R}\left[\ln(V_{Ui}) - \ln(V_{rj})\right]L_{Ui}L_{rj}$$

$$= \lambda\ln(V_{Ui})L_{Ui}\sum_{j=1}^{M}\sum_{r=U,R}L_{rj} - \lambda L_{Ui}\sum_{j=1}^{M}\sum_{r=U,R}\ln(V_{rj})L_{rj}$$

$$= \lambda\ln(V_{Ui})L_{Ui}A - \lambda L_{Ui}B$$

$$= \lambda L_{Ui}\left[\ln(V_{Ui})A - B\right]$$

$$= \lambda L_{Ui} \left[\ln \left(P_{IUi}^{-\alpha} P_{AUi}^{-(1-\alpha)} y_{Ui} \right) A - B \right]$$

$$= \lambda L_{Ui} \left[\ln \left(P_{IUi}^{-\alpha} y_{Ui} \right) A - B \right]$$

$$= \lambda L_{Ui} \left[\ln \left(\left[\sum_{r=1}^{M} N_{Ir} \left(B d_{rUi}^{\delta} P_{Ir} \right)^{(1-\sigma)} \right]^{\frac{-\alpha}{1-\sigma}} y_{Ui} \right) A - B \right] \quad (4-6)$$

克罗泽（2004）年指出，工业制成品价格指数可以看成市场潜力的逆函数。利用欧盟数据证实了市场潜能引导人口流动。

$$P_{Ii} = f (mp_i), \quad \frac{\partial P_{Ii}}{\partial mp_i} < 0 \quad (4-7)$$

市场潜力表示了城市集聚带来的金融外部性，包括"前向关联"和"后向关联"。"前向关联"是指厂商选址集中度高，因此产品从生产到消费的运输成本更低，从而降低产品的价格和销售成本，提高当地消费者货币的购买力。"前向关联"效应与当时的市场价格指数呈负相关关系。"后向关联"是指存在运输成本和城市经济集聚产生的规模经济的前提下，大量厂商的选址集中在市场密集的地方，使以该产品为投入品的下游企业利润提高，从而吸引上下游企业集聚。"后向关联"实质为投入品共享引起的规模经营，早在 1890 年马歇尔就指出了该项关联的存在，即马歇尔外部性。大量企业集聚必然会增加劳动力需求，这为潜在的流动人口提供了新的就业机会，城市的就业机会内生于城市规模增长中。克鲁格曼 1991 年基于新经济地理学提出了验证本地市场效应及其对于资源的优化配置。克罗泽运用计量模型证实了市场潜力对劳动力流动的影响，验证了克鲁格曼的本地市场效应。

因此将工业制成品价格指数用市场潜力代替，我们可以进一步得到：

$$M_{Ui} = \dot{L}_{Ui} = \lambda L_{Ui} \left[\ln \left(\left[\sum_{r=1}^{M} N_{Ir} \left(B d_{rUi}^{\delta} P_{Ir} \right)^{(1-\sigma)} \right]^{\frac{-\alpha}{1-\sigma}} y_{Ui} \right) A - B \right]$$

$$= \lambda L_{Ui} \left[\ln \left(f (mp_{Ui})^{\frac{-\alpha}{1-\sigma}} y_{Ui} \right) A - B \right] \quad (4-8)$$

值得注意的是，普加模型中城市人口规模与城市就业机会相关，新经济地理学丰富了城市人口规模的内涵，用城市人口规模衡量城市集聚的技术外部性。技术外部性不通过市场机制作用，直接作用于生产函数，与城市经济集聚的绝对规模相关，可以用城市的人口规模来衡量（杜旻、刘长全，2014）。

技术外部性强调的是劳动力共享、交流带来的知识溢出效应。劳动力共享是指企业和劳动者在大城市的匹配度高，通过不断的就业、招募，双方在大城市能相对容易地找到和自身匹配的对象。海斯利和斯特兰奇（1990）发现，在不完全信息条件下，较大规模的劳动力市场会改善工人技能和岗位需求间的匹配程度。知识溢出效应即人力资本的外部性。

根据理论模型推导过程可知，城市集聚经济影响农村劳动力的流向和空间分布，源于城市集聚经济的外部性——金融外部性和技术外部性。

4.2　描述性分析

4.2.1　样本城市的代表性分析

第六次全国人口普查包括全国 30 个省份的 286 个省级城市、副省级城市和地级市（西藏的拉萨除外）。但是基于我们的研究目的和研究对象，部分城市数据缺失。首先我们以地级及以上城市为研究空间范围，四川、辽宁、湖南 3 个省份的 45 个城市的市辖区人口规模数据缺失。其次，由于我们以城市农村劳动力为研究对象，河北、内蒙古、辽宁、黑龙江、河南、湖南、广西、四川、贵州、新疆等 114 个城市的农村劳动力数据缺失，因此有效样本数量为 20 个省份的 172 个地级及以上城市。表 4 - 1 报告了以省份为单位汇总的农村劳动力流动规模。

表 4 - 1　　　　　　　　农村劳动力流动规模汇总：分省份

省份	城市数量	总规模（人）	占比（%）	省份	城市数量	总规模（人）	占比（%）
北京	1	4431460	6.28	江西	11	959620	1.36
天津	1	1488260	2.11	湖北	12	2538190	3.60
上海	1	7114540	10.09	海南	2	535210	0.76
江苏	13	5765850	8.17	重庆	1	1937220	2.75
浙江	11	7068910	10.02	云南	8	1152200	1.63
福建	9	3606520	5.11	陕西	10	1579380	2.24
山东	17	3462200	4.91	甘肃	12	791600	1.12
广东	21	23309550	33.04	青海	1	206030	0.29
山西	11	1405040	1.99	宁夏	5	497820	0.71
安徽	17	1959990	2.78	吉林	8	733780	1.04
				合计	172	70543370	100

172 个样本城市能否作为代表性样本来研究中国农村劳动力流动问题呢? 我们从以下三个方面回答这个问题 (为了简便起见, 将全国 286 个城市 (拉萨除外) 简称为全样本, 将具有农村流动人口规模数据的 172 个城市简称为子样本)。

1. 样本分布分析

表 4 - 2 总结了根据地区、城市层级、城市类别、城市人口规模四个分类标准分类的样本分布情况, 从总体上看, 全样本和子样本的分布差别不是很大, 子样本覆盖了各个地区、城市层级、城市类别以及城市人口规模, 具有较好的代表性。

表 4 - 2   样本城市分布汇总

分类	类别	全样本		子样本	
		数量 (个)	比例 (%)	数量 (个)	比例 (%)
地区分类	东部地区	85	29.72	74	43.02
	中西部地区	201	70.28	98	56.98
城市层级分类	省级城市	4	1.40	4	2.32
	副省级城市	15	5.24	11	6.40
	地级城市	267	93.36	157	91.28
城市类别分类	资源型城市	115	40.21	66	38.37
	一般城市	171	59.79	106	61.63
城市人口规模分类	1000 万人以上	6	2.49	6	3.49
	500 万人以上 1000 万人以下	8	3.32	7	4.07
	300 万人以上 500 万人以下	18	7.47	14	8.14
	100 万人以上 300 万人以下	78	32.37	54	31.40
	50 万人以上 100 万人以下	88	36.51	57	33.14
	20 万人以上 50 万人以下	43	17.84	34	19.77
	20 万人以下	0	0	0	0

2. 样本描述性统计

表 4 - 3 和表 4 - 4 分别汇报了全样本和子样本部分代表性变量的描述性统计结果（考虑到对数数据缩小了不同取值的实际差距，改变了变量取值的峰度和偏度，文章对数据进行了对数化）。

表 4 - 3　　　　　　　　　全样本的描述性统计

变量名	数量（个）	均值	标准差	最小值	最大值	偏度	峰度
GDP	286	15.150	1.137	12.690	18.950	0.736	3.502
常住人口规模	241	13.860	0.866	12.260	16.920	0.934	3.949
市场潜能	286	15.720	0.405	14.320	16.560	-0.526	3.132
人均 GDP	276	1.077	0.768	-1.558	2.901	-0.798	3.711
工资水平	286	10.400	0.231	9.534	11.180	-0.096	4.075
失业率	283	1.084	0.618	-1.480	3.051	-0.289	4.334
FDI 占 GDP 比重	262	-4.246	1.212	-10.880	-1.673	-1.049	5.771
产业结构	286	4.531	0.085	3.723	4.604	-3.830	3.081
人均财政支出	276	8.329	0.692	5.154	10.090	-1.120	5.444
人均道路面积	285	2.183	0.592	-0.301	4.445	-0.422	4.376
人均绿地面积	285	3.407	0.723	1.386	6.430	0.454	5.069

表 4 - 4　　　　　　　　　子样本的描述性统计

变量名	数量（个）	均值	标准差	最小值	最大值	偏度	峰度
GDP	172	15.230	1.263	12.690	18.950	0.617	3.091
常住人口规模	172	13.920	0.926	12.260	16.920	0.908	3.650
市场潜能	172	15.790	0.398	14.800	16.560	-0.560	2.943
人均 GDP	172	1.310	0.575	-0.257	2.728	-0.442	2.737
工资水平	172	10.420	0.240	9.534	11.180	0.004	3.715
失业率	171	0.964	0.659	-1.480	2.946	-0.183	4.182
FDI 占 GDP 比重	155	-4.131	1.171	-7.593	-1.961	-0.781	3.148
产业结构	172	4.536	0.067	4.281	4.604	-1.534	5.148

续表

变量名	数量（个）	均值	标准差	最小值	最大值	偏度	峰度
人均财政支出	172	8.500	0.503	7.094	9.578	-0.337	2.593
人均道路面积	171	2.229	0.569	0.095	3.538	-0.465	3.421
人均绿地面积	171	3.452	0.751	1.386	6.430	0.762	5.035

从偏度来讲，GDP、常住人口规模、人均绿地面积的偏度大于 0，为右偏拖尾分布形态；市场潜能、人均 GDP、失业率、FDI 占 GDP 比重、产业结构、人均财政支出、人均道路面积的偏度小于 0，为左偏拖尾分布形态。只有工资水平在两个样本中的偏度存在差异，全样本中偏度小于 0，而子样本中偏度大于 0。

从峰度而言，全样本的全部变量和子样本中大部分变量（除市场潜能、人均 GDP、人均财政支出外）的峰度值均大于 3，为尖峰分布形态。

3. 样本核密度分析

为了更为清晰地说明全样本和子样本的分布，下面借鉴库姆斯等（2013）的核密度分析方法。图 4-1 ~ 图 4-11 分别是城市 GDP、常住人口规模、市场潜能、人均 GDP、工资水平、失业率、产业结构、人均财政支出、FDI 占 GDP 比重、人均道路面积、人均绿化面积 11 个变量的核密度分布图。从总体上来看，全样本和子样本的核密度分布大致一致，子样本具有一定的代表性。

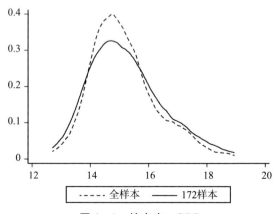

图 4-1 核密度：GDP

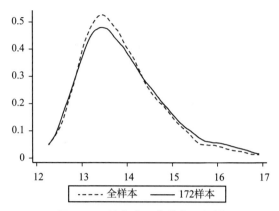

图 4 - 2　核密度：常住人口规模

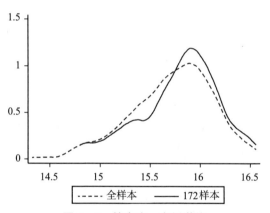

图 4 - 3　核密度：市场潜能

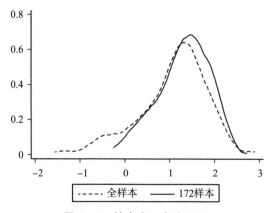

图 4 - 4　核密度：人均 GDP

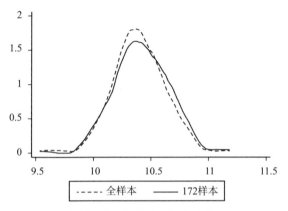

图 4 - 5   核密度：工资水平

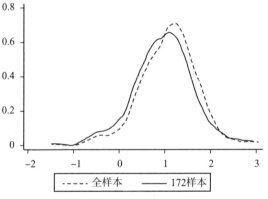

图 4 - 6   核密度：失业率

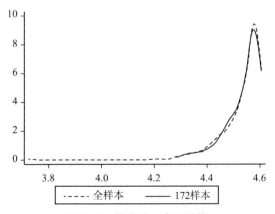

图 4 - 7   核密度：产业结构

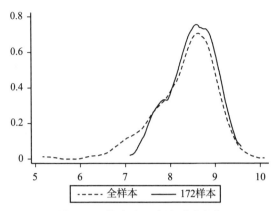

图 4 - 8　核密度：人均财政支出

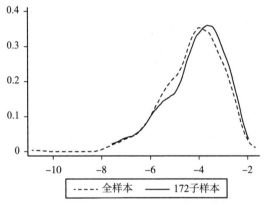

图 4 - 9　核密度：FDI 占 GDP 比重

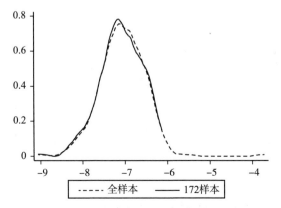

图 4 - 10　核密度：人均道路面积

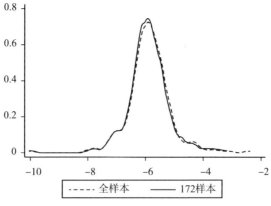

图 4 - 11　核密度：人均绿化面积

4.2.2　基于城市层面的描述性分析

根据第六次全国人口普查数据，在 2010 年 11 月 1 日零时，农村流动人口总量为 7054.3370 万人，占全部样本城市总人口的 21.34%，具有明显的空间集聚现象。

第一，农村劳动力规模在城市间差别极大，上海市的农村劳动力规模约为 711 万人，居于全国首位，居于最后一位是云南省临沧市，人口规模是 3810 人。由表 4 - 5 可以看出，农村劳动力规模超过 100 万人的城市共 17 个,[①] 总流动量为 4630.9980 万人，占总规模的 65.65%。农村劳动力规模低于 10 万人的城市共 91 个，总流动人口为 514.7690 万人，约占总流动人口的 7.3%。

表 4 - 5　农村劳动力流动的空间分布特征——基于单个城市层面

农村劳动力规模	城市数量（个）	农村劳动力总量（人）	占全部农村劳动力规模的比例（%）	平均农村劳动力规模（人）
200 万人以上	6	30246850	42.88	5041142
100 万人以上 200 万人以下	11	16063130	22.77	1460285

①　规模从大到小依次为：上海、深圳、东莞、北京、广州、佛山、重庆、杭州、宁波、武汉、温州、天津、厦门、中山、苏州、无锡、常州。

续表

农村劳动力规模	城市数量（个）	农村劳动力总量（人）	占全部农村劳动力规模的比例（%）	平均农村劳动力规模（人）
20万人以上100万人以下	32	14475500	20.52	452359
10万人以上20万人以下	32	4610200	6.53	144069
10万人以下	91	5147690	7.30	56568
合计	172	70543370	100.00	

第二，农村劳动力倾向于向大城市尤其是超大城市和特大城市流动。从表4-6可以看出，城区常住人口规模在1000万以上的6个超大城市中农村劳动力数量高达2513万人，占总流动人口的35.62%，人口规模在500万以上1000万以下的7个特大城市中的农村劳动力规模约1406万人，占19.93%。人口规模在100万以上500万以下的大城市数量为68个，约占40%的城市数量，仅仅吸引了35%的农村劳动力。总之，约90%的农村劳动力选择100万以上的城市作为迁入地，其中超过一半的人口分布在13个特大城市和超大城市。

表4-6　　　　农村劳动力流动的空间分布特征——基于
五类七档的城市规模分类标准

城市类别	城市分类标准	城市数量（个）	农村劳动力总量（人）	占城市总人口比例（%）	占农村劳动力比例（%）	累计占比（%）
超大城市	1000万人以上	6	25127510	28.12	35.62	35.62
特大城市	500万人以上1000万人以下	7	14060420	27.88	19.93	55.55
Ⅰ型大城市	300万人以上500万人以下	14	13264780	26.66	18.81	74.36
Ⅱ型大城市	100万人以上300万人以下	54	11304390	13.03	16.02	90.38
中等城市	50万人以上100万人以下	57	4757970	11.72	6.74	97.12
Ⅰ型小城市	20万人以上50万人以下	34	2028300	14.92	2.88	100.00
Ⅱ型小城市	20万人以下	0	0	0.00	0.00	100.00

注：城市分类标准来自2014年11月20日国务院发布《关于调整城市规模划分标准的通知》，共五类七档。

第三，城市行政级别和农村劳动力规模密切相关。如图 4 - 7 所示，15 个省级城市和副省级城市集聚了 49.58% 的农村劳动力，约占城市数量 91% 的一般地级市仅吸引了 50.42% 的农村劳动力。同时我们也注意到，66 个资源型城市中约有 555.4570 万农村流动劳动力，仅仅集聚了不到 8% 的农村流动人口。因此，城市类型对农村劳动力流动的空间分布也有一定的影响。

表 4 - 7   农村劳动力流动的空间分布特征——基于城市级别行政级别

城市行政级别	城市数量（个）	绝对规模（人）	相对规模（%）
省级城市	4	14971480	21.22
副省级城市	11	20003830	28.36
其余城市	157	35568060	50.42
合计	172	70543370	100.00

4.2.3　基于城市区位的描述性分析

第一，东部地区和区域经济带吸引了大量农村劳动力。表 4 - 8 是从城市区位层面汇总的农村劳动力的规模分布。东部地区①是农村劳动力的空间集聚地，东部地区 7 省（河北省数据缺失）的 74 个城市吸引全国农村劳动力流动的 79.73%，中部、西部和东北地区的这一比例分别为 9.73%、9.5% 和 1.04%。农村劳动力在东部、中部、西部和东北地区存在空间不均衡现象。区域经济带也呈现出强有力的经济集聚力量。约 61% 的农村劳动力选择长三角、珠三角两大经济带②作为迁入地，并且珠三角地区的城市人口集聚能力要高于长三角地区。

---

　① 遵循文献中的惯例，北京、天津、河北、上海、江苏、浙江、福建、广东、山东 9 省份属于东部地区，山西、安徽、江西、河南、湖北、湖南 6 省份属于中部地区，内蒙古、广西、海南、重庆、四川、贵州、云南、陕西、甘肃、青海、宁夏、新疆 12 省属于西部地区，黑龙江、辽宁、吉林 3 省份属于东北地区。
　② 长三角地区包括苏浙沪三省份，珠三角地区为广东省。

表 4 - 8　　　农村劳动力流动的空间分布特征——基于城市区位层面

地区	城市数量（个）	绝对规模（人）	相对规模（%）	地区	城市数量（个）	绝对规模（人）	相对规模（%）
东部地区	74	56247290	79.73	长三角地区	25	19949300	28.28
中部地区	51	6862840	9.73	珠三角地区	21	23309550	33.04
西部地区	39	6699460	9.50	其他	126	27284520	38.68
东北地区	8	733780	1.04				
合计	172	70543370	100.00	合计	172	70543370	100.00

第二，在人口集聚的东部地区，农村劳动力的规模分布依然存在空间不均衡现象。包括苏浙沪在内的长三角地区集聚了 35.47% 的东部地区农村劳动力，而位于珠三角地区的 21 个城市吸纳了 41.44% 的农村劳动力，两个区域经济带集聚了 76.91% 的东部地区农村劳动力，显示了强大的城市体系经济集聚能力。

表 4 - 9 反映了东部地区农村劳动力流动的空间分布特征。

表 4 - 9　　　农村劳动力流动的空间分布特征：东部地区

省份	城市数量（个）	绝对规模（人）	相对规模（%）
北京市	1	4431460	7.88
天津市	1	1488260	2.65
上海市	1	7114540	12.65
江苏省	13	5765850	10.25
浙江省	11	7068910	12.57
广东省	21	23309550	41.44
山东省	17	3462200	6.155
福建省	9	3606520	6.41
东部地区合计	74	56247290	100.00

从以上分析中可以看出，农村劳动力在空间分布上存在明显的空间集聚现象：从城市类型看，大城市尤其是超大城市和特大城市持续吸引着大量农村劳动力；从区位上看，东部地区明确确立了农村劳动力的主要迁入

地的地位；从区域经济带来看，长三角、珠三角两大城市经济体系充分发挥着城市集聚能力。农村劳动力流动过程实质为东部地区、区域经济带以及大城市特别是超大城市和特大城市"自我加强"的进程，具有"强者恒强、强者更强"的趋势，呈现出明显的集聚累积效应。

4.3 实证模型

4.3.1 城市集聚经济和农村劳动力流动的非线性关系

城市集聚和农村劳动力流动的空间关系可能呈现非线性。首先，城市集聚效应的发挥需要一定的市场规模和城市规模、较高的经济发展水平，否则城市集聚外部性难以发挥集聚作用。因为当城市规模较小、经济发展水平较低时，厂商竞争力较低，可能只能服务于当地，难以发挥集聚能力，甚至有可能使经济要素及其经济活动向更大的城市转移。李国璋 2011 年证实了市场潜能所代表的金融外部性需要较低的贸易成本、较大的市场规模、较高的经济发展水平。因此可以推断，金融外部性和技术外部性发挥作用需要达到一定的城市规模，未达到该门槛值之前，可能发生城市集聚不经济。

其次，当城市达到一定规模后，城市集聚效应开始发挥作用。城市集聚经济是个积累过程。人口因地区差异而流动，人口及经济活动集聚影响人口的进一步流动。克鲁格曼等（1996）认为经济地理模型必须考虑"向心力"和"离散力"的紧张对立关系。1991 年克鲁格曼建立的中心—外围模型以及普加等（1999）的后续研究，完美地阐述了城市集聚经济的"向心力"和"离散力"。"向心力"主要来自本地市场效应、劳动力市场共享、知识溢出等，是促进经济要素和经济活动向城市集中的驱动力，是城市集聚带来的外部经济。"离散力"主要来自城市集聚带来的外部不经济，包括运输成本增加、拥挤效应、竞争加剧、环境污染以及企业从竞争激烈地区搬离的倾向（Tabuchi，1998）。因此，根据新经济地理理论，农村劳动力流动的空间分布是两种对立力量作用的最终结果。

当城市集聚的"向心力"占主导地位时，城市集聚"向心力"产生的金融外部性和技术外部性能吸引农村劳动力，农村劳动力流动规模与城市集聚经济之间呈现正相关关系。具体而言，不论是从城乡二元经济结构来看，还是区域城市体系而言，靠近中间品供应或者顾客的厂商具有较低运输成本和可能存在的规模经济，企业更倾向于在需求较高、企业选址集中的中心城市发展，获得较高的经济效率，同时也内生出较多的就业机会以及较高的收入预期，农村劳动力在集聚外部性的吸引下倾向于向收入较高、工作机会更多的城市流动。这成就了东部沿海地区的经济快速发展，北上广等超大规模城市的出现。

　　而另一方面，伴随着集聚程度的增加，高运输成本、激烈的市场竞争以及要素流动限制等因素会导致经济要素和经济活动在空间上的离散，如大城市地租、用工成本、激烈的竞争等促使企业从中心区域搬离、就业机会也会逐步向其他城市转移，同时城市人口规模达到一定程度后，在拥堵成本、环境污染、住房成本等的作用下，经济要素和经济活动会向其他地区扩散，最后实现"在集聚中走向平衡"（陈钊、陆铭，2009）。因此当城市集聚的"离散力"占据主导地位时，农村劳动力规模与城市集聚之间会呈现负相关关系。

　　因此，根据新经济地理学理论，农村劳动力流动和城市集聚之间可能存在着非线性关系。城市集聚能力发挥需要一定的前提条件，当条件满足后，城市集聚"向心力"产生的金融外部性和技术外部性能吸引农村劳动力。然而当城市规模达到一定程度后，城市集聚"离散力"开始发挥主导作用。

4.3.2　实证模型、变量和数据

　　为了估计出模型（4-8）中的参数，对式（4-8）两边取对数，同时借鉴杜旻、刘长全（2014）分析城市集聚效应和城市增长的处理办法，我们引入市场潜能（金融外部性代理指标）、城市人口规模（技术外部性代理指标）[①] 的二次项和三次项，来捕捉城市集聚经济和农村劳动力流动的空间非线性关系。因此构建对数线性计量经济学模型：

$$
\begin{aligned}
\ln(rural_i) = {} & \beta_0 + \beta_1 \cdot \ln(pop_i) + \beta_2 \cdot [\ln(pop_i)]^2 + \beta_3 \cdot [\ln(pop_i)]^3 \\
& + \beta_4 \cdot \ln(mp_i) + \beta_5 \cdot [\ln(mp_i)]^2 + \beta_6 \cdot [\ln(mp_i)]^3 \\
& + \alpha \cdot X_i + \mu_i
\end{aligned}
\tag{4-9}
$$

---

① 本书3.1.4.2和3.1.4.3详细说明金融外部性和技术外部性代理指标的选择依据。

回归模型（4-9）是本书的基础模型。农村劳动力流动数据来自2010年第六次全国人口普查数据，其他数据来自《中国城市统计年鉴2011》。

被解释变量为第六次全国人口普查的市辖区农村劳动力流动规模（居住地在市辖区，户口所在地在本省或者外省的乡、镇的村委会）。为了进一步验证结论的可靠性，我们使用农村劳动力在城市总人口规模中所占的比例作为被解释变量的替代变量。由于我们重点关注城市集聚对农村劳动力流动决策的影响，市场潜能、城市人口规模是模型的关键变量，分别衡量城市集聚效应带来的金融外部性和技术外部性。

市场潜能用来度量城市所拥有的市场规模，我们采用哈里斯（1954）市场潜能计算公式，具体为：$mp_i = \sum Y_j / d_{ji}$。式中，Y_j 为第 j 个城市的GDP，d_{ji} 为第 j 个城市和第 i 个城市之间的距离，该变量为地理距离，由于市政府所在地很少发生变化，所以以两城市的市政府所在地的最近球面距离表示两城间的距离。当 $j = i$ 时，城市内部距离定义为：$d_{ii} = (2/3)\sqrt{S_i/\pi}$，$S_i$ 为城市行政辖区的面积。为了更加接近市场潜能的本质含义，这里市场规模使用的是城市行政辖区的GDP。

文中使用城市人口规模衡量技术的外部性。考虑到城市人口规模和农村劳动力流动之间较强的内生性问题，城市人口规模越高的城市越容易吸引更多的农村劳动力，而农村劳动力流动的增加又会进一步扩大城市人口规模。因此，为了减轻内生性问题，本书使用第六次全国人口普查数据市辖区本地人口规模（城市常住人口规模、农村劳动力规模）。

控制变量：根据相关文献可知，经济因素依然是中国农村劳动力流动的重要决定因素，较高的收入预期可以促进劳动力流动。城市级别收入数据在中国不可得（许政、陈钊、陆铭，2010），本书采用《中国城市统计年鉴2011》中的平均工资替代。不过该项数据来自单位就业人员的工资统计，在一定程度上高估了城市的人均收入水平。遵循传统的人口流动研究文献，我们在控制变量中加入失业率、城市建成区面积、对外开放程度（汇率6.7695）、产业结构、政府财政支出、城市基础设施建设（人均道路面积）、城市宜居程度（人均绿化面积）、城市级别虚拟变量、省份虚拟变量等因素。

表4-10中总结了模型中变量的基本信息。

表 4 - 10   主要变量的描述性统计

被解释变量	说明	样本	均值	标准差	最小值	最大值
rural	农村劳动力规模：万人	172	41.01	99.82	0.381	711.5
rate_rural	农村劳动力规模占比对数：%	172	0.150	0.111	0.0118	0.691
核心解释变量						
pop	技术外部性：本地人口规模，万人	172	151.1	222.6	15.87	1520
mp	金融外部性：市场潜能，万元	172	771.5	282.3	267.7	1551
控制变量						
salary	职工平均工资水平：元	172	34576	8500	13818	71924
unemployment	失业率	172	3.232	2.532	0	19.04
area	土地面积：平方公里	172	2229	2425	136	26041
fdigdp	实际使用外商资金占 GDP 比重	155	0.0267	0.0239	0.000504	0.141
sttotal	二三产业增加值占 GDP 比重	172	93.54	5.978	72.29	99.93
per_fiscal	人均地方政府财政支出：元/人	172	5532	2636	1204	14450
perroad	人均道路面积：平方米/人	171	10.77	5.810	1.100	34.41
pergreen	人均绿地面积：公顷/人	172	45.08	64.07	0	620
zycity	zycity = 1，代表资源型城市；zycity = 0，代表非资源型城市					
citylevel	citylevel = 1 代表省级城市；citylevel = 2 代表副省级城市；citylevel = 3 代表地级城市					
province	省份虚拟变量					

4.4 实证结果分析

表 4 - 11 汇报了实证模型分析结果。回归结果（1）（3）是以农村劳动力流动绝对规模的对数为被解释变量的回归结果，回归结果（2）（4）报告的是以农村劳动力流动的相对规模（农村劳动力规模/城市常住人口规模）的对数为被解释变量的结果。

回归结果（1）（2）中市场潜能一次项、二次项、三次项均不显著，这很有可能是由于三次项效应的发挥需要更大的市场潜能，而现实中市场潜能还不够大。在回归结果（3）（4）中去掉市场潜能的三次项，结果发现市场潜能对农村劳动力影响的一次项为负、二次项为正，均在1%统计水平上显著。我们主要对表4－11中回归结果（3）进行分析。

表4－11　　　　农村劳动力流动与城市集聚经济：回归结果

被解释变量	（1） ln（农村劳动力规模）	（2） ln（农村劳动力规模/城市常住人口规模）	（3） ln（农村劳动力规模）	（4） ln（农村劳动力规模/城市常住人口规模）
ln（人口规模）	− 66. 46 ** （28. 29）	− 49. 73 ** （24. 17）	− 67. 72 ** （28. 26）	− 50. 67 ** （24. 12）
[ln（人口规模）]^2	4. 773 ** （2. 038）	3. 492 ** （1. 742）	4. 863 ** （2. 036）	3. 559 ** （1. 738）
[ln（人口规模）]^3	− 0. 113 ** （0. 0489）	− 0. 0821 * （0. 0418）	− 0. 115 ** （0. 0488）	− 0. 0837 ** （0. 0417）
ln（市场潜能）	− 493. 1 （470. 0）	− 369. 4 （401. 6）	− 33. 84 *** （11. 78）	− 26. 98 *** （10. 06）
[ln（市场潜能）]^2	30. 38 （29. 96）	22. 71 （25. 60）	1. 101 *** （0. 369）	0. 878 *** （0. 315）
[ln（市场潜能）]^3	− 0. 622 （0. 636）	− 0. 464 （0. 544）		
ln（工资水平）	1. 096 *** （0. 282）	0. 976 *** （0. 241）	1. 071 *** （0. 281）	0. 957 *** （0. 239）
ln（失业率）	− 0. 0945 （0. 0680）	− 0. 0670 （0. 0581）	− 0. 105 （0. 0671）	− 0. 0749 （0. 0573）
ln（市辖区土地面积）	0. 398 *** （0. 0747）	0. 334 *** （0. 0638）	0. 377 *** （0. 0715）	0. 318 *** （0. 0611）
ln（实际使用外商资金占GDP 比重）	0. 0533 （0. 0521）	0. 0553 （0. 0445）	0. 0662 （0. 0504）	0. 0649 （0. 0430）

续表

被解释变量	(1) ln（农村劳动力规模）	(2) ln（农村劳动力规模/城市常住人口规模）	(3) ln（农村劳动力规模）	(4) ln（农村劳动力规模/城市常住人口规模）
ln（二三产业增加值占GDP 比重）	4.571 *** （1.241）	3.804 *** （1.061）	4.255 *** （1.198）	3.568 *** （1.023）
ln（人均地方政府财政支出）	0.0380 （0.132）	0.0249 （0.113）	0.0471 （0.132）	0.0317 （0.112）
ln（人均道路面积）	-0.0238 （0.119）	0.00128 （0.102）	-0.00751 （0.118）	0.0135 （0.100）
ln（人均绿地面积）	0.0136 （0.0799）	0.0175 （0.0683）	0.0136 （0.0799）	0.0175 （0.0682）
资源型城市虚拟变量	-0.357 *** （0.0983）	-0.310 *** （0.0840）	-0.341 *** （0.0967）	-0.297 *** （0.0826）
城市等级固定效应	Y	Y	Y	Y
省份固定效应	Y	Y	Y	Y
常数项	2.961 （2.452）	2.223 （2.095）	569.0 *** （151.2）	439.0 *** （129.0）
Observations	153	153	153	153
R^2	0.901	0.764	0.900	0.762

注：括号内为标准差；*** $p < 0.01$，** $p < 0.05$，* $p < 0.1$。

4.4.1 城市人口规模与农村劳动力流动的"∽"型非线性关系

根据表 4 - 11 的模型（3）的回归结果，城市常住人口规模与农村劳动力规模之间存在显著的"∽"型曲线关系，并且一次项、二次项、三次项都在 5% 水平上显著，一次项小于零、二次项大于零、三次项小于零。这意味着伴随城市人口规模的逐步增加，由于人口集聚而产生的技术外部性对农村劳动力流动规模有一个先抑制后促进再抑制的作用。通过求导计算可知，在其他因素被控制的情况下，门槛值分别为 12.547 和 15.644，对应的城市规模分别为 281319 人和 6224825 人。图 4 – 12 反映了技术外部性和农村劳动力规模的非线性关系。仅有 8 个样本城市位于曲线的第一阶段（丽江、鹰潭、金昌、嘉峪关、普洱、吕梁、云浮、三明），其中 6 个位于西部地区（云浮、三明除外），6 个为资源型城市（鹰潭、嘉峪关除外）。上海、北京、重庆、天津、武汉、广州、南京 7 个城市位于曲线的第三个阶段，其余 157 个城市位于规模经济区间，城市规模越大，农村劳动力流动规模越大，人口城市化速度越快。

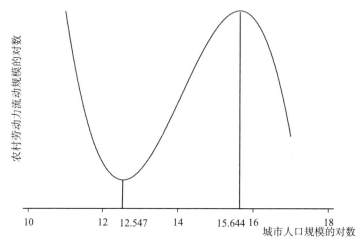

图 4 – 12　城市人口规模与农村劳动力流动规模的"⌣"型曲线关系

　　之所以存在第一阶段的下降趋势，可能的原因在于：城市人口集聚产生的技术外部性的发挥需要一定的城市规模，当城市规模小于一定的门槛值时，"向心力"不足以吸引各种经济要素及其经济活动集中，并且还可能在周围大城市集聚力的影响下，使劳动力、资金、技术、信息等向其他大城市流动。因此在城市规模过小的情况下，可能发生的集聚不经济会使各种经济要素和经济活动向其他地区流失。当城市人口规模超过第一个门槛值后，由于人口集聚而产生的劳动力共享、匹配、知识溢出效应等技术外部性加强，城市经济集聚效应以"向心力"为主，或者由于劳动力共享、知识溢出效应等产生的"向心力"可以抵消由于人口集聚而产生的拥挤效应、竞争效应等"离散力"，进而促进城市规模的增长，加速人口城市化进程。然而当城市规模达到第二个门槛值后，经济集聚的"离散力"

将会居于主导地位，经济要素及其活动会向其他地区扩散，最后实现"在集聚中走向平衡"。

4.4.2 市场潜能与农村劳动力流动的"U"型非线性关系

回归结果和图4-13显示，农村劳动力流动规模与市场潜能之间存在显著的"U"型曲线关系，市场潜能（对数）的一次项和二次项都在1%水平上显著，一次项小于零，二次项大于零。"U"型非线性关系的存在，意味着根据行政辖区GDP和空间距离计算的市场潜能超过一定的规模后，农村劳动力规模将随着市场潜能的增加而增长。根据一次项和二次项的-33.84和1.101的回归系数计算，市场潜能（对数）的门槛值为15.375，对应的市场潜能为4755583.7万元，超过这一规模，市场潜能增加带来新的市场机会，吸引更多的产业和企业进驻，提供更多的就业机会，必然会吸引更多的农村劳动力，农村劳动力规模和市场潜能间存在正相关关系。

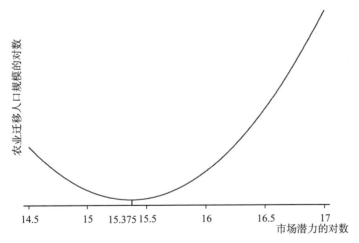

图4-13 市场潜能与农村劳动力流动规模的"U"型曲线关系

在2010年第六次全国人口普查的172个样本城市中，只有30个城市（4个城市位于东北地区，26个城市位于西部地区，其中15个为资源型城市）位于"U"型曲线的左边，约占样本城市的17%。可能的原因在于市场潜能所代表的金融外部性需要较低的贸易成本、较大的市场规模、较高的经济发展水平（李国璋，2011）。当这些条件不满足的情况下，金融外部性难以发挥集聚作用。这 30 个城市的人均 GDP 平均为 3.28 万元，低于172 个城市的平均水平 4.31 万元。因此，新经济地理学中的市场潜能作为城市集聚经济金融外部性的一个重要指标，是驱动城市规模增长、影响农村劳动力空间分布的重要因素。当市场潜能低于门槛值时，金融外部性所需要的条件不满足，金融外部性难以发挥，会限制城市增长。对于超过门槛值的城市而言，市场潜能和农村劳动力规模呈正相关关系，进而会促进人口城市化进程。

4.4.3　其他控制变量分析

首先，根据表 4 - 11 的回归结果可以看出，同传统的人口流动理论和实证结果一致，经济因素始终是农村劳动力流动决策时考虑的重要因素之一，迁入地的工资水平每增加 1 个百分点，则农村劳动力流动规模增加1.071 个百分点，该结果在 1% 水平上显著。

其次，城市的市辖区面积增长 1%，农村劳动力流动规模则会上升0.377%，该结果在 1% 统计水平显著。城市建成区面积不断扩大带来的土地城市化会促进人口城市化，原因在于地方政府通过经营土地，获得地区发展需要"土地财政"，加大对城市的硬件和软件投资，创造更多就业机会和生活便利，另外，通过市辖区扩张，城市容纳更多的外来流动人口，增加城市的承载力。

最后，城市的非农产业越发达，创造的就业机会越多，越会吸引更多的农村劳动力。相较于其他城市，资源型城市不利于人口城市化的推进。其他控制变量则对促进农村劳动力流动、推进人口城市化并没有显著影响。

4.4.4　稳健性检验

本书的结论有可能对样本城市的类型和城市规模具有较高的敏感性。与其他城市相比较，直辖市在经济区位、产业基础、对外开放程度、政策等方面具有明显的优势，极大可能出现异常值。城市人口规模和农村劳动力流动二者之间存在密切的循环累计因果关系，农村劳动力大量进入城市，增大了城市的规模，而当城市规模增大时，又会进一步增加就业机会，吸引人员进一步增加。为了进一步验证本书的模型和结论，分别以农村劳动力流动绝对规模和农村劳动力流动相对规模为被解释变量，从三个方面进行稳健性检验：（1）人口规模小于 1000 万人，（2）人口密度大于 100 人，（3）非直辖市城市。

表 4－12 汇总了分别以农村劳动力流动绝对规模和农村劳动力流动相对规模为被解释变量的回归结果，农村劳动力规模与城市人口规模"⌒"型曲线关系显著存在，农村劳动力规模与市场潜能的"U"型关系也显著存在，和表 4－7 的结论一致，证明我们的结论是稳健的。

表 4－12　　　　农村劳动力流动与城市集聚经济：稳健性检验

被解释变量	（1）人口规模<1000 万人	（2）人口密度>100 人	（3）非直辖市	（4）人口规模<1000 万人	（5）人口密度>100 人	（6）非直辖市
	ln（农村劳动力规模）	ln（农村劳动力规模）	ln（农村劳动力规模）	ln（农村劳动力规模/城市常住人口规模）	ln（农村劳动力规模/城市常住人口规模）	ln（农村劳动力规模/城市常住人口规模）
ln（人口规模）	-63.92 ** (28.23)	-66.50 ** (28.25)	-63.70 ** (27.71)	-49.42 ** (24.29)	-49.86 ** (24.17)	-48.82 ** (23.62)
[ln（人口规模）]^2	4.582 ** (2.035)	4.783 ** (2.035)	4.551 ** (1.991)	3.467 * (1.751)	3.507 ** (1.741)	3.416 ** (1.697)
[ln（人口规模）]^3	-0.108 ** (0.0488)	-0.113 ** (0.0488)	-0.107 ** (0.0476)	-0.0814 * (0.0420)	-0.0825 * (0.0417)	-0.0800 * (0.0406)
ln（市场潜能）	-33.22 *** (11.73)	-29.78 ** (12.27)	-32.55 *** (11.64)	-26.78 *** (10.09)	-23.90 ** (10.50)	-26.39 *** (9.920)
[ln（市场潜能）]^2	1.079 *** (0.367)	0.974 ** (0.384)	1.061 *** (0.364)	0.870 *** (0.316)	0.781 ** (0.329)	0.859 *** (0.311)
ln（工资水平）	1.041 *** (0.280)	0.998 *** (0.282)	1.091 *** (0.279)	0.947 *** (0.241)	0.898 *** (0.241)	0.966 *** (0.238)
ln（失业率）	-0.0944 (0.0672)	-0.102 (0.0668)	-0.107 (0.0669)	-0.0714 (0.0578)	-0.0720 (0.0571)	-0.0759 (0.0570)

续表

被解释变量	(1) 人口规模＜ 1000 万人 ln（农村劳 动力规模）	(2) 人口密度＞ 100 人 ln（农村劳 动力规模）	(3) 非直辖市 ln（农村劳 动力规模）	(4) 人口规模＜ 1000 万人 ln（农村劳 动力规模/ 城市常住 人口规模）	(5) 人口密度＞ 100 人 ln（农村劳 动力规模/ 城市常住 人口规模）	(6) 非直辖市 ln（农村劳 动力规模/ 城市常住 人口规模）
ln（市辖区土地面积）	0.374 *** (0.0712)	0.329 *** (0.0750)	0.378 *** (0.0714)	0.317 *** (0.0613)	0.280 *** (0.0642)	0.318 *** (0.0608)
ln（实际使用外商资金占 GDP 比重）	0.0758 (0.0505)	0.0627 (0.0501)	0.0665 (0.0503)	0.0681 (0.0435)	0.0620 (0.0429)	0.0651 (0.0428)
ln（二三产业增加值占 GDP 比重）	4.465 *** (1.200)	3.740 *** (1.219)	4.017 *** (1.155)	3.637 *** (1.033)	3.162 *** (1.043)	3.459 *** (0.984)
ln（人均地方政府财政支出）	0.0291 (0.131)	0.104 (0.134)	0.0774 (0.125)	0.0257 (0.113)	0.0762 (0.115)	0.0456 (0.107)
ln（人均道路面积）	0.000377 (0.117)	− 0.0179 (0.118)	− 0.00874 (0.117)	0.0161 (0.101)	0.00608 (0.101)	0.0129 (0.100)
ln（人均绿地面积）	− 0.00607 (0.0806)	0.0238 (0.0796)	0.0248 (0.0784)	0.0110 (0.0694)	0.0258 (0.0681)	0.0226 (0.0668)
资源型城市虚拟变量	− 0.339 *** (0.0963)	− 0.342 *** (0.0960)	− 0.349 *** (0.0960)	− 0.297 *** (0.0828)	− 0.299 *** (0.0821)	− 0.301 *** (0.0818)
城市等级固定效应	Y	Y	Y	Y	Y	Y
省份固定效应	Y	Y	Y	Y	Y	Y
常数项	548.7 *** (150.4)	530.7 *** (156.8)	540.8 *** (145.6)	432.8 *** (129.4)	410.5 *** (134.2)	426.2 *** (124.1)
Observations	148	151	149	148	151	149
R^2	0.872	0.903	0.879	0.749	0.764	0.757

注：括号内为标准差；*** $p<0.01$，** $p<0.05$，* $p<0.1$。

4.4.5　内生性问题

农村劳动力流动的规模与城市市场潜能、人口规模等存在互为因果关系。城市集聚的金融外部性和技术外部性可能影响农村劳动力的流动决策，进而影响城市的农村劳动力规模，这是本书关注的因果关系。然而，农村劳动力的流动也会进一步影响城市的经济集聚水平，比如，市场潜能大的城市可能会为外来务工人员提供更多的就业机会，人口规模越大的城市越容易吸引更多的农村劳动力。这会导致上述模型设定存在内生性问题，并且其他可能影响流动人口的不可观测的因素也会造成估计的遗漏变量偏误。

借鉴克罗泽（2004）、帕鲁泽（Paluzie，2009）、王永培等（2013）将解释变量滞后的办法，本书利用核心解释变量的滞后项，分别采用2009年、2008年、2007年、2006年和2005年的市场潜能和年末市辖区人口规模替代2010年的城市集聚能力。表4-13和表4-14汇报了内生性检验的结果：农村劳动力规模与城市人口规模"﹀"型曲线关系显著存在，农村劳动力规模与市场潜能的"U"型关系也显著存在，和表4-11的结论一致。

表4-13　　农村劳动力流动与城市集聚经济：内生性检验
（农村劳动力流动绝对规模）

变量	2009 年	2008 年	2007 年	2006 年	2005 年
ln（人口规模）	-81.36 ** (35.29)	-70.66 ** (35.28)	-75.25 ** (35.54)	-107.3 *** (32.39)	-64.27 ** (29.31)
[ln（人口规模）]^2	5.856 ** (2.557)	5.092 ** (2.559)	5.427 ** (2.579)	7.773 *** (2.367)	4.647 ** (2.117)
[ln（人口规模）]^3	-0.139 ** (0.0617)	-0.121 * (0.0618)	-0.129 ** (0.0623)	-0.186 *** (0.0576)	-0.111 ** (0.0509)
ln（市场潜能）	-37.14 *** (12.04)	-38.11 *** (12.07)	-36.34 *** (11.65)	-30.69 *** (11.51)	-37.18 *** (11.36)
[ln（市场潜能）]^2	1.221 *** (0.380)	1.261 *** (0.384)	1.217 *** (0.374)	1.048 *** (0.374)	1.270 *** (0.373)

续表

变量	2009 年	2008 年	2007 年	2006 年	2005 年
ln（工资水平）	1.085 *** (0.290)	1.102 *** (0.295)	1.099 *** (0.294)	1.013 *** (0.286)	1.109 *** (0.295)
ln（失业率）	−0.109 (0.0698)	−0.0943 (0.0712)	−0.0955 (0.0710)	−0.0929 (0.0686)	−0.105 (0.0709)
ln（市辖区土地面积）	0.410 *** (0.0740)	0.426 *** (0.0750)	0.427 *** (0.0748)	0.418 *** (0.0720)	0.429 *** (0.0749)
ln（实际使用外商资金占 GDP 比重）	0.0795 (0.0520)	0.0841 (0.0528)	0.0872 * (0.0525)	0.0806 (0.0507)	0.0876 * (0.0527)
ln（二三产业增加值占 GDP 比重）	5.065 *** (1.212)	5.387 *** (1.224)	5.391 *** (1.214)	5.293 *** (1.177)	5.574 *** (1.220)
ln（人均地方政府财政支出）	−0.0108 (0.134)	−0.0213 (0.136)	−0.0184 (0.136)	0.00236 (0.132)	−0.0121 (0.137)
ln（人均道路面积）	−0.00382 (0.122)	0.0206 (0.124)	0.0290 (0.124)	0.0390 (0.120)	0.0366 (0.125)
ln（人均绿地面积）	−0.00991 (0.0824)	−0.0663 (0.0818)	−0.0711 (0.0813)	−0.0693 (0.0789)	−0.0849 (0.0814)
资源型城市虚拟变量	−0.371 *** (0.0998)	−0.374 *** (0.101)	−0.366 *** (0.101)	−0.369 *** (0.0980)	−0.371 *** (0.101)
城市等级虚拟变量	Y	Y	Y	Y	Y
省份虚拟变量	Y	Y	Y	Y	Y
常数项	654.5 *** (174.6)	609.8 *** (175.4)	614.2 *** (174.4)	714.6 *** (157.2)	563.1 *** (149.4)
Observations	153	153	153	153	153
R^2	0.893	0.889	0.890	0.896	0.889

注：括号内为标准差；*** $p < 0.01$，** $p < 0.05$，* $p < 0.1$。

表 4 - 14　　　　　　　农村劳动力流动与城市集聚经济：
内生性检验（农村劳动力流动相对规模）

变量	2009 年	2008 年	2007 年	2006 年	2005 年
ln（人口规模）	- 55. 64 * (28. 59)	- 50. 94 * (27. 92)	- 53. 40 * (28. 20)	- 82. 81 *** (25. 82)	- 43. 29 * (23. 45)
[ln（人口规模）]²	3. 916 * (2. 072)	3. 574 * (2. 025)	3. 746 * (2. 047)	5. 920 *** (1. 887)	3. 023 * (1. 694)
[ln（人口规模）]³	- 0. 0923 * (0. 0500)	- 0. 0840 * (0. 0489)	- 0. 0880 * (0. 0494)	- 0. 141 *** (0. 0459)	- 0. 0707 * (0. 0408)
ln（市场潜能）	- 21. 55 ** (9. 751)	- 20. 62 ** (9. 555)	- 19. 43 ** (9. 243)	- 13. 30 (9. 174)	- 19. 73 ** (9. 088)
[ln（市场潜能）]²	0. 716 ** (0. 308)	0. 692 ** (0. 304)	0. 661 ** (0. 297)	0. 469 (0. 298)	0. 684 ** (0. 298)
ln（工资水平）	0. 982 *** (0. 235)	0. 992 *** (0. 234)	0. 976 *** (0. 233)	0. 846 *** (0. 228)	0. 987 *** (0. 236)
ln（失业率）	- 0. 0645 (0. 0566)	- 0. 0677 (0. 0563)	- 0. 0648 (0. 0563)	- 0. 0612 (0. 0547)	- 0. 0645 (0. 0567)
ln（市辖区土地面积）	0. 335 *** (0. 0600)	0. 336 *** (0. 0594)	0. 332 *** (0. 0593)	0. 307 *** (0. 0574)	0. 321 *** (0. 0599)
ln（实际使用外商资金占 GDP 比重）	0. 0638 (0. 0421)	0. 0641 (0. 0418)	0. 0609 (0. 0417)	0. 0538 (0. 0404)	0. 0608 (0. 0421)
ln（二三产业增加值占 GDP 比重）	3. 161 *** (0. 982)	3. 069 *** (0. 968)	3. 008 *** (0. 963)	3. 171 *** (0. 939)	3. 028 *** (0. 976)
ln（人均地方政府财政支出）	0. 0665 (0. 108)	0. 0594 (0. 108)	0. 0634 (0. 108)	0. 0971 (0. 105)	0. 0571 (0. 110)
ln（人均道路面积）	0. 0110 (0. 0988)	- 0. 00388 (0. 0983)	- 0. 00105 (0. 0983)	0. 00167 (0. 0959)	- 0. 00551 (0. 0997)
ln（人均绿地面积）	0. 0121 (0. 0667)	0. 0312 (0. 0647)	0. 0308 (0. 0645)	0. 0350 (0. 0629)	0. 0344 (0. 0652)

续表

变量	2009 年	2008 年	2007 年	2006 年	2005 年
资源型城市虚拟变量	-0.308 *** (0.0808)	-0.306 *** (0.0802)	-0.305 *** (0.0801)	-0.306 *** (0.0781)	-0.297 *** (0.0810)
城市等级虚拟变量	Y	Y	Y	Y	Y
省份虚拟变量	Y	Y	Y	Y	Y
常数项	416.3 *** (141.4)	386.1 *** (138.8)	387.1 *** (138.4)	472.4 *** (125.3)	339.3 *** (119.5)
Observations	153	153	153	153	153
R^2	0.771	0.774	0.775	0.786	0.769

注：括号内为标准差；*** $p < 0.01$，** $p < 0.05$，* $p < 0.1$。

4.5 本章小结

本章最重要的发现就是验证了城市集聚经济的金融外部性、技术外部性和农村劳动力规模的"U"型和"⌢"型非线性关系，其理论基础是城市集聚经济。我们发现，（1）以城市人口规模衡量的技术外部性和农村劳动力流动规模之间存在显著的"⌢"型关系，只有达到一定的人口规模后，城市集聚产生的技术外部性对农村劳动力规模的增长有一个先促进后抑制的作用，不过约91%城市处于促进阶段。（2）以市场潜能衡量的金融外部性和农村劳动力流动规模之间存在显著的"U"型非线性关系，只有当市场潜能超过一定的门槛值后，城市集聚产生的金融外部性和农村劳动力规模存在正相关关系，约83%的城市处于"U"型曲线的上升阶段。

我们的研究说明，要促进农村劳动力流动、推动人口城市化进程和实现城市化目标，必须充分利用和发挥城市的集聚经济效应，这是中国城市化的动力。城市集聚经济本质为市场机制，为了充分发挥城市集聚机制在农村劳动力流动中的"向心力"作用，应当减少各种行政干预、户籍限制等非市场力量，让城市集聚机制在市场经济中引导资源合理配置。同时，要缓解城市集聚带来"离散力"的负面影响，将重点放在城市基础设施等建设上，改善城市交通运输，降低通勤成本，为城市集聚效应的发挥提供硬件支持。值得注意的是，城市规模具有最优水平，当城市规模超过"⌣"型的第二个拐点后，超大城市和特大城市的农村劳动力规模增长率下降，城市规模会在经济集聚中走向均衡。

第 5 章

农村劳动力流动、集聚经济与
城乡收入差距

孔子曰："不患寡而患不均，不患贫而患不安。盖均无贫，和无寡，安无倾"，从古至今，公平的收入分配都在社会中起着举足轻重的作用。如果只追求经济增长而漠视收入不平等问题，那么结果可能会像拉美国家那样产生社会动荡，这反过来又会影响长期经济增长的数量和质量。城市化是中国经济增长的根本动力，核心是劳动力与企业的迁移和集聚。农村劳动力向城市流动依然是中国城市化进程的基本表现形式（史晋川、战明华，2006），大城市尤其是超大城市和特大城市持续吸引着大量农村迁移人口，具有"强者恒强、强者更强"的趋势和明显的集聚累积效应。2014年3月发布的国家新型城镇化规划提出了2020年60%的城市化率指标，意味着1亿左右的农村人口将迁移到城市生活（唐为、王媛，2015）。这表明以农村劳动力及其经济活动向城市尤其是大城市集聚的人口城市化将在未来的一段时间内持续。然而，从各国的发展经验来看，城市化进程和经济发展不均衡是同时进行的，中国的农村劳动力流动和收入差距问题一直得到国内外研究者的关注。我国是世界上收入差距最大的经济体之一，而城乡收入差距是总体收入差距的主要构成部分（李宾、马九杰，2014）。因此，在未来中国加速发展城市化的背景下，探索一条有利于缩小城乡收入差距的城市化道路是必要的。

长期以来，城乡收入差距研究围绕着行政区划设置的城市（城镇）和农村展开，取得了丰富的研究成果。然而现有的研究将副省级城市、地级市、县级市和县城一视同仁为"城市"，将其他地区作为"农村"研究，忽视了城市之间的差别。而在中国，习惯上把"县"和农村联系在一起。以县域为中心、乡镇为纽带、农村为腹地、行政区划为边界的区域经济被称为县域经济,县域经济涵盖广大农村,包括农村部门和非农部门,是城市经济与农村经济的结合部,是统筹城乡经济发展的重要环节。1983 年实施的以中心地级市对其周围县实施领导的市管县体制以城乡合治、以城带乡、实现城乡经济社会共同发展为目的(何显明,2004)。在市管县体制下,地级市政府对市辖县拥有直接的管辖权,对辖区内的县和县级市具有部分管辖权。地级市政府最大化中心城市经济社会发展绩效的目标在相当大程度上抑制了以城带乡的功能,造成了"市卡县、市刮县"的问题,在很大程度上损害了辖县的利益(何显明,2004),因此处于中心城市近郊的县域经济发展水平往往低于处于中心城市辐射圈、距离中心城市相对较远的地区,发生"辐射塌陷"(刘以安、宁宣熙,2005)。市管县体制的本意是缩小城乡差距,但有些时候却导致城乡差距的进一步扩大,形成了所谓的"城乡悖论"(庞明礼,2007)。在行政分权和财政包干的背景下,地方政府官员的晋升博弈导致了我国长期存在的地方保护主义和地方市场分割(周黎安,2004)。地级市行政辖区内经济发展关系密切。

在市管县体制下,地级市辖区作为一个地区经济活动集中的场所、生产和流通的中心,逐步具备了一定的集聚和扩散能力,而地级市辖区和所辖县之间的隶属和管辖关系促进二者经济发展日益密切,逐步形成了以市辖区为中心城市、所辖县域为外围地区的经济圈。中心—外围模式是世界各国经济发展的典型事实。新经济地理学的中心—外围理论让我们可以从市场机制的视角理解地级中心城市经济和县域经济的发展问题,既符合当前中国行政管理体制的特点,又丰富了原有的城乡收入差距内涵。本书要解决的核心问题是:作为城市经济集聚力的主要来源,农村劳动力流动和中心城市经济、县域经济之间的经济发展差距是否存在关联性?如果存在关联性,应该如何解释这种关联性?如何衡量这种关联性对将来城市化道路的政策含义?

本章的结构安排如下:5.1 节为理论分析;5.2 节介绍实证模型、变量和数据;5.3 节是实证结果分析;5.4 节是结论和政策建议。

5.1 理论分析

农村劳动力流动、城市集聚经济、中心城市经济与县域经济发展不均衡之间存在着内在的逻辑。经济集聚效应是区域经济的重要基石。经济发展差距源于经济增长源泉的差异，农村劳动力从农村进入城市，降低了农村生产经营活动的劳动力数量和质量，提高了城市劳动力市场的竞争程度，这本身就是生产要素和经济活动的集聚和区域非均衡发展过程。中心城市经济和县域经济发展差距本质上来源于生产要素及其经济活动市场配置的差距，而县域经济的独特性决定了不能将已有的研究结论简单照搬过来。在中国市管县体制和地方政府竞争情况下，中心城市和县域地区作为两个彼此相连的区域，特殊的行政区划关系导致中心城市的经济发展政策和资源配置导向会直接影响县域经济发展。特殊的区域经济关系使中心城市和县域地区的毗邻关系、分工深化和交易扩展形成"区位租"，可以降低要素流动成本，特殊的区位关系对分析要素不均衡流动和经济差距的关系非常重要。

因此，在市管县体制和地方政府竞争中，地级区域经济内逐步形成了以市辖区为中心地区、所辖县域为外围地区的中心—外围经济圈。根据中心—外围模式，假设外围地区居民人口为 M，中心城市地区居民人口为 N，外围地区和中心城市地区的人均 GDP 分别为 X 和 Y。假定在城市化进程中，有一位外围地区的农民居民到中心城市就业，其收入为 Z，则城市化之后城乡人均 GDP 之比（Y_gap）如下所述。

5.1.1 情形一：农村劳动力剩余

$$Y\_gap = \frac{\frac{NY+Z}{N+1}}{\frac{MX}{M-1}} = \frac{Y}{X} + \frac{(M-1)Z-(M+N)V}{(N+1)MX} \tag{5-1}$$

由式（5-1）可知：

当 $Z = Y\dfrac{1}{1-\dfrac{N+1}{M+N}}$ 时，城市化后城乡收入差距不变；

当 $Z < Y\dfrac{1}{1-\dfrac{N+1}{M+N}}$ 时，城市化后城乡收入差距缩小；

当 $Z > Y\dfrac{1}{1-\dfrac{N+1}{M+N}}$ 时，城市化后城乡收入差距扩大。

当农村劳动力进城获得收入 Z 低于临界值时，城乡收入差距会缩小；

当 Z 等于某个临界值后，城乡收入差距维持不变；当 Z 高于某个临界值后，城乡收入差距会扩大。

该临界值取决于两个因素，Y 值和 $\dfrac{1}{1-\dfrac{N+1}{M+N}}$。

城市化是现代经济增长的重要组成部分，这已经成为一个典型事实。城市化作为生产要素的空间集聚过程，能够通过经济集聚效应提高企业劳动生产率，因此城市化进程中 Y 值不断提高。

令 $\lambda=\dfrac{1}{1-\dfrac{N+1}{M+N}}$，农村劳动力迁移后的城市化率是决定 λ 的重要因素。

在中国快速推进城市化的进程中，城市人口比重是不断上升的，λ 不断地上升。以国家新型城镇化规划的 2020 年 60% 的城市化比率为例，λ 值高达 2.5。

因此，综合考虑 Y 值和 λ 值，当农村劳动力剩余的情况下，农村剩余劳动力迁移会缩小城乡收入差距。

5.1.2 情形二：农村劳动力紧缺

$$Y\_gap = \dfrac{\dfrac{NY+Z}{N+1}}{\dfrac{MX-Z}{M-1}} = \dfrac{(NY+Z)(M-1)}{(MX-Z)(N+1)} \tag{5-2}$$

如果城市化后城乡收入差距不变，等价于：

$$\dfrac{\dfrac{NY+Z}{N+1}}{\dfrac{MX-Z}{M-1}} = \dfrac{(NY+Z)(M-1)}{(MX-Z)(N+1)} = \dfrac{Y}{X}$$

整理上式，可以得到，城乡收入差距不变的条件为：

$$Z = Y\dfrac{X(M+N)}{(MX-Z)(N+1)} = Y\dfrac{1}{1-\dfrac{N+1}{M+N}\left(1-\dfrac{Y}{X}\right)}$$

如果城市化后城乡收入差距缩小，可以得到：

$$Z < Y\dfrac{X(M+N)}{(MX-Z)(N+1)} = Y\dfrac{1}{1-\dfrac{N+1}{M+N}\left(1-\dfrac{Y}{X}\right)}$$

如果城市化后城乡收入差距扩大，条件为：

$$Z > Y\frac{X(M+N)}{(MX-Z)(N+1)} = Y\frac{1}{1-\frac{N+1}{M+N}\left(1-\frac{Y}{X}\right)}$$

令 $\gamma = \dfrac{1}{1-\dfrac{N+1}{M+N}\left(1-\dfrac{Y}{X}\right)}$

当进入城市的农村劳动力收入 Z 低于某个临界值后，人口城市化会缩小城乡收入差距；当 Z 等于某个临界值后，城乡收入差距维持不变；当 Z 大于某个临界值后，城乡收入差距会扩大。临界值取决于两个因素：Y 值和 γ 值。

和 λ 的决定因素不同之处在于，γ 的决定因素除了不断上升的城市化率之外，农村人口未转移之前的城乡收入差距同样影响着 γ。在城乡收入无差距的情况下，γ 取最大值 1；在城市收入大于农村收入的情况下，γ 小于 1，但是变化趋势复杂。在城乡收入差距持续扩大的情况下，伴随着城市化率提高，γ 的临界值不断降低；在城乡收入差距缩小的情况下，伴随着城市化率的提高，γ 的临界值变化趋势不明显。

5.1.3 农村劳动力流动、城市经济集聚与城乡收入差距

大量的农村人口及其经济活动不断地向城市集聚，为城市提供了充足、优质、廉价的劳动力，是城市化进程的主要推动力量，促进城市进一步成为现代经济活动的中心地区。中心城市特别是超大城市和特大城市有能力提供较高的工资水平，吸引了大量农村流动人口，并且呈现出"强者恒强、强者更强"的自我强化的显著特点和明显的累积效应，提高了劳动生产率。具有较高劳动生产率地区有能力支付给劳动者更高的工资，城市集聚经济显著影响劳动力工资水平（田相辉、徐小靓，2015）。因此，从城市集聚角度看，城市集聚提高了农村劳动力在城市获得的收入 Z，大城市存在高工资优势。中心城市在吸引生产要素及其经济活动集聚获得本身增长的同时，也可能以牺牲周边地区的发展为代价，因为按照最小路径原理，中心城市吸引外围地区的要素流动量从远及近呈现递增趋势，并且目前中心城市"有心无力"或者"有力无心"去支持县域经济（高新才、李岳峰，2007）。新经济地理学建立在规模报酬递增的假说下，考虑经济

活动的空间集聚和经济发展水平的地理不平衡，农村劳动力进入城市、获得城市经济集聚效应，因此存在扩大城乡收入差距的逻辑。

但是长期以来的户籍制度削弱了城市经济集聚效应，虽然城市集聚内生出就业机会偏向了农村移民，但是在就业单位所有制和就业岗位方面存在"进入障碍"，农村劳动力大多在个体经济和私营经济提供的岗位上就业，由于户籍的限制，即使在相同的岗位上，也存在"同工不同酬"现象，并且农村流动劳动力缺乏城市户籍以及与户籍相关联的社会保障等福利。有证据表明户籍歧视并没有趋于止步，在长期二元经济结构下，在中国劳动力市场上影响颇深的户籍制度弱化了农村人口城市化给城市带来的集聚效应。而农村劳动力流动则给县域经济带来人力流失效应和财富累积效应，农村劳动力流动降低了农村的劳动力数量和劳动力质量，很多劳动力获得收入后回流到农村，从而提高农户家庭的收入水平和财富存量，还会缓解信贷约束，提高农村的生产投资能力，有利于资本密集型农村生产经营活动的开展（李宾、马九杰，2014）。

因此，考虑到城市经济集聚效应和户籍制度的影响，农村劳动力流动对中心城市和县域经济的收入差距的影响极为复杂，最终有待实证检验。

图5－1为农业劳动力流动、城市经济集聚与城乡收入差距。

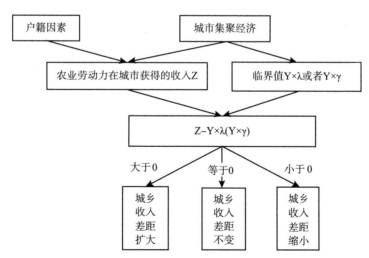

图5－1 农业劳动力流动、城市经济集聚与城乡收入差距

5.2 模型、变量与数据

5.2.1 模型

借鉴陆铭、陈钊（2004）、张义博、刘文忻（2012）、蔡武、吴国兵、朱荃（2013）等的研究，本书构建对数线性计量经济学模型（5－3）来研究农村劳动力流动如何影响中心城市、县域经济的发展差距：

$$\log(y\_gap_i) = \beta_0 + \beta_1 \cdot \log(m_i) + \beta_2 \cdot \log(mp_i) + \beta_3 \cdot \log(pop_i)$$
$$+ \beta_4 \cdot m_i * \log(mp_i) + \beta_5 \cdot m * \log(pop_i)$$
$$+ \beta_6 \cdot \log(popratio_i) + \rho \cdot X + \mu_i \qquad (5-3)$$

其中下表 i 代表全国地级及以上城市。由于本书不仅仅关注农村人口迁移对中心城市和县域经济的经济发展水平差距的影响，还要重点关注影响农村人口迁移、通过集聚经济外部性影响经济发展的两个机制：技术外部性和金融外部性，因此在模型（5－3）中，引入两个交叉项：$m * \log(pop)$、$m * \log(mp)$。X 代表其他控制变量。

5.2.2 被解释变量：城乡收入差距

城乡收入差距（y_gap），等于中心城市人均 GDP 除以县域地区人均 GDP（人口规模来自 2010 年人口普查数据，与国际上城市人口的统计惯例最为接近）。城乡收入差距的代理变量在收入不平等的实证分析中具有重要意义，关系到收入不平等是否得到准确、客观、充分的反映。一般而言，除了居民收入以外，人均 GDP 是最常用的指标之一，且大多数的研究者认为人均 GDP 指标是最适合代表区域经济发展水平的。王小鲁等（2004）认为两个地区的经济差距主要变现为两个地区的人均产出的差距。该变量取值越大，表示中心城市和县域经济的区域间经济发展的差异越大。姚枝仲（2003）认为在市场条件下，劳动力总是从边际生产率低的地区流向边际生产率高的地区，有助于缩小人均 GDP 差距。

通过表 5－1 可以发现，从总体来看，城乡收入差距均为 1.842。但是城乡收入差距和城市层级、地区和城市人口规模存在相关性。包括省级、副省级城市在内的 13 个城市的城乡收入差距为 1.848，比其他 213 个城市的均值高出 0.007。按照地区来分，东部、中部、西部和东北地区的城乡收入差距分别为 1.719、1.873、1.948 和 1.890，东部地区的城乡收入差距最小。相比较于一般城市，资源型城市的城乡收入差距高出 0.07。而城市规模和城乡收入差距也存在一定的相关性。城市人口规模超过 500 万人以上的城乡收入差距要低于其他城市的均值。而对于北京、上海、重庆、天津、广州等超过 1000 万人的大城市而言，城乡收入差距为 2.128，远远高于其他地区。

表 5-1　　　　　　　　　核心变量的分类统计：分城市类别

分类	城市类别	城乡收入差距	农村劳动力流动率	金融外部性的对数	技术外部性的对数	人口城市化率
按照城市层级分类	地级以上城市	1.848	0.405	15.84	16.01	0.708
	其中：省级城市	2.241	0.268	16.62	16.09	0.833
	副省级城市	1.674	0.455	15.58	15.99	0.653
	地级市	1.841	0.188	13.72	15.70	0.310
按照城市所处地区分类	东部地区	1.719	0.313	14.27	16.05	0.351
	中部地区	1.873	0.123	13.70	15.90	0.289
	西部地区	1.948	0.146	13.56	15.35	0.340
	东北地区	1.890	0.070	13.66	15.39	0.387
按照是否为资源型城市分类	一般性城市	1.813	0.254	14.09	15.79	0.343
	资源性城市	1.883	0.132	13.52	15.61	0.320
按照城市人口总规模分类	人口规模 > 500 万人	1.815	0.545	16.06	16.10	0.812
	其中：人口规模 > 1000 万人	2.128	0.535	16.47	16.20	0.840
	100 万人 ~ 500 万人	1.819	0.211	14.38	15.86	0.388
	100 万人以下	1.860	0.156	13.25	15.59	0.257
全国均值		1.842	0.207	13.86	15.72	0.333

5.2.3 核心解释变量

农村劳动力流动率（m_i）：在中国长期的二元经济结构影响下，城乡人口流动呈现出两种模式。第一种模式是通过户籍变更、教育、婚姻、购买住房等途径，原来具有农村户籍的人口进城获得了城镇居民户籍。第二种模式是候鸟式迁移，即流动人口现住地在地级（及以上）城市的市辖区；户口登记地为本省或者外省的乡、镇的村委会。由于未获得城镇户籍，该部分城乡流动人口的生产、消费等显著不同于城镇人口，带来的城市经济集聚效应具有新的特点。本书以第二种迁移为研究对象，数据来自2010 年的六普 10% 抽样样本的汇总。为了研究农村劳动力流动对城乡收入差距的影响，本书将各城市市辖区的常住人口 N 分为两部分：城镇居民 N 和农村劳动力流动人口 M，[①] $m_i = M/N$ 定义为农村劳动力流动率。

从表 5 - 1 可知，从全国地级及以上城市统计，农村劳动力流动率为均值为 0.207，这意味着农村劳动力流动人口规模为城市本地人口规模的 20.7%，约占城市总人口规模的六分之一。然而存在结构性差异，省级城市和副省级城市中的农村劳动力流动率为 0.405，一般地级城市为 0.188，这意味着农村劳动力更多地向省级城市和副省级城市迁移。从区位差别来看，东部地区的农村劳动力流动率为 0.313，中部、西部和东北地区分别为 0.123、0.146、0.070。并且城市规模越大，农村劳动力规模比重越高，人口规模超过 1000 万的 6 个城市（北京、上海、天津、重庆、广州、深圳）中，农村劳动力规模为城镇居民规模的 0.535；人口规模介于 500 万和 100 万之间城市比率为 0.211，而常住人口规模小于 100 万的城市中，农村劳动力规模仅为城镇居民规模的 0.156。这和第四章的结论一致，农村劳动力流动过程实质为东部地区、大城市特别是超大城市和特大城市"自我加强"的进程，具有"强者恒强、强者更强"的趋势，呈现出明显的集聚累积效应。

人口城市化率（$Popratio_i$）：表示中心城市常住人口在总人口中的比重，是我们度量城市化率的指标。如前文所述，人口城市化是现代经济增长的基本动力，但是人口城市化对城乡收入差距的影响存在明显的争议，

---

① 对于中国的情形来说，城镇居民等同于人口普查中"居住本地、户口本地"的人口，而农村劳动力流动人口等同于"居住本地、户口外地"的人口。

有待于进一步实证结果的检验。和农村人口迁移率的结构性差异相一致，省级城市、副省级城市，东部地区，以及人口规模超过 500 万的大城市中由于农村迁移率高，所以人口城市化率也较高。

金融外部性（mp）：为了准确衡量城市经济集聚产生的本地市场效应，借鉴刘修岩（2007），范剑勇（2009），程中华、刘军（2015）等的做法，利用市场潜能来代理金融外部性。市场潜力作为新经济地理学强调的第二地理特征，强调了地区间经济活动的相互影响在经济集聚中的作用。市场潜力用来度量城市所拥有的的市场规模，我们采用哈里斯（1954）市场潜力计算公式，具体为：$mp_i = \sum Y_j / d_{ji}$。为了更加接近市场潜能的本质含义，这里市场规模使用的是地级城市行政辖区的 GDP，而非市区 GDP。根据统计可知，市场潜能对数的均值为 15.72，标准差为 0.4047。

技术外部性（pop）：本文使用城市人口规模衡量技术的外部性。技术外部性不通过市场机制作用，直接作用于生产函数，与城市经济集聚的绝对规模相关。1996 年西科恩和霍尔利用人口规模来考察技术外溢效应，杜旻、刘长全（2014 年）用城市的人口规模来衡量中国城市经济集聚的技术外部性。根据统计可知，技术外部性对数的均值为 13.86，标准差为 0.8642。

为了验证农村劳动力流动影响城乡收入差距的两个机制，我们分别引入农村劳动力流动率和金融外部性、技术外部性的交叉项。

农村劳动力流动率和技术外部性的交叉项 $m * \log(pop)$：$\log(pop)$ 越高，说明中心城市规模越大，由于劳动力共享、交流带来技术外部性越强，在这样的环境中，通过相互学习获得的知识溢出可获提高劳动生产率，促进经济增长。而作为一种人力资本投资的农村劳动力流动，通过向中心城市集聚，可以增长这种正的外部性，从而提高生产能力，提高中心城市的经济发展水平，进而扩大中心城市和周边地区的经济发展水平差距。如果交叉项 $m * \log(pop)$ 估计符号显著为正，则说明农村劳动力向城市迁移获得了城市集聚的技术外部性，扩大了城乡收入差距，从而验证了农村劳动力流动影响城乡收入差距的技术外部性机制是存在的；如果交叉项 $m * \log(pop)$ 估计符号不显著，说明农村迁移人口并没有通过技术外部性影响城乡收入差距。

农村劳动力流动率和金融外部性的交叉项 $m * \log(mp)$：$\log(mp)$ 越高，说明中心城市的潜在市场需求越高，较高的市场需求可以引导企业在中心城市选址，从而降低市场交易成本，促进价值链上企业集聚，实现投入品的共享,实现规模经营,获得经济集聚的规模经济效应。企业集聚会内生出较多的就业机会,因此不仅仅城镇居民可以获得就业机会,众多的农村劳动力也获得了更多的就业机会,不过值得注意的是,由于户籍身份的限制,农村劳动力在城市劳动力市场可能遭遇"进入歧视",一些事业单位、国有企业等进入门槛过高,更多的农村劳动力集中在私营经济和个体经济中就业。而且虽然大城市有能力也可以支付更高的工资,"同工不同酬"的现象仍普遍存在。金融外部性影响机制的作用有待于实证结果的检验。如果交叉项 $m*\log(mp)$ 的回归符号显著为正,说明农村劳动力流动通过金融外部性,扩大了城乡收入差距;如果交叉项 $m*\log(mp)$ 的估计符号不显著,说明金融外部性不会通过农村人口迁移影响城乡收入差距;如果交叉项 $m*\log(mp)$ 的估计符号显著为负,说明农村劳动力从农村迁移到城市缩小了城乡收入差距。

5.2.4　其他变量

根据城市偏向理论,在发展中国家的经济发展过程中,城市偏向型政策如宏观经济政策扭曲了经济信号、地方政府偏向城市基础设施建设的资金配置而忽视了非城市化区域投资、城市区域公共部门的低效率等,都会使市尤其是大城市收益偏多,而小城镇尤其是农村地区相对被忽视。学术界对城市偏向政策的研究主要集中在城乡收入差距影响方面,并且并没有达成统一的意见。借鉴其他学者在研究城市化偏向型政策对城乡收入差距的影响时的做法(陆铭、陈钊,2004;程开明、李金昌,2007),本文再引入4个城市偏向型政策变量:市辖区地方政府财政支出占全市政府财政支出比例 gov,市辖区贷款额占全市贷款额总量的比例 loan,市辖区固定资产投资占全市固定资产投资比例 fixasset,市辖区实际使用外资金额占全市实际使用外资金额的比例 fdi。如果该类变量的回归系数显著为正,说明城市偏向型政策扩大了城乡经济发展水平差距。如果该类变量的回归系数不显著或者显著为负,则说明城市偏向型政策不影响或者缩小了城乡经济发展水平差距。预期该类变量回归系数为正值。

人力资本水平的差异会影响经济增长率。在其他条件相同的情况下,人力资本水平高的地区可能保持较高的经济增长率。早在1988年卢卡斯就证实了人力资本对经济发展的作用。为了控制人力资本水平对城乡收入差距的影响,本文采用两个变量:当地人力资本总水平(hr_total),表示全市行政辖区内的人力资本水平；人力资本水平差异（hr_ratio）：用中心城市和周边地区的人力资本水平比例表示：

$$hr\_ratio_i = \frac{hr\_core_i}{hr\_periphery_i}$$

需要说明的是，由于很难正确衡量人力资本水平，本文用劳动人口的平均受教育年限作为人力资本的代理变量。

土地城市化（landratio）（用建成区土地面积占全市行政辖区面积的比例表示）：中国城市经济增长的进程是人口城市化和土地城市化的复合过程。土地城市化是指城市建成区面积不断扩大，城市数量不断增加，土地作为生产要素不断向城市集中。大量文献研究了中国土地城市化与城市经济增长的关系。土地作为地方政府的主要政策工具，在当前中国"竟次式"经济增长模式中至关重要（陶然，2011）。土地作为一种要素，直接投入生产，促进经济增长，但是这种方式在一定程度上有所削弱（黄志基，2013）。土地城市化对城市经济增长的影响是双刃剑，在快速城市化进程中，土地要素被重新估价，直接成为政府的"土地财政"。在工业用地上，地方政府通过低价出让土地、吸引投资获得直接的增值税收入、营业税收入和土地出让收入；在商、住用地上采用高价招拍挂出让土地等方式获得预算外收入，扩张地方公共支出，发挥加速作用，推动经济增长（中国经济增长前沿课题组，2011；陶然，2011；王玉波，2013）。以土地平面扩张为主的城市化模式与经济增长方式是以土地要素的扭曲配置及其衍生出来的土地金融为纽带，带动经济的快速发展，这近乎是一种"饮鸩止渴"的增长方式（范建勇、莫家伟，2013）。因此，我们引入土地城市化来控制土地城市化对城乡收入差距的影响。

非公有制经济就业人员比例（nsoe）：引入该变量的原因是所有制结构的变化会通过促进城市非农经济的发展和农村地区乡镇企业的发展，进而可能影响经济发展水平差距。用城镇私营和个体从业人员规模占据全市从业人员总规模（包括单位从业人员、城镇私营、个体从业人员和年末城镇登记失业人员数三部分构成）比例表示。

非农经济发展程度（nagriculture）：用第二产业和第三产业增加值占GDP比重表示，比重的高低决定了地级城市内非农产业的重要性。而且由于第一产业需要占用较大的耕地，农村重要性不同的地区，区域经济发展差距可能存在差异。预期该回归系数为正值，即非农经济越发达，中心城市和周边地区差距越大。

城市地理位置变量（toseaboard）：新经济地理学强调物质地理特征（第一地理特征）对区域经济发展的重要性，因此用与沿海主要规模以上港口①的最近距离来表示先天空间特征。

此外还有资源型城市变量 zycity（资源型城市取值为 2，其他城市取值为 1）、城市层次等级 citylevel（省级城市取值为 1，副省级城市取值为 2，其他城市取值为 3）、地区 region（东部地区取值为 1，中部地区取值为 2，西部地区取值为 3，东北地区取值为 4）等虚拟变量。

5.2.5 数据

本文的数据来自两部分：第六次全国人口普查数据、《中国城市统计年鉴》数据。农村迁移人口规模、城市市辖区常住人口规模、行政辖区总人口规模均来自第六次全国人口普查数据，该数据克服了原有的非农人口规模对人口规模估计偏小的缺陷，更有利于从经济要素集聚的视角反映要素集聚程度。其余数据均来自《中国城市统计年鉴 2011》。其中中心城市数据来自市辖区数据，周边地区来自非市辖区的行政辖区数据。表 5 - 2 是主要变量的描述性统计分析。

表 5 - 2   主要变量的描述性统计

被解释变量		样本	均值	标准差	最小值	最大值
y_gap	城乡收入差距	160	1.830	0.987	0.645	6.370
核心解释变量						
m	农村劳动力流动率	172	0.207	0.251	0.012	2.235
mp	金融外部性：市场潜能（万元）	172	7715300	2823368	2676551	1.55e+07
pop	技术外部性：本地人口规模（万人）	172	1921586	3019404	211151	2.23e+07
popratio	人口城市化率	172	0.394	0.264	0.060	1
控制变量						
gov	市辖区地方政府财政支出占全市比例	172	0.457	0.274	0.052	1.000

① 根据《中国统计年鉴》，全国沿海主要规模以上港口码头主要包括：大连、营口、秦皇岛、天津、烟台、青岛、日照、上海、连云港、宁波—舟山、汕头、广州、湛江、海口、八所。

续表

被解释变量		样本	均值	标准差	最小值	最大值
loan	市辖区贷款额占全市比例	172	0.529	0.245	0.045	1
fixasset	市辖区固定资产投资占全市比例	172	0.474	0.259	0.082	1
fdi	市辖区实际使用外资金额占全市比例	156	0.588	0.310	0	1
landratio	土地城市化率	172	0.018	0.038	0.0002	0.417
hr_ratio	人力资本总水平差异	160	1.150	0.077	0.981	1.356
hr_total	人力资本总水平	172	8.742	0.798	6.727	11.480
nsoe	非公有制经济就业人员比例	170	0.456	0.138	0.047	0.809
toseaboard	与沿海主要规模以上港口的最近距离	172	459.877	386.492	17.327	1627.967
nagriculture	非农经济发展程度	172	0.880	0.079	0.671	0.999
zycity	zycity = 1，代表资源型城市；zycity = 0，代表非资源型城市					
citylevel	citylevel = 1 代表省级城市；citylevel = 2 代表副省级城市；citylevel = 3 代表地级城市					
region	region = 1 东部地区；region = 2 中部地区；region = 3 西部地区；region = 4 东北地区					

5.3　实证结果分析

5.3.1　实证结果

　　表 5 - 3 汇报了实证结果。回归结果（1）为仅仅包括农村劳动力流动率的最小二乘（OLS）结果，回归结果（2）为包括农村劳动力流动率、技术外部性、金融外部性的回归结果，回归结果（3）包括了交叉项的回归结果。

表5-3　农村劳动力流动、集聚经济与城乡收入差距：回归结果

变量	(1)	(2)	(3)
ln（农村劳动力流动率）	-0.123*** (0.043)	-0.110** (0.043)	-1.239 (1.550)
ln（人口规模）		0.114* (0.060)	0.476*** (0.116)
ln（农村劳动力流动率）*ln（人口规模）			0.198*** (0.054)
ln（市场潜能）		-0.394** (0.171)	-0.628** (0.255)
ln（农村劳动力流动率）*ln（市场潜能）			-0.105 (0.115)
ln（人口城市化率）	-0.772*** (0.121)	-0.872*** (0.124)	-0.861*** (0.118)
ln（市辖区地方政府财政支出占比）	0.107 (0.074)	0.122 (0.078)	0.110 (0.075)
ln（市辖区贷款额占比）	0.253** (0.107)	0.217** (0.107)	0.207** (0.102)
ln（市辖区固定资产投资占比）	0.826*** (0.137)	0.791*** (0.134)	0.858*** (0.130)
ln（市辖区实际使用外资占比）	0.047 (0.049)	0.051 (0.048)	0.046 (0.047)
ln（土地城市化率）	-0.166*** (0.052)	-0.108 (0.069)	-0.146** (0.067)
ln（人力资本水平差异）	1.709*** (0.584)	1.492** (0.597)	1.792*** (0.584)
ln（非公有制经济就业人员比例）	0.051 (0.079)	0.106 (0.081)	0.070 (0.078)
ln（与沿海规模以上港口最近距离）	-0.091* (0.048)	-0.086* (0.047)	-0.071 (0.046)

续表

变量	（1）	（2）	（3）
ln（非农经济发展程度）	1.541***	1.752***	1.897***
	（0.496）	（0.492）	（0.471）
ln（人力资本水平）	-1.162**	-1.238**	-1.576***
	（0.530）	（0.524）	（0.510）
资源型城市虚拟变量	-0.013	0.031	0.039
	（0.062）	（0.063）	（0.060）
副省级城市虚拟变量	-0.324*	-0.207	-0.124
	（0.183）	（0.186）	（0.179）
一般地级市虚拟变量	-0.306*	-0.155	-0.030
	（0.171）	（0.198）	（0.191）
中部地区虚拟变量	0.137	0.165*	0.094
	（0.087）	（0.086）	（0.084）
西部地区虚拟变量	0.107	-0.042	-0.145
	（0.133）	（0.149）	（0.147）
东北地区虚拟变量	-0.091	-0.208	-0.343**
	（0.147）	（0.156）	（0.160）
常数项	2.912**	7.793**	6.771*
	（1.217）	（3.130）	（3.762）
N	143	143	143
adj. R^2	0.558	0.579	0.619
F	10.957	10.757	11.492
p	0.000	0.000	0.000

注：括号内为标准差；* $p<0.10$，** $p<0.05$，*** $p<0.01$。

从表 5-3 中回归结果（1）可以看出，农村劳动力流动率的回归系数为 -0.123，在 1% 水平上显著，这表示农村劳动力流动率与城乡收入差距呈负相关关系，农村劳动力流动率每增加 1%，城乡收入差距缩小 0.123 个百分点。农村劳动力在中心城市人口总规模中所占比例越高，在促进城市经济发展的同时，进一步缩小了城乡收入差距。人口城市化率的回归系

数为 -0.772，即人口城市化率每增加1%，城乡收入差距缩小0.772个百分点。这表明从总体上看，农村劳动力流动在整体上缩小了城乡收入差距。这同时也意味着，要实现2020年人口城市化目标，1亿左右的农村人口从农村转移到城市，存在着继续缩小城乡收入差距的可能。

从表5-3中回归结果（2）可以看出，以城市人口规模计量的技术外部性回归系数为0.114，在10%统计水平上显著，即城市人口总规模每增加1%，城乡收入差距增加0.114个百分点。这意味着城市人口集聚通过劳动力分享、匹配、学习三个机制产生技术外部性，在城市就业的人员获得知识外溢，扩大了城乡收入差距。同时这也说明，大城市集聚了大规模人口，通过劳动者的交流、互动，大城市加速了人力资本积累。

不过值得注意的是，以市场潜能衡量的金融外部性的回归系数为 -0.394，并在5%统计水平上显著，这意味着城市市场潜能每增加1%，城乡收入差距减少0.394个百分点，中心城市确实对县域经济的发展具有辐射带动作用。可能的原因在于，在中国式市管县体制下，中心城市和县域地区存在特殊的行政区划关系和区域经济关系，县域地区容易获得中心城市分工深化、交易扩展形成的"区位租"，中心城市不具备比较优势的产业自发向周围地区进行梯度转移，使城市非农产业在空间布局上形成较大的网络和基地，带动县域经济初级加工业和农村产业化经营的迅速发展，延长农村产业链，带动县域经济发展，缩小和中心城市的经济发展差距。

根据本文的理论分析，农村劳动力从农村向城市流动，增加了城市经济的集聚力，通过城市经济集聚的金融外部性和技术外部性两个不同的机制对城乡收入差距产生影响。为了检验农村迁移人口对区域内经济发展差距的两个渠道，表5-3中的回归模型（3）加入了农村劳动力流动率和金融外部性、技术外部性的交互项。通过回归结果可以看到，只有农村劳动力流动率和城市人口规模的交叉效应是存在的，回归系数为正值，并且在1%统计水平上显著；而农村劳动力流动率和市场潜能的交叉效应是不存在的。

农村劳动力流动率和城市人口规模交互项回归系数为0.198，在1%统计水平上显著。这说明农村迁移人口通过技术外部性渠道扩大了城乡收入差距。农村迁移人口的空间集聚提高了劳动力集聚程度，可以近距离的学习、交流，提高了人力资本水平，知识溢出效益显著，进一步促进城市的经济发展，扩大城乡收入差距。

　　然而农村劳动力流动率和金融外部性交叉项的回归系数是负值,但是并不显著,这意味着没有证据能够证明农村劳动力流动通过金融外部性这一渠道影响城乡收入差距。可能的原因是"候鸟式迁移",城市过客的身份影响了该项集聚效应的发挥。伴随着劳动力的迁移,由于迁移人口并没有获得城镇户籍,农村迁移人口的消费能力并没有发生过多迁移,甚至更多地回流到农村,缓解了农村的信贷约束,提高了农村家庭的消费能力和投资能力,同时也有助于农村生产经营组织创新和农村生产效率的提高。有研究表明,在住房投资和政府支出结构不变的条件下,如果有 1000 万(包含所负担人口)农村转移人口获得城市化户籍,将使得农村居民消费减少 680 亿元,城镇居民消费增加 920 亿元,即总体消费提高 240 亿元(郭其友、吴浜源、许建伟,2013)。因此,由于农村迁移人口未获得城市户籍,限制了城市消费能力的同时增加了农村的消费实力,农村迁移人口可能不会通过金融外部性明显影响城乡收入差距,甚至有可能会缩小城乡收入差距。这有待于进一步的验证。

5.3.2　其他控制变量分析

　　从表 5 - 3 中回归结果(1)(2)(3)可以看出,中心城市的政府财政支出占比、实际利用 FDI 占比均不显著,说明它们对城乡收入差距的影响微弱,而中心城市的金融机构贷款占比、固定资产投资总额占比等两个指标显著并且系数均为正值,即随着金融机构贷款比重和固定资产投资占比的增加,拉大了城乡收入差距。这和大多数已有研究相一致(陆铭、陈钊,2004;张义博、刘文忻,2012)。之所以出现这一结果,是因为在政府城市偏向型政策引导下和资本逐利本性驱使下,这些支出比重的增加,大多惠及了中心城市,中心城市过多地吸收经济发展所需要资源,必然扩大城乡收入差距。

　　土地城市化率指标回归系数显著为负值,说明地级市辖区范围的扩大,显著缩小了城乡收入差距。这可能和一些研究相矛盾,如王桂新(2012)认为土地城市化大规模扩张,造成土地资源浪费、城乡收入差距扩大、社会矛盾激化。可能的原因在于:指标选取的问题,本文城乡收入差距来自人均 GDP 的比例;另外也有一些学者指出,土地城市化是一把双刃剑。如陶然(2011)提出中国在空间(土地)城市化快速发展的同时,无法实现人口的完全城市化,该城市化模式带来城市用地结构失衡、房地产泡沫、流动人口和失地农民等弱势群体，而这些都是土地城市化带来的负面影响。因此可能出现土地城市化缩小城乡收入差距现象。

城市整体人力资本升高，城乡收入差距趋于缩小。原因在于无论从时间维度还是空间维度看，人力资本和城市化变动趋势呈现出一致性，伴随着时间的推移，城市化水平和人均人力资本水平逐步提高，而且人力资本存量相对较高的地区往往具有相对较高的人口城市化率（李修彪、齐春宇，2015）。然而城乡人力资本水平差距越大，中心城市较高的人力资本水平越会拉大区域经济发展水平差距。一个地区的非农产业越发达，在区域经济中所占的比例越高，表明该地区的工业化、现代化水平越低，不利于城乡收入差距的缩小。而一个地区的地理位置影响该地的对外交通便利程度和对外开放程度，距离港口的最近距离越近，越容易获得较快的发展。

5.3.3 内生性检验

经济发展水平差距和人口流动具有一定的循环累积因果关系。经济发展水平差距越大，农村劳动力在经济因素的影响下，越倾向于向要素报酬高的中心城市迁移，而不断的人口迁移可能会进一步加大中心城市和周边地区的经济发展潜力。城市集聚经济内生于经济增长过程中，经济增长反过来会影响集聚经济，因此研究集聚经济和经济增长必然面临内生性问题。为了避免内生性问题，借鉴其他学者的处理办法，我们使用2009年、2008年、2007年、2006年、2005年的城市户籍人口规模和市场潜力替代2010年城市常住人口规模和市场潜能，利用模型（5-3）进行内生性检验。表5-4汇总了内生性检验的结果。农村劳动力流动率和城市人口规模的交互项显著为正，农村劳动力流动率和市场潜能的交叉项不显著，和表5-3的结论一致。

表5-4　农村劳动力流动、集聚经济与城乡收入差距：内生性检验

变量	(1) 2009	(2) 2008	(3) 2007	(4) 2006	(5) 2005
ln（农村劳动力流动率）	-2.199 (1.410)	-2.176 (1.394)	-2.187 (1.352)	-2.185 (1.330)	-2.135 (1.304)

续表

变量	（1） 2009	（2） 2008	（3） 2007	（4） 2006	（5） 2005
ln（人口规模）	0.579 *** （0.135）	0.578 *** （0.136）	0.590 *** （0.136）	0.598 *** （0.136）	0.599 *** （0.134）
ln（农村劳动力流动比率）*ln（人口规模）	0.239 *** （0.063）	0.235 *** （0.063）	0.241 *** （0.063）	0.244 *** （0.063）	0.239 *** （0.062）
ln（市场潜能）	− 0.849 （0.556）	− 0.778 （0.548）	− 0.788 （0.540）	− 0.819 （0.538）	− 0.840 （0.536）
ln（农村劳动力流动比率）*ln（市场潜能）	− 0.185 （0.261）	− 0.182 （0.259）	− 0.194 （0.255）	− 0.203 （0.254）	− 0.201 （0.252）
ln（人口城市化率）	− 0.835 *** （0.116）	− 0.840 *** （0.116）	− 0.838 *** （0.116）	− 0.840 *** （0.116）	− 0.844 *** （0.115）
ln（市辖区地方政府财政支出占比）	0.119 （0.075）	0.125 * （0.074）	0.124 * （0.075）	0.123 （0.075）	0.126 * （0.075）
ln（市辖区贷款额占比）	0.241 ** （0.102）	0.243 ** （0.102）	0.245 ** （0.102）	0.246 ** （0.102）	0.246 ** （0.102）
ln（市辖区固定资产投资占比）	0.896 *** （0.131）	0.903 *** （0.131）	0.901 *** （0.131）	0.901 *** （0.131）	0.891 *** （0.130）
ln（市辖区实际使用外资占比）	0.037 （0.047）	0.034 （0.047）	0.034 （0.047）	0.034 （0.047）	0.036 （0.047）
ln（土地城市化率）	− 0.205 *** （0.062）	− 0.215 *** （0.063）	− 0.217 *** （0.063）	− 0.216 *** （0.063）	− 0.212 *** （0.063）
ln（人力资本水平差异）	2.005 *** （0.594）	2.028 *** （0.596）	2.039 *** （0.593）	2.032 *** （0.592）	2.058 *** （0.590）
ln（非公有制经济就业人员比例）	0.040 （0.079）	0.036 （0.079）	0.034 （0.079）	0.034 （0.079）	0.036 （0.079）
ln（与沿海规模以上港口最近距离）	− 0.087 * （0.046）	− 0.091 ** （0.046）	− 0.091 ** （0.046）	− 0.091 ** （0.046）	− 0.091 ** （0.046）

变量	（1） 2009	（2） 2008	（3） 2007	（4） 2006	（5） 2005
ln（非农经济发展程度）	1.793 *** (0.473)	1.821 *** (0.476)	1.831 *** (0.476)	1.829 *** (0.475)	1.831 *** (0.475)
ln（人力资本水平）	− 1.744 *** (0.519)	− 1.751 *** (0.520)	− 1.774 *** (0.518)	− 1.773 *** (0.517)	− 1.781 *** (0.516)
资源型城市虚拟变量	0.034 (0.060)	0.029 (0.060)	0.029 (0.060)	0.030 (0.060)	0.031 (0.060)
副省级城市虚拟变量	− 0.115 (0.180)	− 0.106 (0.181)	− 0.105 (0.180)	− 0.101 (0.180)	− 0.105 (0.178)
一般地级市虚拟变量	0.037 (0.197)	0.059 (0.199)	0.067 (0.198)	0.071 (0.198)	0.074 (0.194)
中部地区虚拟变量	0.086 (0.084)	0.087 (0.084)	0.086 (0.084)	0.086 (0.084)	0.093 (0.084)
西部地区虚拟变量	− 0.047 (0.142)	− 0.031 (0.144)	− 0.035 (0.146)	− 0.036 (0.145)	− 0.032 (0.144)
东北地区虚拟变量	− 0.264 * (0.155)	− 0.249 (0.156)	− 0.248 (0.156)	− 0.249 (0.157)	− 0.253 (0.157)
常数项	1.204 (3.320)	0.702 (3.279)	0.575 (3.216)	0.614 (3.170)	0.711 (3.123)
N	143	143	143	143	143
adj. R^2	0.615	0.613	0.615	0.617	0.619
F	11.292	11.226	11.315	11.379	11.472
p	0.000	0.000	0.000	0.000	0.000

注：括号内为标准差；* $p < 0.10$，** $p < 0.05$，*** $p < 0.01$。

5.3.4　稳健性检验

本文的结论可能对样本城市的类型、区位、规模、人口密度具有较高的敏感性。如北京、上海、天津等直辖市和省会城市，相比较于其他城市，其独特的行政地位可以为城市发展带来更多的资源，极大可能出现异常值。而且经济发展差距和农村人口迁移之间存在密切的循环累积因果关系。一方面，经济发展差距越大，要素报酬差距越大，越吸引更多的农村人口在追求高工资的动机激励下，不断进入高回报的中心城市，增加了城市规模。而更多的就业机会内生于逐渐增加的城市规模中，进一步吸引迁移人口的进入。

为了进一步验证本文的模型和结论，我们从 6 个方面利用工具变量进行稳健性检验，验证其与表 5 - 3 的回归结果是否存在有显著的差别：（1）非省级、副省级城市，（2）人口规模小于 1000 万，（3）东部地区城市，（4）非东部地区城市，（5）人口密度大于 400 人，（6）人口密度大于 500 人。从表 5 -5 可以看出，农村劳动力流动率和城市人口规模的交互项显著为正，农村劳动力流动率和市场潜能的交叉项不显著，和表 5 - 3 的结论一致，本书的结论是稳健的。

表 5 - 5　　农村劳动力流动、集聚经济与城乡收入差距：稳健性检验

变量	(1)	(2)	(3)	(4)	(5)	(6)
ln（农村劳动力流动率）	- 1. 263 (1. 595)	- 0. 971 (1. 543)	- 3. 369 (3. 756)	- 2. 169 (2. 964)	- 1. 239 (1. 550)	- 1. 239 (1. 550)
ln（人口规模）	0. 376 *** (0. 138)	0. 359 *** (0. 125)	0. 523 *** (0. 139)	0. 646 ** (0. 289)	0. 476 *** (0. 116)	0. 476 *** (0. 116)
ln（农村劳动力流动比率）* ln（人口规模）	0. 148 ** (0. 068)	0. 136 ** (0. 061)	0. 229 *** (0. 078)	0. 272 ** (0. 133)	0. 198 *** (0. 054)	0. 198 *** (0. 054)
ln（市场潜能）	- 0. 531 ** (0. 259)	- 0. 532 ** (0. 255)	- 0. 256 (0. 458)	- 0. 723 (0. 504)	- 0. 628 ** (0. 255)	- 0. 628 ** (0. 255)
ln（农村劳动力流动比率）* ln（市场潜能）	- 0. 060 (0. 117)	- 0. 068 (0. 115)	- 0. 001 (0. 256)	- 0. 110 (0. 206)	- 0. 105 (0. 115)	- 0. 105 (0. 115)
ln（人口城市化率）	- 0. 832 *** (0. 121)	- 0. 849 *** (0. 117)	- 0. 792 *** (0. 178)	- 1. 054 *** (0. 217)	- 0. 861 *** (0. 118)	- 0. 861 *** (0. 118)
ln（市辖区地方政府财政支出占比）	0. 110 (0. 077)	0. 125 * (0. 075)	0. 051 (0. 113)	0. 094 (0. 146)	0. 110 (0. 075)	0. 110 (0. 075)

续表

变量	(1)	(2)	(3)	(4)	(5)	(6)
ln（市辖区贷款额占比）	0.207 ** (0.102)	0.208 ** (0.100)	0.176 (0.119)	0.593 ** (0.272)	0.207 ** (0.102)	0.207 ** (0.102)
ln（市辖区固定资产投资占比）	0.845 *** (0.133)	0.846 *** (0.128)	0.831 *** (0.244)	0.758 *** (0.197)	0.858 *** (0.130)	0.858 *** (0.130)
ln（市辖区实际使用外资占比）	0.044 (0.047)	0.041 (0.046)	0.115 (0.098)	0.013 (0.067)	0.046 (0.047)	0.046 (0.047)
ln（土地城市化率）	−0.151 ** (0.069)	−0.155 ** (0.066)	−0.259 ** (0.102)	−0.057 (0.114)	−0.146 ** (0.067)	−0.146 ** (0.067)
ln（人力资本水平差异）	1.969 *** (0.612)	1.896 *** (0.585)	2.012 ** (0.911)	0.885 (0.995)	1.792 *** (0.584)	1.792 *** (0.584)
ln（非公有制经济就业人员比例）	0.083 (0.080)	0.081 (0.077)	−0.127 (0.141)	0.092 (0.116)	0.070 (0.078)	0.070 (0.078)
ln（与沿海规模以上港口最近距离）	−0.074 (0.050)	−0.076 * (0.045)	−0.110 ** (0.055)	−0.004 (0.182)	−0.071 (0.046)	−0.071 (0.046)
ln（非农经济发展程度）	2.019 *** (0.486)	2.059 *** (0.475)	1.873 (1.120)	2.029 *** (0.707)	1.897 *** (0.471)	1.897 *** (0.471)
ln（人力资本水平）	−1.783 *** (0.548)	−1.739 *** (0.523)	−0.852 (0.919)	−2.246 ** (0.883)	−1.576 *** (0.510)	−1.576 *** (0.510)
资源型城市虚拟变量	0.033 (0.061)	0.024 (0.059)	0.013 (0.094)	0.043 (0.102)	0.039 (0.060)	0.039 (0.060)
副省级城市虚拟变量	0.000 (.)	−0.095 (0.136)	−0.143 (0.203)	0.184 (0.422)	−0.124 (0.179)	−0.124 (0.179)
一般地级市虚拟变量	0.000 (.)	0.000 (.)	0.059 (0.256)	0.055 (0.396)	−0.030 (0.191)	−0.030 (0.191)
中部地区虚拟变量	0.090 (0.089)	0.107 (0.083)	0.000 (.)	0.473 ** (0.202)	0.094 (0.084)	0.094 (0.084)
西部地区虚拟变量	−0.163 (0.157)	−0.118 (0.146)	0.000 (.)	0.168 (0.243)	−0.145 (0.147)	−0.145 (0.147)

续表

变量	（1）	（2）	（3）	（4）	（5）	（6）
东北地区虚拟变量	− 0. 352 ** （0. 172）	− 0. 315 ** （0. 158）	0. 000 （ . ）	0. 000 （ . ）	− 0. 343 ** （0. 160）	− 0. 343 ** （0. 160）
常数项	7. 048 * （3. 827）	7. 201 * （3. 703）	− 1. 987 （6. 902）	7. 079 （7. 187）	6. 771 * （3. 762）	6. 771 * （3. 762）
N	131	138	66	77	143	143
adj. R^2	0. 637	0. 635	0. 601	0. 573	0. 619	0. 619
F	12. 400	12. 331	6. 153	5. 859	11. 492	11. 492
p	0. 000	0. 000	0. 000	0. 000	0. 000	0. 000

注：括号内为标准差；* $p < 0.10$，** $p < 0.05$，*** $p < 0.01$。

5.4　结论和建议

5.4.1　结论

城市经济集聚能产生很强的集聚规模效应，通过技术外部性和金融外部性，在"向心力"和"离散力"两种力量相互交互、相互矛盾的进程中，经济圈内的中心和外围经由要素流动和商品交换密切联系，在漫长时间内逐步演化。

与现有多数文献研究不同，本文将新经济地理学城市经济集聚运用于城市经济和县域经济的经济发展差距中，探讨农村劳动力流动影响城乡收入差距的内在机理和具体路径，并在实证模型中引入农村劳动力流动率和城市集聚的交叉项，结果发现：农村劳动力流动显著缩小了城市经济和县域经济的发展差距；然而从城市集聚经济视角来看，农村劳动力流动率和城市集聚技术外部性的交叉项的回归系数显著为正，表明农村劳动力流动经过技术外部性扩大了城乡收入差距；农村劳动力流动通过金融外部性对经济发展差距的影响不显著，可能的原因是农村劳动力未获得城市户籍，这有待于进一步的验证。

5.4.2　建　议

虽然农村劳动力流动整体上减少了城乡收入差距，但是农村劳动力进入城市劳动力市场，通过技术外部性又扩大了城乡收入差距。为了实现城市化目标、统筹城乡发展，我们建议：

进一步改革户籍制度，降低城市准入门槛，使农村劳动力既能够从农村走出来，也要真正融入城市，减弱"候鸟式"迁移，充分发挥集聚金融外部性，促进中心和外围地区的中间品共享，加大中心城市对外围地区的经济辐射能力，缩小经济发展差距。

进一步提高劳动力素质，但是并不可能将劳动力送回学校接受教育，农村迁移人口入城后通过"干中学"积累知识和经验，可以增加城市的资本存量，促进城市化发展。而且人力资本技术外部性存在，家庭和政府的投资低于社会最优水平，因此各级政府应该加大对教育的投资，充分发挥人力资本积累对新型城市化推动作用。

必须要彻底扭转政府在财政支出、金融贷款、固定资产投资等方面的城市偏向，加大县域尤其是农村基础设施建设投资，加大对农村生产投资和贷款力度，增强县域经济的可持续发展能力。

对于县域经济来说，要积极融入经济集聚进程，利用自身的区位优势和特殊行政区划关系，完善各种硬件和软件投资，为资金、技术、知识等要素从城市转移到农村疏通渠道，进行产业结构升级，提高吸纳中心城市经济集聚"离散力"的承接能力。

第 *6* 章

农村劳动力流动、集聚经济与
城市经济增长

伴随着人口结构的变化，改革开放以来驱动中国经济增长的人口红利趋于消失，资本积累速度也在逐步下降，而城市化则成为大多数人所期待的经济增长的新源泉、新引擎（蔡昉，2010）。中国经济增长前沿课题组（2012）也认为城市化将成为中国经济新的增长动力。以农村劳动力流动为显著特征的城市化进程滞后于工业化进程，再加上户籍制度导致的市场分割因素在地理上割裂了农村劳动力对城市劳动力市场需求的反应，所以有必要针对我国农村劳动力流动对经济增长影响进行研究，定量衡量农村劳动力流动对经济增长贡献度，同时还要重视农村劳动力的空间集聚对经济增长影响的差异性问题。据统计，在全国 172 个省级、副省级、地级城市中，2010 年人均收入呈现出明显的差异性，人均 GDP 最高城市是最低城市的 19.78 倍，而在发达国家，这一比例通常仅仅在 1 ~ 2 倍之间（Ciccone，1996，2002）。较大的经济增长差距会影响经济社会的和谐和稳定，也会对中国未来的城市化进程产生不利影响。

和第 4 章相同，本部分的数据主要来自 2010 年第六次全国人口普查和《中国城市统计年鉴 2011》。数据的独特之处在于，我们获得城市级别的农村劳动力流动规模，克服长久以来"市区非农村人口"低估城市真实规模的缺陷，从经济集聚主要载体的城市层次，分析农村劳动力流动对城市经济增长的影响，较之前人的研究更加深入、细致。然而此项研究的困难之处同样来自数据：由于仅有截面数据可供使用，难以直接验证农村劳动力集聚和城市经济增长差异性（城市经济增长不平等）的关系。为了克服这一困难，达到研究目的，我们选择基于回归方程分解的办法。一般而言，影响经济增长的变量也将决定经济增长的不平衡，利用经济理论识别影响经济增长的变量后，可以利用 Shapley 等方法分解变量对经济发展不平等的影响程度，进而排列政策的优先次序（万广华、周章跃、陆迁，2005）。

本章的思路如下：6.1 节是理论分析，在西科恩和霍尔（1996）的模型和国内外研究现状基础上，建立理论模型；6.2 节是描述性分析；6.3 节建立实证模型，利用工具变量处理内生性问题，并进行稳健性检验；6.4 节实证结果分析，识别出农村劳动力流动对城市经济增长的影响；6.5 节验证户籍因素是否削弱了农村劳动力流动带来的经济增长效应；6.6 节根据肖罗克斯（Shorrocks，1980、1982、1984）、布吉尼翁（Bourguignon，1979）、万广华（2004、2005）的理论，利用 IV 回归方程，采用 Shapley 方法分解城市经济增长差异性（不平等）指标，并对变量进行排序，判断农村劳动力城市化对城市经济增长差异的影响，6.7 节是结论和建议。

6.1　理　论　分　析

城市是经济增长的核心，以往的研究大多围绕着全要素生产率和城市经济增长的质量以及地区差异展开。然而对中国全要素生产率的测度大多选择地区或者省份为研究对象，城市具有不同于国家、省级、地区层次上的经济增长特征（Lucas，1998，2004），而以城市作为样本的研究较少。并且在实际经济活动中，集聚力量塑造了世界经济地理，经济要素及经济活动集聚，是现代经济增长的一个典型事实。城乡间的要素流动、经济集聚的外部性、户籍因素等制度性的障碍以及市场分割等都会对经济活动主体的收益和成本产生影响。近年来国外有大量文献从集聚经济的视角解释地区经济增长和地区发展差异。随着中国城市化进程的加快，城市集聚水平不断提高，中国的城市集聚经济问题的研究开始出现，近年来城市经济的研究视角逐步转向集聚经济。

本部分基于集聚经济视角对城市经济增长进行研究，重点分析生产要素空间集聚带来的城市经济增长效应。然而在实际的经济活动中，影响城市经济增长的因素众多，模型不可能包括所有的变量，并且某些变量由于难以获得数据而不得不被放弃，或者只能采取相关的代理变量。农村劳动力流动是中国城市化进程中的一个最为显著特征，从城市集聚经济视角研究农村劳动力流动对城市经济增长及其差异性的影响是一条合理的途径。

因此考虑到数据的可获性、本文的研究视角及关注的重点，文章选择西科恩和霍尔（1996）理论模型，建立实证模型分析劳动力流动带来的城市经济增长效应。西科恩和霍尔的模型是利用美国州层次的数据研究美国集聚经济和人均收入间的相关性，该模型可以让我们在缺乏城市资本数据的情况下，研究人均收入和劳动力流动的相关性。

6.1.1　基本理论模型

大规模的农村劳动力流动并且在空间分布的显著集聚必然会对城市经济增长产生重大影响。这一思想可借助西科恩和霍尔（1996）的模型进行形式化的概括。

西科恩和霍尔（1996）从规模报酬递增和空间外部性入手，认为人均收入[①]取决于当地人力资本水平、人均物质资本和人口密度衡量的规模经济效应：[②]

$$\frac{Q}{N} = \Omega^\lambda \left(H^\beta \left(\frac{K}{N} \right)^{1-\beta} \right)^{\alpha\lambda} \left(\frac{N}{A} \right)^{\alpha\lambda-1} \tag{6-1}$$

其中，Q/N 为人均收入，H 为人均人力资本，K/N 为人均物质资本，N/A 为人口密度，即单位面积上的人口数，Ω 为全要素生产率。

考虑到物质资本数据的可得性，西科恩和霍尔的另一个贡献在于，可以在不考虑物质资本的前提下，研究人均收入的差异（根据生产函数和经济增长理论，考察人均 GDP 的差异，必须控制人均资本存量，然而我们很难得到一个城市市辖区物质资本存量）。其处理方法为：假定在一定区域内，物质资本可以自由流动，因此在完全竞争的物质资本市场上，物质资本价格等于其边际产出 r。根据 CD 生产函数，得出式（6-2）中的物质资本的表达式：

$$K = \frac{\alpha(1+\beta)}{r} Q \tag{6-2}$$

将式（6-2）代入式（6-1）可得：

$$\frac{Q}{N} = \Lambda \Omega^w H \left(\frac{N}{A} H \right)^\theta \tag{6-3}$$

---

① 经济增长的代理变量在实证分析中具有重要意义，关系到经济增长是否得到准确、客观、充分的反映。一般而言，除了居民收入以外，人均 GDP 是最常用的指标之一，且大多数的研究者认为人均 GDP 指标是最适合代表区域经济发展水平的。王小鲁等（2004）认为两个地区的经济差距主要表现为两个地区的人均产出的差距。

② 具体推演过程见西科恩（1996）论文的第 215～216 页。

其中 $\Lambda = \left(\dfrac{\alpha(1-\beta)}{r}\right)^{\alpha\lambda(1-\beta)/1-\alpha\lambda(1-\beta)}$，$w = \dfrac{\lambda}{1-\alpha\lambda(1-\beta)}$。

该模型最大的贡献在于在缺乏城市物质资本存量的前提下，可以研究城市人均收入的影响因素。为了更好地从单个城市角度研究农村劳动力流动和收入差距的关系，本部分从城市功能区定义出发，选择地级及以上城市市辖区作为研究对象，难以找到市辖区范围的物质资本存量，而该模型为研究城市的人均收入问题提供了研究依据。

6.1.2　模型的拓展

为了研究农村劳动力流动对城市人均收入的影响，本书将城市市辖区的常住人口 N 分为两部分：城镇居民 pop_1 和农村劳动力流动人口 rural，$m = rural/pop_1$ 定义为农村劳动力流动率，这样一来，城镇居民在总人口所占比例为：$1/(1+m)$；而农村劳动力所占比例为：$m/(1+m)$。H_1、H_m 分别为城镇居民和农村劳动力的人均人力资本，$\psi = H_m/H_1$，为人力资本水平的比率。

这样一来：

$$N = pop_1 + rural = pop_1 \cdot \left(1 + \frac{rural}{pop_1}\right) = pop_1 \cdot (1+m) \quad (6-4)$$

$$H = \frac{1}{1+m}H_1 + \frac{m}{1+m}H_m = \frac{1}{1+m}H_1 + \frac{m}{1+m}\psi H_1 = \left(\frac{1+\psi m}{1+m}\right)H_1 \quad (6-5)$$

将式（6-4）、式（6-5）代入式（6-3），得到：

$$\frac{Q}{N} = \Lambda\Omega^w H\left(\frac{NH}{A}\right)^\theta = \Lambda\Omega^w H^{\theta+1}\left(\frac{N}{A}\right)^\theta = \Lambda\Omega^w \left(\frac{1+\psi m}{1+m} \cdot H_1\right)^{\theta+1}\left((1+m) \cdot \frac{pop_1}{A}\right)^\theta$$

$$= \Lambda\Omega^w \left(\frac{1+\psi m}{1+m} \cdot H_1\right)^{\theta+1}(1+m)^\theta\left(\frac{pop_1}{A}\right)^\theta = \Lambda\Omega^w \left(\frac{1+\psi m}{1+m}\right)^{\theta+1}$$

$$(H_1)^{\theta+1}(1+m)^\theta\left(\frac{pop_1}{A}\right)^\theta \quad (6-6)$$

其中，H_1 为城镇居民的人均人力资本，pop_1/A 为城镇居民的人口密度。$\psi = H_m/H_1$，为农村劳动力与城镇居民的人均人力资本的比率，m 为农村劳动力流动率。

结合城市集聚经济理论和式（6-6）可以认为，作为城市经济要素空间集聚的重要特征之一，农村劳动力流动到城市，会通过 $1+m$、$(1+\psi m)/(1+m)$ 影响城市人均 GDP。农村劳动力向城市流动依然是中国城市化进程的基本表现形式（史晋川、战明华，2006），城市化是中国经济增长的根本动力，核心是劳动力与企业的流动和集聚。因此，有必要验证农村劳动力流动在多大程度上促进中国经济增长以及是否通过城市集聚经济对城市经济增长产生影响。

6.2 描述性分析

根据前文所述，全国 286 个省级、副省级和地级城市（拉萨除外）中，四川、辽宁、湖南 3 个省份的 45 个城市的市辖区常住人口规模数据缺失，所以人均 GDP 共有 241 个样本数据；由于四川、辽宁、湖南、河北、内蒙古、黑龙江、河南、广西、贵州、新疆 10 个省份的 114 个城市的市辖区农村劳动力数据缺失，所以最终有效样本数量为 20 个省份的 172 个地级及以上城市。在第 4 章中，利用核密度检验等证实了 172 个子样本城市具有一定的代表性。接下来主要分析 172 个子样本城市的人均 GDP。

6.2.1 基于省级层面的描述性分析

来自全国 172 个城市的数据显示，2010 年 172 个城市人均 GDP 均值为 4.314 万元/人。从表 6 - 1 中各省市人均 GDP 来看，京津沪 3 个直辖市的人均 GDP 突破 7 万元。它们之间的差距非常小，但是和第 4 名江苏的差距较大。广东、江苏、浙江、山东、福建 5 个东部沿海省份和东北地区吉林的人均 GDP 均超过全国均值。其余中西部省份的人均 GDP 均低于全国均值 4.314 万元/人。

表 6 - 1 　　　　城市人均 GDP 的描述性分析：基于省级层面

省份	城市数量	人均 GDP（万元/人）	与全国人均GDP 的比值	省份	城市数量	人均 GDP（万元/人）	与全国人均GDP 的比值
北京	1	7.385	1.712	湖北	12	3.780	0.876
天津	1	7.719	1.789	山西	11	3.510	0.814
上海	1	7.605	1.763	重庆	1	3.728	0.864
广东	21	4.817	1.117	青海	1	3.675	0.852

续表

省份	城市数量	人均GDP（万元/人）	与全国人均GDP的比值	省份	城市数量	人均GDP（万元/人）	与全国人均GDP的比值
江苏	13	6.173	1.431	云南	8	3.148	0.73
浙江	11	5.143	1.192	陕西	10	2.791	0.647
山东	17	5.681	1.317	安徽	17	3.556	0.824
福建	9	4.936	1.144	海南	2	3.138	0.727
吉林	8	4.490	1.041	宁夏	5	2.638	0.611
江西	11	3.983	0.923	甘肃	12	3.011	0.698
				全国均值		4.314	1

6.2.2 基于城市层面的描述性分析

表6-2从城市层面汇总了人均GDP的特征，分别从城市层级、城市所处地区、是否为资源性城市、城市常住人口规模四个分类标准，对172个样本城市进行分类城市人均GDP分析。

表6-2　　　城市人均GDP的描述性分析：基于城市层面

分类	城市类别	样本城市数量（个）	人均GDP（万元/人）	与全国人均GDP比值
按照城市层级分类	地级以上城市	15	6.878	1.594
	其中：省级城市	4	6.610	1.532
	副省级城市	11	6.976	1.617
	地级市	157	4.069	0.943
按照城市所处地区分类	东部地区	74	5.428	1.258
	中部地区	51	3.691	0.856
	西部地区	39	2.977	0.690
	东北地区	8	4.490	1.041

续表

分类	城市类别	样本城市数量（个）	人均 GDP（万元/人）	与全国人均GDP 比值
按照是否资源型城市分类	一般性城市	106	4.567	1.059
	资源性城市	66	3.906	0.905
按照城市人口总规模分类	城市人口规模 >500 万人	13	6.360	1.474
	其中：人口规模 >1000 万人	6	7.435	1.723
	人口规模 1000 万人~500 万人	7	5.439	1.261
	城市人口规模介于 100 万人~500 万人	68	4.773	1.106
	城市人口规模 <100 万人	91	3.678	0.853
全国均值			4.314	1.000

从单个城市来看，172 个城市中，人均 GDP 最低值是定西市，为 0.774 万元/人，而东营市的人均 GDP 高达 15.2985 万元/人（该城市属于资源性城市），远远高出第二位铜陵的 9.752 万元/人。人均 GDP 和城市层级、地区和人口规模存在相关性。包括省级、副省级城市在内的 15 个城市的人均 GDP 均值为 6.878 万元/人（高于全国平均水平），比其他 157 个城市的人均 GDP 高出 2.809 万元/人。东部地区的人均 GDP 为 5.428 万元/人，高于中西部地区和东北地区。相比较于一般城市，资源型城市的人均 GDP 为 3.906 万元/人，而一般城市则为 4.567 万元/人。城市规模和人均 GDP 也存在一定的相关性。城市人口规模超过 500 万以上的 13 个城市的人均 GDP 为 6.360 万元/人；介于 100 万和 500 万之间的 68 个城市的人均 GDP 为 4.773 万元/人；常住人口规模低于 100 万的 91 个城市的人均 GDP 为 3.678 万元/人。而对于北京、上海、重庆、天津、广州、深圳等城市人口规模超过 1000 万的大城市而言，人均 GDP 取值为 7.435 万元/人，远远高于其他地区。根据表 6 - 2 的最后一列所示，和全国人均 GDP 比较，省级、副省级城市、东部地区、东北地区、一般城市、人口规模超过 100 万的城市人均 GDP 均高于全国均值。

总之，利用市辖区 GDP 总量和市辖区的常住人口规模计算的人均 GDP 差距很大，最高值是最低值 19.78 倍，而且和城市行政层级、地理区位、城市类型等密切相关。

6.3 实证模型、变量和数据

6.3.1 实证模型

要获得农村劳动力流动对城市经济增长的量化研究结论，需要估计出模型（6-6）中的各个参数。为此，对式（6-6）两边取对数，构建对数线性计量经济学模型：

$$\ln\left(\frac{Q_i}{N_i}\right) = \beta_0 + \beta_1 \cdot \ln(H_{li}) + \beta_2 \cdot \ln\left(\frac{N_{li}}{A_i}\right) + \beta_3 \cdot \ln\left(\frac{1 + \psi_i m_i}{1 + m_i}\right)$$
$$+ \beta_4 \cdot \ln(1 + m_i) + \mu_i \qquad (6-7)$$

为了对模型（6-7）进行估计，本书利用 2010 年人口普查数据获得了城市的市辖区人口总规模 pop、农村劳动力规模 rural、按照受教育水平汇总的常住人口规模和农村劳动力规模，并计算出城镇居民规模 pop_1（$pop_1 = pop - rural$）、m、ψ、H_1 的数值。市辖区面积 A 和 GDP 来自《中国城市统计年鉴 2011》。

回归模型（6-7）是本部分的基础模型，但这一模型明显的缺陷在于它不能够控制中国改革开放以来其他转型特征对城市经济增长的影响。为了增加回归结果的可靠性，我们在回归模型（6-7）的基础上控制了其他一系列可能影响城市经济增长的城市特征：产业结构、非公有制经济就业人员比重、政府财政支出规模、距离重要港口的最近距离、地区虚拟变量、资源型城市、城市层级等虚拟变量，由此得到一个拓展的回归模型：

$$\ln\left(\frac{Q_i}{N_i}\right) = \beta_0 + \beta_1 \cdot \ln(H_{li}) + \beta_2 \cdot \ln\left(\frac{N_{li}}{A_i}\right) + \beta_3 \cdot \ln\left(\frac{1 + \psi_i m_i}{1 + m_i}\right)$$
$$+ \beta_4 \cdot \ln(1 + m_i) + B \cdot X_i + \mu_i \qquad (6-8)$$

模型（6-8）中，X 为控制变量，包括政府财政支出规模、产业结构、非公有制部分就业人员比重、距离重要港口的最近距离、地区虚拟变量、资源型城市、城市层级等虚拟变量。

6.3.2　变量

1. 被解释变量

被解释变量人均 GDP。正如前文所讲，除了居民收入以外，人均 GDP 是最常用的指标之一，且大多数的研究者认为人均 GDP 指标是最适合代表区域经济发展水平的。因此选择人均 GDP 作为城市经济发展水平的代理指标。从表 6 - 1、表 6 - 2 可知，全国人均 GDP 均值为 4.314 万元/人，人均 GDP 和城市层级、地区和人口规模存在相关性，省级城市、副省级城市、东部地区、东北地区、一般城市、人口规模超过 100 万的城市人均 GDP 较高，均高于全国人均 GDP。

2. 核心解释变量

农村劳动力流动率（m_i）：根据前文可知，为了研究农村劳动力流动对城市收入差距的影响，本书将第 i 城市市辖区的常住人口 N_i 分为两部分：城镇居民 POP_{li} 和农村劳动力 $rural_i$，农村劳动力流动率 $m_i = rural_i / pop_{li}$。

从表 6 - 3 可知，从全国地级及以上城市统计，农村劳动力流动率均值为 0.207，这意味着农村劳动力规模为城镇居民规模的 20.7%，约占城市总人口规模的 1/6。然而存在结构性差异，省级城市和副省级城市的比率为 0.405，超过其他城市的 0.188，东部地区城市中农村劳动力规模为城镇居民人口规模的 0.313。并且城市规模越大，农村劳动力规模比重越高，在人口规模超过 500 万城市中，农村劳动力流动率均值为 0.545，而人口规模超过 1000 万的 6 个城市（北京、上海、天津、重庆、广州、深圳）中，农村劳动力规模为城镇居民规模的 0.535，人口规模介于 1000 万和 500 万之间的 7 个城市中，农村劳动力规模是城镇居民规模的 0.553。

表 6-3 农村劳动力流动率：分城市类别

分类	城市类别	样本城市数量（个）	农村劳动力流动率 m_i	人力资本水平：$(1+\psi m)/(1+m)$
按照城市层级分类	地级以上城市	15	0.405	0.972
	其中：省级城市	4	0.268	0.973
	副省级城市	11	0.455	0.972
	地级市	157	0.188	1.000
按照城市所处地区分类	东部地区	74	0.313	0.995
	中部地区	51	0.123	1.000
	西部地区	39	0.146	0.999
	东北地区	8	0.070	0.996
按照是否为资源型城市分类	一般性城市	106	0.254	0.995
	资源性城市	66	0.132	1.000
按照城市人口总规模分类	城市人口规模 >500 万人	13	0.545	0.972
	其中：人口规模 >1000 万人	6	0.535	0.953
	人口规模 500 万人~1000 万人	7	0.553	0.988
	城市人口规模 100 万人~500 万人	68	0.211	0.997
	城市人口规模 <100 万人	91	0.156	1.001
全国均值			0.207	0.997

较高的农村劳动力流动率（m）意味着更多的农村劳动力从农村转移到城市，农村劳动力规模在城市常住人口中所占比例提升，城市规模增加，进而提高本地市场经济规模和学习效应。因此伴随着农村劳动力流动，迁入地市场需求和学习效应增加，更多的厂商集聚在迁入地，在循环累积过程中，促进城市经济发展和城市人均收入增加，可以预期回归系数大于零。

3. 人力资本水平 [(1+ψm)/(1+m)]

人力资本水平是要素禀赋理论中考察经济活动集聚的重要因素。现有文献大多数认为具有素质差异性的流动人口将会扩大中国经济增长的差距（段平忠，2013），劳动力的异质性主要来自人力资本水平的差异。然而人力资本水平很难进行准确的计量，正规教育和培训是人力资本积累的主要途径，受教育年限的高低能反映人力资本水平的高低，因此很多文献使用教育年限方法来衡量人力资本水平。2010 年人口普查资料中有各省（区、市）根据受教育程度分类的 6 岁以上人口规模数据以及农村劳动力分教育水平的数据，因此，本书利用教育年限的方法来衡量农村劳动力、城镇居民以及总人口的人力资本水平，具体计算公式如下：

$$H_j = \sum i * \frac{pop_i}{pop_j} \text{①} \qquad (6-9)$$

其中，H_j 代表第 j 个城市的人均受教育水平，i 表示受教育程度，取值分别为 1、6、9、12、15、16、19，表示受教育程度分别为：文盲、小学、初中、高中（中专）、大专、本科、研究生。pop_j 代表第 j 个城市中 6 岁以上的总人口规模。pop_{ij} 代表第 j 个城市中受教育程度 i 的人口规模。

从式（6-5）的推导过程可以看出城市人力资本水平 $H_j = H_{lj} * [(1+\psi m)/(1+m)]$，$H_j$ 由两部分组成：城镇居民的人力资本水平 H_{lj} 和 $(1+\psi m)/(1+m)$。

从表 6-3 可知，从全国地级及以上城市统计，人力资本水平全国均值为 0.997，这意味着从总体上看，农村劳动力流动最终还是降低了城市总体人力资本水平。同样存在结构性差异，省级城市和副省级城市中的人力资本水平均值为 0.972，低于其他城市的 1.000，东部地区城市的人力资本水平为 0.995。并且城市规模越大，人力资本水平取值越低，在人口规模超过 500 万的城市中，人力资本水平均值为 0.972，而人口规模超过 1000 万的 6 个城市（北京、上海、天津、重庆、广州、深圳）中，人力资本水平的 0.952。

农村劳动力对城市人力资本水平的影响比较复杂，取决于 ψ 和 m。如果 $\psi > 1$，则农村劳动力向城市流动会提高城市总人力资本水平；在 ψ 确定的情况下，m 值升高，则会带来城市总人力资本水平较大幅度的提高；在 m 相同的情况下，ψ 越高，城市总人力资本水平提高幅度越高。反之则情况相反，如果 $\psi < 1$，则农村劳动力向城市流动会降低城市总人力资本水平；在 ψ 确定的情况下，m 值升高，则会带来城市总人力资本水平较大

---

① 不过值得注意的是，由于长期以来中国的教育投资偏好城市，即使两种劳动力接受相同年限的教育，城镇居民的人力资本水平也要高于农村劳动力，而长期二元经济结构带来的非完全竞争更增加了二者的差别，导致了农村劳动力和城镇居民之间的替代率很低。因此用平均受教育年限来衡量人力资本水平高估了二者之间的替代率，本书在此不做深入分析。

幅度的降低；在 m 相同的情况下，ψ 越低，城市总人力资本水平降低的幅度越大。因此，农村劳动力流动随之带来的人力资本对于城市经济增长的影响存在不确定性，有待于进一步的实证验证。

4. 控制变量

控制变量包括人均地方政府预算内财政支出（per_fiscal），城市二三产业就业人口规模比值（ind_st），非公有制经济就业人员比例（nsoe），与沿海主要规模以上港口的最近距离①（toseaboard），虚拟变量分别用 citylevel，zycity，region 等表示，数据来源于《中国城市统计年鉴 2011》。

人均地方政府预算内财政支出（per_fiscal）：财政支出通过改变城市的资本投入规模和资本要素配置影响经济发展的速度和效率，政府部门通过在公共服务和公共管理领域的支出总量和配比影响劳动力的质量和流动，进而影响经济发展和经济发展差距。关于财政支出影响经济发展水平的研究存在争议，一些学者认为政府部门的财政支出有利于经济增长，但是也有一些学者认为政府财政支出的低效率损失了社会总福利，不利于经济增长。因此，有必要引入人均地方政府财政支出来控制财政支出对经济增长的影响，用地方政府市辖区财政支出总量和常住人口规模的比值表示。

非公有制经济就业人员比例（nsoe）：引入该变量的原因是所有制结构的变化可能会通过促进城市非农经济的发展影响经济发展水平。用城镇私营和个体从业人员规模占城市市辖区从业人员总规模（包括单位从业人员、城镇私营和个体从业人员以及年末城镇登记失业人员三部分构成）比例表示。

城市二三产业就业人口比值（ind_st）：用市辖区第二产业和第三产业就业人口比值表示，比重的高低决定了城市内二三产业的发展差距。该变量取值越高，说明该城市的第二产业的比重相对较高。

城市地理位置变量（toseaboard）：新经济地理学强调物质地理特征（第一地理特征）对区域经济发展的重要性，因此用与沿海主要规模以上港口的最近距离来表示城市的先天空间特征。

此外还有资源型城市变量 zycity、城市层次等级 citylevel、地区 region 等虚拟变量。

---

① 根据《中国统计年鉴》，全国沿海主要规模以上港口码头主要包括：大连、营口、秦皇岛、天津、烟台、青岛、日照、上海、连云港、宁波－舟山、汕头、广州、湛江、海口、八所。

6.3.3　数　据

表 6 - 4 汇总了模型中变量的基本情况。

表 6 - 4　　　　　　　　　变量的描述性统计分析

变量	变量解释	样本（个）	均值	标准差	最小值	最大值
Y	人均 GDP（万元/人）	172	4.314	2.291	0.773	15.30
H_l	本地人口的人均受教育年限（年）	172	9.505	0.959	6.625	12.329
$(1+\psi m)/(1+m)$	本地人口和常住人口人力资本水平比例	172	0.997	0.018	0.870	1.033
$1+m$	$m=M/N_1=$ 农村劳动力规模/本地人口规模	172	1.207	0.251	1.012	3.235
N_1/A	本地人口密度	172	837	704	48	3963
toseaboard	与沿海主要规模以上港口的最近距离	172	459.9	386.5	17.33	1628
ind_st	城市二三产业就业人口规模比值	172	1.066	0.705	0.0521	3.882
per_fiscal	人均地方政府预算内财政支出	172	5532	2636	1204	14450
nsoe	非公有制经济就业人员比例	168	0.442	0.143	0.100	0.929
zycity	zycity = 1，表示资源型城市，zycity = 0，表示非资源型城市					
citylevel	citylevel = 1，表示省级城市，citylevel = 2，表示副省级城市，citylevel = 3，表示地级市					
region	region = 1，表示东部地区，region = 2，表示中部地区，region = 3，表示西部地区，region = 4，表示东北地区					

6.4 农村劳动力流动对城市经济增长的影响：不考虑户籍制度

6.4.1 工具变量的选择

在模型中，变量 $\ln(1+m)$ 具有内生性，这是因为，经济集聚水平在一定程度上决定着农村劳动力流动的空间分布，较高的人均收入预期形成强有力的吸引力，因此较高的人均收入预期引致了较高的农村劳动力流动率，而伴随着农村劳动力越来越多地转移到城市经济中，随之而来的是人力资本积累和当地市场潜能水平的增加，从而促进了迁入地的经济增长，进而吸引更多的农村劳动力流动。忽略这种双向因果关系产生的内生性将会导致估计产生偏差。另外农村劳动力流动促进城市经济增长的机制复杂，建模过程中不可避免存在遗漏变量。为了避免双向因果关系和遗漏变量等可能造成内生性的原因，本书需要引入工具变量 IV 来检验是否存在内生性。工具变量 IV 的选择，从理论上讲要与所替代变量（农村劳动力流动率 m）相关，而与误差项不相关。第二个条件，"我们无法对它进行验证或者即使是验证，也需要求助于经济行为或者内心感受来维持这一假定"（Wooldridge，2006）。在西科恩和霍尔（1996），西科恩（Ciccone，2002），范建勇（2006），余吉祥、沈坤荣（2013）等的研究中，都采用了土地面积作为工具变量。结合城市功能区的概念，本书采取的第 1 个工具变量为"市辖区土地面积"。本书采取的第 2 个工具变量是"2000 年市辖区农村劳动力流动比例"，相比较于 2010 年，2000 年农村劳动力进入城市更多的是个体行为，经济因素是最主要的原因，而到了 2010 年，家庭流动的比重增加，流动影响因素中，教育投资、公共基础设施等方面的考虑逐步增加，而这些因素则主要在遗漏变量中，在 2000 年发生作用小。因此，虽然考虑 2000 年农村劳动力流动比例的时间比较短，但是也可以满足工具变量选择的要求。

6.4.2 稳健性检验

本书的结论有可能对样本城市的类型和城市规模具有较高的敏感性，

如直辖市、省会城市与其他城市相互比较，在经济区位、产业基础、对外开放程度、政策等方面具有明显的优势，极大可能出现异常值。而且城市人口规模和农村劳动力流动二者之间存在密切的循环累计因果关系，一方面农村劳动力大量进入城市，增加了城市的规模；另一方面城市规模增加，又进一步增加了就业机会，吸引着人员进一步增加。

为了进一步验证本书的模型和结论，我们从两个方面利用工具变量进行稳健性检验，验证其与全国样本的 IV 回归结果是否存在有显著的差别：（1）非直辖市、非省会城市，（2）人口规模小于 1000 万。表 6-5 中最后两列汇报了稳健性检验的结果，利用工具变量进行的两个稳健性检验均通过了弱工具变量检验和 Sargan 检验，表明我们的结论是稳健的。

表 6-5　农村劳动力流动与城市经济增长：回归结果和稳健性检验

变量	模型（6-7）		模型（6-8）		稳健性检验	
	OLS	IV	OLS	IV	IV（1）	IV（2）
ln（1 + 农村劳动力流动比率）	0.664 ** (0.283)	2.898 *** (0.905)	0.613 ** (0.236)	1.769 *** (0.670)	1.756 ** (0.687)	1.939 *** (0.713)
ln（常住人口人力资本水平/本地人口人力资本水平）	4.851 * (2.654)	18.25 *** (5.990)	6.791 *** (2.151)	13.22 *** (4.204)	13.81 *** (4.544)	15.56 *** (4.885)
ln（本地人口受教育水平）	3.742 *** (0.414)	4.105 *** (0.564)	2.746 *** (0.360)	2.820 *** (0.433)	2.700 *** (0.490)	2.893 *** (0.466)
ln（本地人口密度）	−0.0119 (0.0425)	−0.0261 (0.0530)	−0.0408 (0.0358)	−0.0428 (0.0410)	−0.0535 (0.0467)	−0.0430 (0.0428)
ln（与沿海规模以上港口最近距离）			−0.00921 (0.0388)	0.0308 (0.0438)	0.0218 (0.0542)	0.0469 (0.0472)
ln（城市二三产业就业人口规模比值）			0.264 *** (0.0363)	0.214 *** (0.0452)	0.228 *** (0.0493)	0.226 *** (0.0482)
ln（人均地方政府预算内财政支出）			0.343 *** (0.0563)	0.399 *** (0.0644)	0.424 *** (0.0719)	0.403 *** (0.0666)
ln（非公有制经济就业人员比例）			0.162 ** (0.0712)	0.167 *** (0.0834)	0.182 ** (0.0909)	0.179 ** (0.0868)

续表

变量	模型（6－7）		模型（6－8）		稳健性检验	
	OLS	IV	OLS	IV	IV（1）	IV（2）
资源型城市虚拟变量	0.123 * （0.0655）	0.220 *** （0.0853）	0.0580 （0.0536）	0.115 * （0.0631）	0.117 * （0.0664）	0.112 * （0.0651）
副省级城市虚拟变量	－ 0.0975 （0.220）	－ 0.337 （0.268）	－ 0.0562 （0.177）	－ 0.150 （0.194）		0.0110 （0.119）
一般地级城市虚拟变量	－ 0.0839 （0.200）	－ 0.342 （0.246）	－ 0.108 （0.163）	－ 0.199 （0.178）		
中部地区虚拟变量	－ 0.408 *** （0.0768）	－ 0.191 （0.118）	－ 0.216 *** （0.0766）	－ 0.162 * （0.0870）	－ 0.150 （0.0984）	－ 0.153 * （0.0911）
西部地区虚拟变量	－ 0.491 *** （0.0909）	－ 0.194 （0.138）	－ 0.170 * （0.101）	－ 0.0741 （0.110）	－ 0.0198 （0.134）	－ 0.0566 （0.117）
东北地区虚拟变量	－ 0.287 * （0.153）	0.0415 （0.219）	－ 0.174 （0.127）	－ 0.0634 （0.150）	－ 0.0540 （0.166）	－ 0.0357 （0.158）
常数项	－ 6.840 *** （0.919）	－ 7.817 *** （1.316）	－ 7.176 *** （0.872）	－ 8.172 *** （1.134）	－ 8.201 *** （1.265）	－ 8.676 *** （1.218）
Observations	172	156	168	152	132	146
R^2	0.608	0.322	0.762	0.653	0.643	0.620
F statistic	24.98	11.71	34.94	19.82	19.32	18.36
Cragg – Donald Wald F statistic		10.749		10.751	10.145	9.845
Chi – sq（1）P – val		0.9452		0.1034	0.1718	0.1158

注：括号内为标准差；*** $p < 0.01$，** $p < 0.05$，* $p < 0.1$。

6.4.3　实证结果分析

表 6 - 5 汇报了 OLS、IV 回归结果以及利用 IV 进行的稳健性检验的结果。IV 估计结果显示，弱工具变量检验和萨甘（Sargan）检验均通过，这表明我们选择的工具变量是有效的。因此我们接受 IV 回归结果。接下来，

我们主要对模型（6-8）的 IV 回归结果进行分析。

1. 农村劳动力空间集聚对城市经济增长的促进效应

根据表 6-5 中模型（6-8）的 IV 回归结果，在加入更多控制变量的基础上，变量 $\ln(1+m)$ 的回归系数 1.769，并在 1% 水平显著，这表明，农村劳动力向城市流动，促进了城市经济增长。这是因为，首先从市场需求层面来看，伴随着劳动力从第一部门转移到第二部门，劳动力所具有的消费潜力也会随之流动，增加迁入地市场潜能。塔布基（Tabuchi et al.，2000）发现，伴随着农村劳动力大量进入城市，生活必需品的自给率下降，对市场依赖性增强。这是因为城市居民生活所需要的一切都需要购买，而农村居民生活所需要的必需品不需要购买，因此农村劳动力的真实工资水平较低，城市消费可能性较高，这使得农村劳动力的边际消费倾向增加，并且农村人口向城市流动与消费之间存在累积循环效应。在城市消费需求增加和地区间存在运输成本的情况下，企业选址趋于在靠近市场潜能的地方集中，较多的企业集中会使价值链完善，降低中间产品的贸易成本；劳动力的集聚能够降低企业用工的搜寻和培训成本，进一步集聚经济活动。早在 1976 年，布托（Button）就发现当城市人口规模增加时，促使该城市更大程度上的自给自足，从而增加了当地市场潜能。奥塔维亚诺和蒂斯（Ottaviano and Thisse，2004）在两地区经济中，论证了需求较大的区域能够吸引更多不完全竞争行业的企业进行投资，最终使企业集中到较大的区域。因此，伴随着农村劳动力流动及经济活动集聚，带来厂商的进一步集聚，当地生产的产品种类越多，消费者面临的价格指数越低，进一步吸引更多的农村劳动力集聚。在这样的累积循环过程中，促进了当地人均收入的增加。

另外，农村劳动力流动会促进当地的劳动力市场规模增加，通过劳动力市场共享效应、知识溢出等提高经济运行的效率。大量专业化的劳动力和厂商在空间上的集聚能够有效满足劳动力供求双方的需要，改善工人技能和岗位需求间的匹配程度，带来生产率的提升，并且地理上的邻近性使得不同技能的劳动力获得交流沟通的便利性而产生了行业经济集聚的外部性（通常又称为马歇尔外部性）以及城市产业多样化的外部性（通常又称为雅各布斯外部性），此为城市经济增长的根本原因（Mashall，1890；Jacobs，1969；Lucas，1988）。

2. 人力资本水平与城市经济增长

本地人口受教育水平的回归系数为2.820，在1%统计水平上显著为正，这表明，本地人口受教育水平每提高1%，城市人均收入会增加2.82%。因此通过教育、培训等途径提升人力资本水平，可以实现经济的可持续增长。

$\ln((1+\psi m)/(1+m))$ 的回归系数为13.22，并在1%统计水平上显著。这意味着，由于农村劳动力的进入，如果提高了城市人力资本水平1%，人均GDP会增加13.22%。然而农村劳动力携带的人力资本水平对经济的影响具有复杂性。受教育程度高的人群通常具有较强的流动动机，随着收入水平的提高和流动人口规模的增加，流动人口的平均人力资本水平会缓慢下降。如果流动人口带来的更高的人力资本，那么有助于本地人均收入的增长。反之，由于大规模流动人口的进入，尤其是低人力资本的流动人口更多地进入本地第二产业和第三产业，会降低当地平均人力资本水平，当地人均收入会下降。因此，农村劳动力流动携带的人力资本水平对本地人均GDP的影响比较复杂。由于 $(1+\psi m)/(1+m)=H/H_1$，当ψ大于1时，农村劳动力带来的高质量人力资本水平显著促进本地人均收入；当ψ小于1时，农村劳动力流动反而会显著降低城市人均收入水平。

3. 其他控制变量

人均地方政府预算内财政支出、城市二三产业就业人口规模比值、非公有制经济就业人员的比例等显著促进了当地人均收入的增长，相比较于其他城市，资源型城市会获得较高的人均收入水平。本地人口密度的回归系数是负值，但是不具有统计意义。

6.5 户籍制度制约下的劳动力空间集聚与城市经济增长

基于前文的研究，我们发现农村劳动力流动是影响城市经济增长的重要因素。但是以上分析将农村劳动力和城镇居民等同看待，并没有考虑户籍因素。然而正如前文研究假说所述，户籍制度导致的"城市过客"身份使农村劳动力对集聚经济的评价不同于城镇居民，因此需要考虑户籍因素和集聚经济交叉作用的影响。

从金融外部性来看，将来回流到农村的预期使农村劳动力的消费能力更多地回流到农村，缓解了农村的信贷约束，提高了农村家庭的消费能力和投资能力，同时削弱了城市市场需求，因此户籍制度制约导致的"候鸟式流动"，削弱了金融外部性带来的集聚效应。从技术外部性来看，农村劳动力城市化本身就是人力资本投资，虽然农村劳动力自身人力资本水平会低于城镇居民，但是他们在进入城市劳动力市场后能够和更多优秀人才交流、互动，在工作中提升能力。户籍身份的制约使农村劳动力就业岗位和工作性质大多不同于城镇居民，可能削弱技术外部性的影响，但是激励效应始终存在。

6.5.1　实证模型

为了证实结论的正确性，我们借鉴陆铭、陈钊（2004），张义博、刘文忻（2012），蔡武、吴国兵、朱荃（2013）等的研究，在模型（6 − 8）的基础上，引入农村劳动力流动率和城市集聚经济的交叉项，来研究农村劳动力流动、城市集聚经济与城市经济增长的关系：

$$
\begin{aligned}
\ln\left(\frac{Q}{N_i}\right) = {} & \beta_0 + \beta_1 \cdot \ln(1 + m_i) + \beta_2 \cdot \ln(1 + m_i) * \ln(mp_i) \\
& + \beta_3 \cdot \ln(1 + m_i) * \ln(pop_i) + \beta_4 \cdot \ln(mp_i) \\
& + \beta_5 \cdot \ln(pop_i) + \beta_6 \cdot \ln(H_{li}) + \beta_7 \cdot \ln\left(\frac{1 + \psi_i m_i}{1 + m_i}\right) \\
& + B \cdot X_i + \mu_i
\end{aligned}
\tag{6-10}
$$

其中，下标 i 代表全国地级及以上城市。由于本部分不仅关注农村劳动力流动对城市经济增长的影响，还要重点关注影响农村劳动力流动通过集聚经济影响经济发展的两个机制：技术外部性和金融外部性，因此在模型中引入两个交叉项：$\ln(1 + m) * \ln(pop)$，$\ln(1 + m) * \ln(mp)$。[①] X 代表其他控制变量，包括政府财政支出规模、产业结构、非公有制经济就业人员比重、距离重要港口的最近距离、地区虚拟变量、资源型城市、城市等级等虚拟变量。

农村劳动力流动率和金融外部性的交叉项 $\ln(1 + m) * \ln(mp)$：$\ln(mp)$越高，说明城市的潜在市场需求越高，较高的市场需求可以引导企

---

① 文中 3.1.4.2 和 3.1.4.3 具体说明金融外部性和技术外部性代理指标的选择依据。

业在中心城市选址，从而降低市场交易成本，促进价值链上企业集聚，实现投入品的共享，实现规模经营，获得经济集聚的规模经济效应。企业集聚会内生出较多的就业机会，因此不仅仅城镇居民可以获得就业机会，大量的农村劳动力也获得了更多的就业机会，不过值得注意的是，由于户籍身份的限制，农村劳动力在城市劳动力市场可能遭遇"进入歧视"，一些事业单位、国有企业等进入门槛过高，更多的农村劳动力集中在私营经济和个体经济中就业。而且虽然大城市有能力也可以支付更高的工资水平，"同工不同酬"的现象仍普遍存在。金融外部性影响机制的作用有待于实证结果的检验。如果交叉项 $\ln(1+m)*\ln(mp)$ 的回归符号显著为正，说明农村劳动力流动通过金融外部性，促进了城市经济增长；如果交叉项 $\ln(1+m)*\ln(mp)$ 的估计符号不显著，说明金融外部性这一机制还需要进一步检验；如果交叉项 $\ln(1+m)*\ln(mp)$ 的估计符号显著为负，说明农村劳动力从农村流动到城市，通过金融外部性降低了城市经济增长。

农村劳动力流动率和技术外部性的交叉项 $\ln(1+m)*\ln(pop)$：$\ln(pop)$ 越高，说明城市人口规模越高，由于劳动力共享、交流带来技术外部性越强，在这样的环境中，通过相互学习获得的知识溢出提高劳动生产率，促进经济增长。而作为一种人力资本投资的农村劳动力流动，通过向城市集聚，可以获得这种正的外部性，从而提高生产能力，提高城市的经济发展水平。如果交叉项 $\ln(1+m)*\ln(pop)$ 估计符号显著为正，则说明农村劳动力向城市流动获得了城市集聚的技术外部性，促进了城市经济增长，从而验证了农村劳动力流动影响经济增长的技术外部性机制是存在的；如果交叉项 $\ln(1+m)*\ln(pop)$ 估计符号不显著，说明集聚经济的技术外部性机制有待于进一步验证；如果交叉项 $\ln(1+m)*\ln(pop)$ 估计符号显著为负值，说明农村劳动力流动会通过技术外部性降低城市经济增长。

6.5.2 实证结果分析

表6-6汇报了实证结果。回归结果（1）为仅仅包括农村劳动力流动率的 OLS 结果，回归结果（2）为包括农村劳动力流动率、技术外部性、金融外部性、两个交叉项：$\ln(1+m)*\ln(pop)$，$\ln(1+m)*\ln(mp)$ 的回归结果。

表6－6　　　　　　农村劳动力流动、集聚经济与城市经济增长

变量	(1)	(2)
ln（1＋m）：ln（1＋农村劳动力流动比率）	0.648 *** (0.234)	16.478 * (8.611)
ln（1＋m）*ln（mp）：ln（1＋农村劳动力流动比率）*ln（市场潜能）		－1.385 * (0.710)
ln（1＋m）*ln（pop）：ln（1＋农村劳动力流动比率）*ln（人口规模）		0.451 (0.328)
ln（市场潜能）		0.254 (0.162)
ln（人口规模）		－0.032 (0.070)
ln（本地人口人力资本水平）	2.605 *** (0.338)	2.420 *** (0.353)
ln（常住人口人力资本水平/本地人口人力资本水平）	6.668 *** (2.150)	6.688 *** (2.301)
ln（与沿海规模以上港口的最近距离）	0.001 (0.038)	0.011 (0.038)
ln（二三产业就业人口规模比例）	0.258 *** (0.036)	0.258 *** (0.037)
ln（人均地方政府预算内财政支出）	0.347 *** (0.056)	0.364 *** (0.061)
ln（非公有制经济就业人员比例）	0.156 ** (0.071)	0.133 * (0.073)
资源型城市	0.070 (0.053)	0.072 (0.053)
副省级城市	－0.061 (0.177)	0.006 (0.186)
一般地级市	－0.096 (0.163)	0.052 (0.204)

变量	(1)	(2)
中部地区	-0.224*** (0.076)	-0.236*** (0.078)
西部地区	-0.156 (0.100)	-0.128 (0.123)
东北地区	-0.159 (0.126)	-0.084 (0.147)
常数项	-7.239*** (0.871)	-10.779*** (2.392)
Observations	168	168
Adjusted R^2	0.739	0.740
F	37.459	29.008
p	0.000	0.000

注：括号内为标准差；* p < 0.10，** p < 0.05，*** p < 0.01。

1. 农村劳动力流动、金融外部性与城市经济增长

通过表 6-6 中的回归结果（2）可以看到，农村劳动力流动率和城市市场潜能的交叉效应 $\ln(1 + m) * \ln\_mp$ 是显著存在的，回归系数为 -1.385，在 10% 统计水平上显著。这意味着在城市市场潜能相同的情况下，城市劳动力市场上的农村劳动力比例升高，会降低城市劳动生产率，可能的原因是长期户籍制度制约导致的"候鸟式流动"。长期以来的户籍制度削弱了金融外部性效应。城市集聚内生出就业机会偏向了农村劳动力，大量的农村劳动力及其经济活动不断地向城市集聚，为城市提供了充足、优质、廉价的劳动力，是城市化进程的主要推动力量，城市劳动力集聚产生的本地市场效应、共享、消费经济性等引导企业选址在城市集聚地，并且通过"前向、后向关联"反馈给上下游企业，城市企业数量得以扩张，上下游企业运输成本和中间投入品价格得以降低，企业利润提高。

然而农村劳动力"城市过客"的身份影响了该项集聚效应的发挥，不彻底的城市化使农村劳动力一只脚在打工的城市，另一只脚在农村老家（蔡昉，2010）。从本地市场效应来看，农村劳动力在就业单位所有制和就

业岗位方面存在"进入障碍",大多在个体经济和私营经济提供的岗位上就业,即使在相同的岗位上,由于户籍的限制,存在"同工不同酬"现象,并且农村劳动力缺乏城市户籍以及与户籍相关联的社会保障等福利。有证据表明户籍歧视并没有趋于止步,在长期二元经济结构下,户籍制度弱化了农村劳动力城市化给城市带来的集聚效应。有研究表明,在住房投资和政府支出结构不变的条件下,如果有 1000 万(包含所负担人口)农村转移人口获得城市化户籍,将使农村居民消费减少 680 亿元,城镇居民消费增加 920 亿元,即总体消费提高 240 亿元(郭其友、吴浜源、许建伟,2013)。这意味着由于农村转移人口没有获得城市户籍,240 亿的潜在消费需求消失。

从消费经济性来看,农村劳动力在城市劳动力市场上没有获得城镇户籍,享受的社会保障、义务教育等城市公共服务也不同于城镇居民,因此消费模式不同于城镇居民:由于存在将来回流农村的预期,他们中的大部分按照农村模式消费和储蓄,为将来回乡做准备,消费能力并没有发生过多流动,甚至更多地回流到农村。由于不能享受与城镇户籍相配套的公共服务,农村劳动力的消费有很多的后顾之忧。因此农村劳动力在城市劳动力市场上就业,获得非农收入,但是消费模式却不同于城镇居民。蔡昉(2013)通过调研发现,一个单身农民工约有 62.5% 的收入用于食品、衣着、居住、交通、通信、医疗保健等无弹性消费支出,26.3% 的收入寄回农村,实质上并没有多少结余作为储蓄以备进行大宗耐用品购买的支出。

因此,由于农村转移人口未获得城市户籍,限制了城市消费能力的增加幅度,部分市场潜能代表的市场需求并没有被激发,城市农村劳动力比例越高,对经济增长的潜在削弱程度越高,不利于城市经济增长。

2. 农村劳动力流动、技术外部性与城市经济增长

农村劳动力流动率和城市人口规模的交叉效应 $[\ln(1+m)*\ln\_pop]$ 是正值,但是不显著。这表明,从理论上劳动力的空间集聚提高了劳动力集聚程度,可以近距离的学习、交流,提高了人力资本水平,知识溢出效益显著,并且越大的城市越容易获得知识溢出效应。由于大城市有更多的优秀人才,存在知识外溢,与更优秀的人同行可以使得普通劳动者受益,劳动者越有可能提高劳动生产率(宁光杰,2014)。格莱泽(2001)、格莱泽和马雷(2001)强调大城市加速了人力资本积累,劳动者在大城市能学到更多。路易斯托和邓肯(Luisito and Duncan,2004)通过研究 100 个

国家 30 年时间序列的经济数据，分析了城市化进程和人力资本提升之间的关系，得出城市化每上升 1 个百分点，人力资本平均相应提升 0.144 个单位，即平均受教育年限提高 0.72 年。从理论上讲，对于农村劳动力而言，要提高人力资本水平，返回学校接受正规教育是不太可能的，他们可以进入城市劳动力市场，通过和更多的优秀人才交流、互动，获得学习效应，在工作中边干边学，获得能力的提升。因此较高的城市人口集聚可以强化企业人员往来、劳动力共享和知识联系，深化分工协作，降低交易成本，提高企业经营效率。

但是农村户籍身份同样制约着农村劳动力获得技术外部性。农村劳动力没有城市户籍，在城市分割劳动力市场中、工作岗位上获得"进入"歧视，主要表现在就业单位的所有制性质和从事行业方面。一些垄断、高端行业农村劳动力难以进入，例如国家机关、事业单位等计划控制部门几乎不对农村劳动力开放；大部分农村劳动力只能获得由私营、个体经济提供的非技术性低报酬的工作。王美艳（2005）利用 CHIP2002 数据发现外来劳动力在低工资行业中就业比例大大高于城镇居民。更重要的是，户籍的代际传递性以及政府对户籍流动的控制使这一现状难以得到改善，农村劳动力实际上在进入城市劳动力市场之前就被划分到了城市的边缘（吴贾、姚先国、张俊森，2015），这在一定程度上降低了农村劳动力可能获得的技术外部性。不过，即使是在户籍身份制约下，技术外部性会被削弱或者不起作用，但是激励作用仍在，城市存在的高收入阶层以及较高的工资水平依然会激励其他人努力工作。因此农村劳动力流动会通过技术外部性机制促进城市经济增长。

6.5.3　内生性检验

经济发展水平和人口流动具有一定的循环累积因果关系。经济发展水平差距越大，农村劳动力在经济因素的影响下，越倾向于向要素报酬高的城市流动，而不断的人口流动可能会进一步加大城市的经济发展潜力。城市集聚经济内生于经济增长过程中，经济增长反过来会影响集聚经济，因此研究集聚经济和经济增长必然面临内生性问题。为了避免内生性问题，借鉴其他学者的处理办法，我们使用 2009 年、2008 年、2007 年、2006 年、2005 年的城市户籍人口规模和市场潜能替代 2010 年城市常住人口规模和市场潜能，进行内生性检验。表 6-7 汇总了内生性检验的结果，和

表6-6的结论基本一致，这证明我们的结论是可靠的。

表6-7 农村劳动力流动、集聚经济与城市经济增长：内生性检验

变量	(1) 2009 年	(2) 2008 年	(3) 2007 年	(4) 2006 年	(5) 2005 年
ln（1 + m）：ln（1 + 农村劳动力流动比率）	15. 897 ** (7. 813)	15. 186 ** (7. 485)	14. 922 ** (7. 226)	13. 744 * (7. 420)	13. 869 * (7. 665)
ln（1 + m）* ln（mp）：ln（1 + 农村劳动力流动比率）* ln（市场潜能）	− 1. 644 ** (0. 661)	− 1. 639 ** (0. 638)	− 1. 663 *** (0. 625)	− 1. 167 * (0. 657)	− 1. 053 * (0. 621)
ln（1 + m）* ln（pop）：ln（1 + 农村劳动力流动比率）* ln（人口规模）	0. 775 ** (0. 370)	0. 810 ** (0. 370)	0. 837 ** (0. 371)	0. 356 (0. 336)	0. 194 (0. 235)
ln（市场潜能）	0. 270 * (0. 157)	0. 279 * (0. 156)	0. 286 * (0. 154)	0. 214 (0. 157)	0. 231 (0. 163)
ln（人口规模）	− 0. 069 (0. 074)	− 0. 086 (0. 074)	− 0. 088 (0. 074)	0. 022 (0. 064)	0. 001 (0. 065)
ln（本地人口人力资本水平）	2. 418 *** (0. 347)	2. 411 *** (0. 348)	2. 390 *** (0. 347)	2. 370 *** (0. 350)	2. 371 *** (0. 361)
ln（常住人口人力资本水平/本地人口人力资本水平）	6. 922 *** (2. 263)	6. 827 *** (2. 253)	6. 670 *** (2. 238)	6. 054 *** (2. 230)	5. 118 ** (2. 325)
ln（与沿海规模以上港口的最近距离）	0. 016 (0. 038)	0. 016 (0. 038)	0. 017 (0. 038)	0. 016 (0. 038)	0. 006 (0. 038)
ln（二三产业就业人口规模比例）	0. 258 *** (0. 037)	0. 261 *** (0. 037)	0. 261 *** (0. 037)	0. 240 *** (0. 038)	0. 256 *** (0. 037)
ln（人均地方政府预算内财政支出）	0. 362 *** (0. 059)	0. 356 *** (0. 059)	0. 355 *** (0. 059)	0. 378 *** (0. 060)	0. 360 *** (0. 060)
ln（非公有制经济就业人员比例）	0. 131 * (0. 072)	0. 135 * (0. 072)	0. 133 * (0. 072)	0. 138 * (0. 072)	0. 142 * (0. 073)
资源性城市虚拟变量	0. 077 (0. 052)	0. 075 (0. 052)	0. 075 (0. 052)	0. 080 (0. 053)	0. 066 (0. 053)
副省级城市虚拟变量	0. 034 (0. 184)	0. 027 (0. 185)	0. 035 (0. 185)	0. 076 (0. 186)	0. 012 (0. 187)

续表

变量	(1) 2009 年	(2) 2008 年	(3) 2007 年	(4) 2006 年	(5) 2005 年
一般地级城市虚拟变量	0.114 (0.202)	0.095 (0.204)	0.105 (0.204)	0.165 (0.202)	0.021 (0.200)
中部地区	-0.244*** (0.077)	-0.244*** (0.077)	-0.244*** (0.077)	-0.229*** (0.076)	-0.229*** (0.079)
西部地区	-0.150 (0.123)	-0.145 (0.124)	-0.145 (0.124)	-0.096 (0.124)	-0.110 (0.125)
东北地区	-0.092 (0.146)	-0.087 (0.147)	-0.081 (0.148)	-0.072 (0.149)	-0.073 (0.151)
常数项	-10.538*** (2.313)	-10.338*** (2.305)	-10.332*** (2.280)	-10.923*** (2.274)	-10.468*** (2.321)
Observations	168	168	168	168	168
Adjusted R^2	0.745	0.745	0.746	0.744	0.739
F	29.747	29.772	29.922	29.579	28.783
p	0.000	0.000	0.000	0.000	0.000

注：括号内为标准差；* $p<0.10$，** $p<0.05$，*** $p<0.01$。

6.5.4　稳健性检验

本部分的结论可能对样本城市的类型、规模和人口密度具有较高的敏感性。如北京、上海、天津、重庆、武汉、长春、哈尔滨、广州、青岛、沈阳、成都、杭州、南京、西安、济南、宁波、大连、厦门、深圳省级、副省级城市，相较于其他城市，其独特的行政地位可以为城市发展带来更多的资源，极大可能出现异常值。而且经济发展水平和农村劳动力流动之间存在密切的循环累积因果关系。一方面，经济发展差距越大，要素报酬差距越大，吸引着更多的农村劳动力在追求高工资的动机激励下，不断进入高工资水平的城市，增加了城市规模；而更多的就业机会内生于逐渐增加的城市规模中，进一步吸引流动人口的进入。

为了进一步验证本部分的模型和结论，我们从三个方面分别进行稳健性检验，验证其与表 6 - 6 的回归结果是否存在有显著的差别：（1）非省级、副省级城市，（2）人口规模小于 1000 万，（3）人口密度大于 100 人。从表 6 - 8 可以看出，农村劳动力流动率和市场潜能交叉项的回归系数显著为负值，农村劳动力流动率和城市人口规模交叉项的回归系数为正值（不显著），和表 6 - 6 的结论一致，本书的结论是稳健的。

表 6 - 8　　农村劳动力流动、集聚经济与城市经济增长：稳健性检验

变量	（1）	（2）	（3）
	一般地级城市	人口规模低于1000 万人	人口密度大于 100 人
ln（1 + m）: ln（1 + 农村劳动力流动比率）	23. 850 ** （9. 424）	17. 826 ** （8. 879）	20. 048 ** （9. 128）
ln（1 + m）＊ln（mp）: ln（1 + 农村劳动力流动比率）＊ln（市场潜能）	- 2. 026 ** （0. 812）	- 1. 423 * （0. 734）	- 1. 574 ** （0. 716）
ln（1 + m）＊ln（pop）: ln（1 + 农村劳动力流动比率）＊ln（人口规模）	0. 661 （0. 425）	0. 401 （0. 374）	0. 419 （0. 319）
ln（市场潜能）	0. 315 * （0. 172）	0. 251 （0. 167）	0. 291 * （0. 161）
ln（人口规模）	- 0. 055 （0. 086）	- 0. 022 （0. 077）	0. 014 （0. 070）
ln（本地人口人力资本水平）	2. 426 *** （0. 399）	2. 453 *** （0. 365）	2. 242 *** （0. 344）
ln（常住人口人力资本水平/本地人口人力资本水平）	7. 793 *** （2. 951）	7. 340 *** （2. 670）	7. 032 *** （2. 241）
ln（与沿海规模以上港口的最近距离）	0. 035 （0. 043）	0. 016 （0. 040）	0. 012 （0. 037）
ln（二三产业就业人口规模比例）	0. 267 *** （0. 040）	0. 259 *** （0. 039）	0. 211 *** （0. 039）
ln（人均地方政府预算内财政支出）	0. 371 *** （0. 063）	0. 367 *** （0. 062）	0. 405 *** （0. 060）

续表

变量	(1)	(2)	(3)
	一般地级城市	人口规模低于1000万人	人口密度大于100人
ln（非公有制经济就业人员比例）	0.137 * (0.078)	0.136 * (0.076)	0.122 * (0.072)
资源性城市虚拟变量	0.070 (0.055)	0.070 (0.054)	0.073 (0.052)
副省级城市虚拟变量			0.071 (0.179)
一般地级城市虚拟变量		0.081 (0.130)	0.158 (0.198)
中部地区	− 0.265 *** (0.084)	− 0.236 *** (0.081)	− 0.222 *** (0.075)
西部地区	− 0.177 (0.135)	− 0.134 (0.128)	− 0.149 (0.121)
东北地区	− 0.114 (0.160)	− 0.079 (0.151)	− 0.048 (0.144)
常数项	− 11.567 *** (2.490)	− 11.028 *** (2.439)	− 12.078 *** (2.405)
Observations	153	162	162
Adjusted R^2	0.719	0.728	0.753
F	26.991	27.884	29.831
p	0.000	0.000	0.000

注：括号内为标准差；$* p < 0.10$，$** p < 0.05$，$*** p < 0.01$。

6.6 农村劳动力流动与经济增长的差异性：基于回归方程的分解

  政府始终对地区经济发展差距给予极大的关注，西部大开发、东北老工业基地振兴战略等政策措施在一定程度上缓解了地区差距扩大，学术界也就地区差距的形成原因展开了广泛的讨论。那么城市化作为中国经济增长新引擎，在促进城市经济增长的同时如何影响城市经济增长差距同样值得探讨。表 6－5 的回归结果显示，农村劳动力流动率是城市人均 GDP 的重要决定要素，并且通过了稳健性检验。我们除了关心农村劳动力流动主导的城市化显著促进城市经济增长外，还要关注农村劳动力流动究竟在多大程度上影响了城市间经济发展的差距。为了达到该目的，本部分将根据表 6－5 的 IV 回归方程估计结果，利用 Shapley 分解方法，以观察农村劳动力流动对于城市间经济增长差异的影响程度。Shapley 分解方法的目的是发现经济发展差异性的主要原因，以便寻找相关政策以减少经济发展的差异性。

6.6.1　城市经济增长差异性的衡量

表 6－9 显示了用不同指标衡量的城市经济增长的差异性。由于数据的限制，我们难以对不同时期的增长差异进行对比，因此很难发现经济发展差异性的变化。为了尽可能反映经济发展差异，我们利用不同样本数据，采用了衡量差异性程度的三类指标：基尼系数、泰尔指数（广义熵）、阿特金森（Atkinson）指数。

表 6－9　　　　　　　　　　　　城市经济增长差异性指标

指标	原始数据	原始数据	原始数据	拟合数据
样本量	241	172	152	152
基尼系数	0.30046	0.29086	0.26302	0.26302
GE（-1）	0.18951	0.19319	0.14799	0.14799
GE（0）	0.15468	0.14991	0.12031	0.12031
GE（1）	0.14985	0.13560	0.11139	0.11139
GE（2）	0.17119	0.14022	0.11591	0.11591
A（0.5）	0.07318	0.06882	0.05620	0.05620
A（1）	0.14331	0.13922	0.11336	0.11336
A（2）	0.27484	0.27870	0.22838	0.22838

注：根据前文样本数据的统计，共 241 个城市具有人均 GDP 数值，其中仅有 172 个城市具有农村劳动力流动数据，在进行 IV 回归的时候，由于其他变量数据缺失，最终 IV 回归样本为 152 个。

6.6.2 Shapley 分解方法简介

本部分的主要目的在于评价各影响因素在导致城市间经济增长差异中的贡献，从而为消除地区间经济增长差异提供一些启示。Shapley 分解方法能够达到研究目的，以下是对这一方法的简单介绍。

Shapley 方法的技术性细节可参见其他学者的文章（Shorrocks，1999；Wan and Zhou，2005）。下面我们以含三个因素的收入恒等式来说明 Shapley 方法的基本思想。设 $Y = f(x_1, x_2, x_3)$，f 代表了因素 x_1，x_2，x_3 任何形式的线性或非线性组合，通常情况下，不同个体的 x_1，x_2，x_3 均不相同。首先，我们用 $x_1(x_2, x_3)$ 的均值 $\overline{x_1}$（$\overline{x_2}$，$\overline{x_3}$）来代替方程中的 $x_1(x_2, x_3)$，以消除个体在 $x_1(x_2, x_3)$ 上的不同，此时，我们可以很容易地得到相应的 Y 的值，分别记作 $Y_1 = f(\overline{x_1}, x_2, x_3)$，$Y_2 = f(x_1, \overline{x_2}, x_3)$，$Y_3 = f(x_1, x_2, \overline{x_3})$。这样，个体间在 $Y_1(Y_2, Y_3)$ 上的差异性便不能认为是由因素 $x_1(x_2, x_3)$ 导致的。

记 I（·）为经济增长差异性的运算，I(Y) 是未对 x_1，x_2，x_3 取均值的经济增长差异性，$I(Y_1)$ 为对因素 1 取均值后的经济增长差异性，相应地，$I(Y_2)$、$I(Y_3)$ 分别为对因素 2 和因素 3 取均值后的经济增长差异性。这样一来，由因素 1（或因素 2、因素 3）导致的差异性程度可归结为 I(Y) 与 $I(Y_1)$〔或 $I(Y_2)$、$I(Y_3)$〕之间的差异，即 $I(Y) - I(Y_1)$〔或 $I(Y) - I(Y_2)$、$I(Y) - I(Y_3)$〕。

以上为第一轮计算，在第二轮的计算中，我们需要同时替换两个因素的均值。对于含有三个因素的恒等式，共需要进行 3 次替换。首先，我们需要用 x_1，x_2 的均值（$\overline{x_1}$ 和 $\overline{x_2}$）替换经济增长方程中的 x_1，x_2，其次用 x_1 和 x_3 的均值（$\overline{x_1}$、$\overline{x_3}$）替换经济增长方程中的 x_1 和 x_3，最后用 x_2 和 x_3 的均值（$\overline{x_2}$、$\overline{x_3}$）替换经济增长方程中的 x_2、x_3。由此得到的 Y 值分别记为 $Y_{12} = f(\overline{x_1}, \overline{x_2}, x_3)$，$Y_{13} = f(\overline{x_1}, x_2, \overline{x_3})$，$Y_{23} = f(x_1, \overline{x_2}, \overline{x_3})$。同理，$I(Y_2) - I(Y_{12})$ 和 $I(Y_3) - I(Y_{13})$ 被认为是因素 1 导致的差异性，$I(Y_1) - I(Y_{12})$ 和 $I(Y_3) - I(Y_{23})$ 被认为是由因素 2 导致的差异性，$I(Y_1) - I(Y_{13})$ 和 $I(Y_2) - I(Y_{23})$ 被认为是由因素 3 导致的差异性。在第二轮的计算中，每一因素导致的差异性程度有两个值，肖罗克斯（1999）通过取二者均值的方法得到各因素在该轮次对差异性的贡献。

在第三轮的计算中，我们需要同时用三个因素的均值来替换经济增长方程中的 x_1，x_2，x_3，此时 $Y_{123} = f(\overline{x_1}, \overline{x_2}, \overline{x_3})$，由此获得 $I(Y_{123})$。实际上，由于每一个因素都取了均值，Y_{123} 在不同个体间均相等，因此 $I(Y_{123}) = 0$。在第三轮计算中，$I(Y_{23}) - I(Y_{123})$ 是因素 1 导致的差异性，$I(Y_{13}) - I(Y_{123})$ 是因素 2 导致的差异性，$I(Y_{12}) - I(Y_{123})$ 是因素 3 导致的差异性。

在获得三轮各因素导致的差异性后，取每一因素在三轮中的算术均值便得到该因素对总体差异性的贡献值。最终，经济增长差异性便分解为由因素 1 导致的差异性（C_1），因素 2 导致的差异性（C_2），以及因素 3 导致的差异性（C_3），可用公式表示为：

$$I(Y) = C_1 + C_2 + C_3$$

其中：

$$C_1 = \left\{ [I(Y) - I(Y_1)] + \frac{[I(Y_2) - I(Y_{12})] + [I(Y_3) - I(Y_{13})]}{2} + [I(Y_{23}) - I(Y_{123})] \right\} \Big/ 3$$

$$C_2 = \left\{ [I(Y) - I(Y_2)] + \frac{[I(Y_1) - I(Y_{12})] + [I(Y_3) - I(Y_{23})]}{2} + [I(Y_{13}) - I(Y_{123})] \right\} \Big/ 3$$

$$C_3 = \left\{ [I(Y) - I(Y_3)] + \frac{[I(Y_1) - I(Y_{13})] + [I(Y_2) - I(Y_{23})]}{2} + [I(Y_{12}) - I(Y_{123})] \right\} \Big/ 3$$

这样，各个因素导致的差异性在经济增长差异性中的比例便是该因素对经济增长差异性的贡献，可用公式 $C_1/I(Y)$、$C_2/I(Y)$、$C_3/I(Y)$ 计算得到。

6.6.3 分解说明

在报告本部分分解结果之前，先做三点说明。

第一，由于表 6-5 的 IV 回归方程采取的是双对数的形式，为了分析经济增长差距而不是经济增长对数的差距，因此需要根据回归结果求解出被解释变量的拟合值，并对其进行差异性的分解，而不是针对被解释变量的对数值进行分解。我们首先写出经济增长变量的决定函数：

$$\frac{Q}{N} = \exp(\hat{\beta}_0) \cdot \left(\frac{1 + \psi m}{1 + m}\right)^{\hat{\beta}_1} \cdot (H_1)^{\hat{\beta}_2} \cdot (1 + m)^{\hat{\beta}_3}$$

$$\cdot \left(\frac{N_1}{A}\right)^{\hat{\beta}_4} \cdot \cdots \cdot \exp(虚拟变量) \cdot \exp(\hat{\mu}) \qquad (6-11)$$

然后使用 152 样本 IV 回归结果计算出人均收入的拟合值,利用拟合值计算差异性指数并进行分解。表 6 - 9 中的最后一列是根据拟合值计算的各种差异性指标。

第二,常数项问题,式中 $\exp(\hat{\beta}_0)$ 是常数项,当计算人均收入差异性指标时,可以从方程中去掉而不会产生影响(Wan,2002)。

第三,虚拟变量的问题。由于运用 Shapley 分解方法涉及的运算量极大,变量每增加一个,该程序计算量呈几何基数增长,当变量超过 10 个后,经常无法得到结果(王鹏,2012),因此我们将城市等级虚拟变量、地区虚拟变量和误差项合并,代表被排除在外的变量对人均收入差距的作用。

6.6.4 Shapley 分解结果分析

根据方法说明,可知在分解过程中共涉及 8 个变量,对含有 8 个因素恒等式,共需要进行 8 次替换,运算量特别大,分解过程是利用 STATA 软件自编的运算程序。

不同的差异性指数得到了不同的分解结果,原因在于不同方法强调不同的社会福利功能并且对洛伦兹曲线的不同部分敏感程度不同(万广华等,2005)。我们采用了基尼系数、泰尔 - L 指数、泰尔 - T 指数 3 个指数进行分解。表 6 - 10 汇总了 3 个指数运用 Shapley 方法分解的结果。贡献度是指某一个特定变量对 3 个指数的贡献;相对影响是指以全部被解释部分的差异性指数作为分母来计算的不同因素的相对影响,所以不同因素总的贡献为 100%;排序是对影响差异性指数变量的相对影响排名。1 + m 是本书关注的核心因素。通过表 6 - 10 可以看出,尽管使用不同的人均收入差异性指标,每种因素对收入差距贡献度的排序几乎没有变化。

表 6 – 10　　　　　　城市经济增长差异性的 Shapley 分解结果

变量	基尼系数			泰尔 – L 指数			泰尔 – T 指数		
	贡献度	相对影响（%）	排序	贡献度	相对影响（%）	排序	贡献度	相对影响（%）	排序
1 + 农村劳动力流动率	0.08215	31.2319	1	0.05242	43.5737	1	0.06835	61.3646	1
常住人口人力资本水平/本地人口人力资本水平	− 0.0383	− 14.5793	5	− 0.0412	− 34.2586	2	− 0.0601	− 53.9449	2
本地人力资本水平	0.0624	23.7243	3	0.03834	31.8688	3	0.04042	36.2871	3
本地人口密度	0.00034	0.12988	9	0.00005	0.04197	9	0.00064	0.57555	9
与沿海主要规模以上港口的最近距离	− 0.0057	− 2.17147	7	− 0.0036	− 3.02743	7	− 0.0042	− 3.80797	7
二三产业就业人口规模比例	0.02824	10.7351	6	0.0151	− 12.5498	6	0.01222	10.9680	6
人均地方政府预算内财政支出	0.05702	21.68000	4	0.03241	26.93810	4	0.02996	26.89240	4
非公有制经济就业人员比例	0.00517	1.96586	8	0.00302	2.50902	8	0.00408	3.66074	8
其他	0.07176	27.2837	2	0.02383	19.8047	5	0.02006	18.0045	5
合计	0.26308	100		0.12037	100		0.11143	100	

注：由于计算过程中四舍五入，表中合计一栏中的合计数值与表 6 – 9 中有细微差异。

1. 农村劳动力流动、集聚经济与经济增长的差异性

通过表 6 – 10 分解结果可以看出，农村劳动力流动率是增加城市经济增长差距的首要因素，该因素对基尼系数、泰尔 – L 指数、泰尔 – T 指数的影响分别约为 31%、44% 和 61%，对于三个差异性指标贡献来说都居于首位。这意味着农村劳动力及其经济活动的集聚扩大了城市间经济增长

的差距。

从金融外部性来看，农村劳动力城乡迁移，增加了迁入地的市场潜能，带来厂商的进一步集聚，当地生产的产品种类越多，消费者价格指数越低，进一步吸引更多的流动劳动力，在这样的一种"自我强化、累积循环"的过程中，当地人均收入得到提高，也进一步拉大城市间的经济增长差距。1990 年只有 398. 97 万人的内地人口跨省迁入了沿海地区，占全部跨省流动人口的 36. 06% 。但到 2000 年，这一规模增长到 2784. 3 万人，在全部跨省流动人口中的比例大幅度上升到 65. 64% 。到 2010 年，内地流入沿海地区的人口规模进一步上升到 5770. 2 万人，在全部跨省流动人口中所占比例达到 67. 19% （余吉祥，2013）。从技术外部性来看，农村劳动力的空间集聚使得东部沿海地区、大城市等人口迁入地形成了一个厚的劳动力市场，企业和劳动力匹配程度高，企业可以在较短时间内找到所需要的劳动力，劳动力也可以缩短工作转换时间，减少资产专有性和合约不完全带来的要挟问题。并且厚的劳动力市场能够增加正式交流、非正式交流获得共享知识、学习知识的机会，获得学习效应。因此，东部沿海地区逐步确立了人口迁入地的地位，农村劳动力流动在空间分布上存在集聚和不均衡现象，在促进迁入地经济发展的同时，也是导致区域趋异的力量，最终导致地区经济发展差异扩大。

然而户籍因素作为一种"逆市场力量"，在一定程度上会缩小农村劳动力空间集聚带来的经济增长以及经济增长差距。正如前文分析，通过表 6 – 6 中的回归结果 （2） 可知，农村劳动力流动率和城市市场潜能的交叉效应 $\ln(1 + m) * \ln\_mp$ 是显著存在的，回归系数为 – 1. 385，在 10% 统计水平上显著。农村劳动力流动率和城市人口规模的交叉效应 $\ln(1 + m) * \ln\_pop$ 是 0. 451，但是不显著。户籍制度导致了部分市场需求没有被激发，劳动力市场上的农村劳动力比例越高，潜在未被激发的市场潜能越高，将来回流农村的预期使更多的消费能力回流到农村，农村劳动力在城市消费中仅仅支付无弹性的衣食住行等消费支出，住房等大宗消费品支出极少，因此户籍制度的约束反而在一定程度上缩小了地区经济发展差距。

不过从总体上来看，农村劳动力的空间集聚和空间不均衡对地区经济增长差距的影响依然为正值，即农村劳动力流动扩大了城市间经济增长的差异性。

2. 其他因素与经济增长的差异性

本地人力资本水平对于城市间收入差异性的影响约为 24% 、32% 和

36%，在影响因素中排名第3。在其他条件相同的情况下，人力资本水平高的地区可能保持较高的经济增长率。早在1988年卢卡斯就证实了人力资本对经济发展的作用。

然而常住人口人力资本水平/本地人口人力资本水平则有助于缩小城市收入差距。通过表6-10分解结果，可以看出该因素使得基尼系数、泰尔-L指数、泰尔-T指数分别下降约15%、34%和54%，泰尔-L指数和泰尔-T指数均居于第2位，而基尼系数中居于第5位，虽然排序不一致，但是负的贡献度均表明，农村劳动力携带的人力资本有助于缩小城市间的经济增长差距。原因在于，虽然携带较高人力资本的劳动力更容易在城市中优先找到工作，受教育程度高的人群通常具有较强的流动动机（颜品等，2014），但是城市规模扩大的就业增加效应对不同受教育水平的劳动者并不相同，较高技能和较低技能组别的劳动力均从城市规模的扩大中得到了好处，其中较低技能组别劳动力的受益程度最高（陆铭、高虹、佐藤宏，2012）。因此伴随着农村劳动力在空间上集聚，迁入地扩大的城市规模会提高低技能劳动力在城市劳动力市场中比例，降低平均人力资本水平，缩小城市间人力资本水平差距，进而缩小经济增长差距。

人均地方政府预算内财政支出水平对城市间经济增长差异性的影响分别约为22%、27%和27%，对3个指标的贡献度排序均居于第4位。主要原因在于地方政府在GDP竞赛过程中，采取了城市偏向型政策，如土地城市化主导的土地财政政策，偏向于城市基础设施建设的资金配置而忽视了非城市化区域投资等，都会使城市尤其是大城市收益偏多，而小城镇相对被忽视。

非公有制经济就业人员比例、二三产业就业人口规模比例均扩大了城市经济增长差异，而与沿海主要规模以上港口的最近距离则缩小了城市间经济增长的差异，本地人口密度则对差异性指数的影响程度最小。这些均与前文OLS和IV回归结果相一致。

6.7 本章小结

本部分利用集聚经济理论寻找决定城市人均收入的因素，并在此基础上基于城市集聚经济视角探讨了农村劳动力流动影响城市经济增长的两个影响机制：金融外部性和技术外部性，然后基于回归方程对城市经济增长差异性指标分解，发现农村劳动力流动扩大了城市间经济增长的差距。具体结论如下：

第一，理论模型和实证检验两方面均表明：农村劳动力流动促进城市经济增长。变量 $\ln(1+m)$ 的回归系数 1.769，并在 1% 水平显著。

第二，从金融外部性来看，户籍制度使农村劳动力流动带来的市场潜能被削弱，在市场潜能相同的情况下，农村劳动力在城市劳动力市场中所占的比例越高，户籍制度带来的削弱程度越高，不利于城市经济增长。而技术外部性和农村劳动力流动率的交互作用对城市经济增长的影响有待于进一步验证。

第三，利用 Shapley 方法对基尼系数、泰尔 – L 指数、泰尔 – T 指数进行分解，结果显示，农村劳动力流动率对基尼系数、泰尔 – L 指数、泰尔 – T 指数影响分别为 31%、44% 和 61%，对 3 个差异性指标贡献都居于首位。因此，农村劳动力从农村流动到城市，促进经济增长的同时，扩大了城市间经济增长的差异性。然而由于金融外部性和 $\ln(1+m)$ 交叉项的回归系数显著为负值，我们可以推论，户籍因素在一定程度上减弱了农村劳动力空间集聚带来的经济增长差异性程度。

第 7 章

农村劳动力流动、集聚经济与城市工资溢价

　　农村劳动力推动的城市化显著推动了城市经济增长，成为中国新的经济增长引擎。那么农村劳动力是否分享了城市集聚经济带来的经济增长好处，户籍身份是否会造成差异化的收益分享呢？虽然劳动力被吸引到大城市是由于城市集聚经济提高了劳动力的工资收入（Clack，2003），但是城市化进程的快速推进、经济高速增长并没有掩盖其出现的问题。格莱泽等（2009）指出的，研究城市内部收入差异性具有更为重要的意义，因为个体的幸福感主要取决于"身边的差异"，而不是"遥远的差异"。这一问题在理论上有助于加深对中国城市二元劳动力市场工资收入差异的理解，在实践上对推进包容、和谐的城市化建设具有重要的现实意义。

　　为了回答以上问题，本部分综合利用城市层级中观数据和劳动力层级微观个体数据，实现了中国城市集聚经济对劳动力工资溢价及其差异性的有效估计。城市层级数据主要来自人口普查和《中国城市统计年鉴》，微观数据来自中国家庭收入调查 2002 年和 2007 年的数据（CHIP2002，CHIP2007）。城市集聚经济提高了劳动力的工资收入，然而城市工资水平的高低，本身就会通过影响农村劳动力的流动决策而影响城市集聚水平，因此城市集聚经济和工资溢价之间存在的双向因果关系可能导致内生性问题，此外还有其他可能影响劳动力工资报酬不可观测的城市劳动力市场因素造成估计上的遗漏变量。为了克服内生性和遗漏变量的问题，我们使用城市 1953 年人口规模作为城市常住人口规模的工具变量，利用工具变量检验本书结论的稳健性。

　　本章节研究框架是这样的：7.1 节是理论分析；7.2 节介绍了 CHIP 数据库；7.3 节介绍本部分所使用的理论模型、变量和数据；7.4 节是利用

全部样本数据（包括城镇劳动力样本和农村劳动力样本），研究城市集聚经济与工资溢价之间的关系；7.5 节利用农村劳动力子样本，研究城市集聚经济和农村劳动力工资溢价的关系；7.6 节是模型的拓展，分析城市集聚经济带来工资溢价的差异性；7.7 节是结论和政策含义。

7.1 理 论 分 析

农村劳动力城市化是城市经济发展的基础性动力，但是在城市化发展过程中，城市集聚经济带来的经济发展成果却可能难以同等惠及不同类型的群体。改革开放以来，尽管农村劳动力在城市获得了非农就业机会和非农工资收入，但由于户籍身份的作用，农村劳动力可能难以像城镇劳动力一样分享城市集聚经济的好处。

城市集聚经济带来劳动生产率的提高是城市化具有经济增长效应的主要原因。随着经济活动的集聚，劳动生产率的提升吸引了大量新企业的进驻，从而扩张了劳动力需求，这为潜在的流动人口提供了新的就业机会，因此越来越多的文献认为就业机会增长内生于城市规模增长之中。莫雷蒂（2010）的研究发现，经济活动的集聚会通过本地乘数效应（Local Multipliers）创造出新的就业机会，经济活动的集聚在可贸易部门创造 1 个就业机会的同时，会给不可贸易部门带来 1.59 个就业机会。陆铭、高虹、佐藤宏（2012）利用 CHIP2002 和 CHIP2007 年数据，发现了城市规模增长在创造就业机会中的积极作用，认为中国城市规模扩大有利于提高劳动力的就业概率：城市规模每扩大 1%，个人就业概率平均提高 0.039～0.041 个百分点。

同时具有较高劳动生产率的地区可能支付给劳动者更高的工资，城市集聚经济不仅仅影响就业机会，还会显著影响劳动力工资水平。刘修岩、殷醒民（2008）发现以市场潜能代理的金融外部性和工资水平呈正相关关系，而以就业密度代理的技术外部性和工资水平之间呈现非线性关系。一些学者认为大城市有能力支付更高的工资（田相辉、徐小靓，2015），然而也有学者提出相反的观点，认为大城市的高工资优势并不存在（宁光杰，2014）。

正如前述，研究城市内部收入差异更有利于"包容性"城市化目标的实现。很多学者开始关注城市内部的工资差异性。格莱泽等（2009）发现城市化扩大了城市内部收入差距。美国的数据则从反面证实了城市集聚对不同类型劳动者的影响,随着制造业向国外转移,美国低技能工人和高技能工人的收入差距显著扩大了,原因在于低技能劳动力更难规避负向需求冲击(Topel,1986;Bound and Holzer,2000;Moretti,2011)。库姆斯等(2012)发现大城市同时吸引高技能劳动者和低技能劳动者,但是内部收入差距更大。在中国,虽然城市集聚经济和工资水平之间存在正相关关系,但是在不同类型劳动者之间存在显著的差异性(高虹、2014;踪家峰、周亮,2015)。

总之,现有的一些文献研究城市集聚经济和就业机会、工资溢价的问题,但是都是围绕高技能劳动力和低技能劳动力展开的,没有研究不同户籍身份导致的就业机会和工资溢价的差异化问题。而长期以来围绕户籍身份带来的工资差异化问题的研究,大多局限在户籍身份带来的"同工不同酬"的研究,并没有将城市集聚经济纳入理论分析和实证检验。因此从城市集聚经济角度研究户籍身份带来的工资溢价问题是非常必要的。这个问题目前鲜有人研究,但确是中国要实现包容性城市化必须解决的问题。

7.2 描述性分析

中国社会科学院经济研究所和国家统计局共同收集的中国家庭收入调查项目(China Household Income Project Surveys,CHIP)2002 年和 2007 年城镇劳动力数据库和流动人口数据库,涵盖了大量个人微观层面的人口信息,可以在控制个人特征的基础上识别城市集聚经济带来的工资溢价。为了达到研究目标,需要对 CHIP 数据库的样本进行筛选和数据整理。

7.2.1 CHIP 样本选择

基于本研究的目的,借鉴陆铭、高虹、佐藤宏(2012),高虹(2014)年的做法,首先根据年龄和工资收入进行样本筛选:将样本限于劳动年龄人口(年龄处于 16 ~ 60 岁之间的男性,以及年龄处于 16 ~ 55 岁之间的女性)、工资收入大于 0 的劳动人口。据此排除了月工资或者年工资为 0 以及不在劳动力的样本。不在劳动力的样本通过问卷中有关个人在城市所处的状态和身份得以反映。据此,样本排除了离退休人员、离退休再工作人员、家务劳动者、家庭帮工、丧失劳动能力的人、在校学生、学龄前儿童以及等待分配、待升学、辍学生等其他人员。其中城镇部分只包括城镇户籍的样本，流动人口部分只包括了农村户籍的样本。另外在数据整理过程中，删除了具有异常值以及缺失值的样本，比如每周（月）工作天数或者每天工作时间缺失的样本（因为我们选取的被解释变量是小时工资，所以两个问题答案的缺失会直接导致小时工资的缺失），比如每周工作时间超过 168 小时（24 × 7）的样本。

最后 2002 年和 2007 年的样本涵盖了北京、山西、辽宁、江苏、安徽、河南、湖北、广东、重庆、四川、云南、甘肃、上海、浙江 14 个省级行政单位的 12654 个家庭的 23109 人。劳动力个体微观数据的统计结果如表 7 - 1 所示。

表 7 - 1   **CHIP 数据的描述性统计**

变量	观测值	均值	标准差	最小值	最大值
月工资	23109	1397	1738	1.698	90457
小时工资	23109	22.83	47.44	0.0227	3548
工作时间	23109	53.68	17.55	2	140
性别（男性 = 1）	23109	0.579	0.494	0	1
年龄	23109	37.02	10.04	16	60
婚姻（未婚 = 1）	23109	0.184	0.387	0	1
民族（汉族 = 1）	23109	0.973	0.161	0	1
最高学历	23109	3.790	1.126	1	7
受教育时间	23109	10.12	2.880	0	23
潜在工作经验	23092	20.91	10.61	0	53
培训（参加 = 1）	23109	0.280	0.449	0	1

注：学历分类，1. 文盲；2. 小学；3. 初中；4. 高中；5. 大专；6. 大学；7. 研究生。
资料来源：CHIP2002 和 CHIP2007。

7.2.2 CHIP 数据整理

劳动力市场始终存在差异，但是这种差异未必是歧视的反映，利用人力资本、移民时间以及其他个人特征等常规因素能够解释的不是歧视，而这些常规因素不能解释的城市劳动力市场表现差异才可能是歧视作用的结果。劳动力市场问题归根结底源于制度的不完善（Fan，2002），其中影响颇为深远的就是户籍制度。作为城市劳动力市场上的后来者，农村劳动力在城市劳动力市场上面临工作岗位上的"进入"歧视和工资决定上的"同工不同酬"（王美艳，2005）。"进入"歧视具体是指农村劳动力一般不能进入正规部门，多数在非正规部门就业，农村劳动力和城镇劳动力之间的户籍差异主要表现在就业单位的产业性质、所有制性质、职业性质方面。为了控制工作岗位的户籍制度形成的制约，我们按照这些特征进行了数据处理。

1. 职业性质

根据 CHIP2002、CHIP2007 年的问卷设计，将劳动力的职业性质分为 5 类，分别为固定职工、长期合同工（签约时间超过 1 年）、短期合同工/临时工、私营/个体经营者、其他。共涉及 4 套问卷，分别来自 2007 年城镇劳动力调查表的 C22 ［将短期合同工、无合同的临时工合并为短期合同工/临时工分类，家庭帮工（无工资）、打零工调整为其他］，外来务工人员调查表 C108（调整方案同 2007 年城镇劳动力），2002 年城镇劳动力问卷的 140（将问卷中没有合同的员工选项并入短期/临时合同工），2002 年农村移民样本的 125。表 7-2 和图 7-1、图 7-2 汇总了不同职业性质的人员分布和小时工资统计情况。

表 7-2　　　　不同户籍性质的劳动力就业岗位分布和小时工资

职业类型	就业岗位（人）				小时工资（元）			
	城镇劳动力	本地农村劳动力	外地农村劳动力	合计	城镇劳动力	本地农村劳动力	外地农村劳动力	全样本均值
固定职工	5869	102	488	6459	26.54	18.81	21.50	26.04
长期合同工	4436	325	1770	6531	31.65	19.72	25.50	29.39
短期合同工/临时工	2361	665	2218	5244	14.13	12.95	17.13	15.25
私营/个体经营者	810	843	2676	4329	32.73	9.649	15.45	17.56
其他	332	51	163	546	24.49	13.42	14.29	21.19
合计	13808	1986	7315	23109				

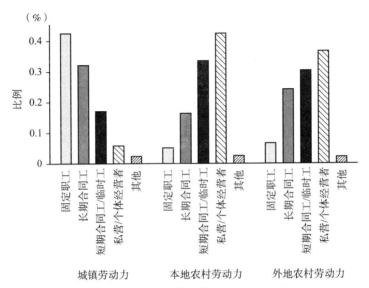

图7-1 劳动力工作性质分布图：分户籍

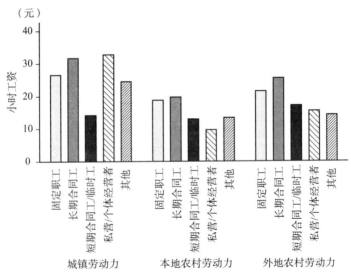

图7-2 小时工资分布图：分户籍和工作性质

从表7-2和图7-1、图7-2中可以看出，从劳动力职业性质来看，农村劳动力和城镇劳动力存在显著的不同，约75%的城镇劳动力分布在固定职工、长期合同工；本地农村劳动力的76%、外地农村劳动力的67%分布在短期合同工/临时工以及私营/个体经营者中。农村劳动力就业稳定性较差，难以获得固定就业单位或者签订超过 1 年的就业合同，职业性质上存在明显的"进入"差别。即使职业性质相同，城镇劳动力依然比农村劳动力获得较高的工资报酬（短期合同工/临时工类别中不存在显著差别）。

2. 就业单位所有制

根据就业单位的所有制性质，将劳动力分为 7 类：事业单位、国有企业、集体企业、私营企业、外资企业、个体、其他。涉及的问卷分别来自 2007 城镇劳动力调查表的 C12（将选项 1、2、3 合并为事业单位，选项 4、5 合并为国有企业，6、7 合并为集体企业，8、9 合并为私营企业，10、11、12、13、14 合并为外资企业，15 为个体，其余合并为其他选项），外来务工人员调查表 C107（同 2007 年城镇劳动力），2002 城镇劳动力问卷的 134、135（问题 134 回答为党政机关或者事业单位，合并为事业单位，答案为"其他"赋值为所有制性质分类中"其他"，C134 的答案为"企业"的，根据问题 135 进行分类：选项 1、2、8 合并为国有企业，选项 3 合并为集体企业，选项 4、10 合并为私营企业，选项 6、7 合并为外资企业，选项 5、11 合并为个体，选项 9、12 合并为其他），2002 年农村移民样本的 124（根据 2002 年城镇劳动力问卷的问题 135 归类相同）。表 7 – 3 和图 7 – 3、图 7 – 4 汇总了不同职业性质的人员分布和小时工资统计情况。

表 7 – 3　　不同户籍性质的劳动力就业单位所有制分布和小时工资

单位性质	就业单位所有制性质人数（人）				小时工资（元）			
	城镇劳动力	本地农村劳动力	外地农村劳动力	合计	城镇劳动力	本地农村劳动力	外地农村劳动力	全样本均值
事业单位	4640	55	244	4939	31.65	18.26	26.01	31.22
国有企业	4036	118	345	4499	19.46	11.42	17.44	19.10
集体企业	826	59	290	1175	22.42	12.93	23.06	22.10
私营企业	1368	506	2222	4096	36.46	18.07	22.35	26.53
外资企业	665	76	544	1285	48.97	24.69	27.35	38.38
个体	1255	1109	3377	5741	21.84	10.05	14.78	15.41
其他	1018	63	293	1374	10.60	7.634	12.96	10.96
合计	13808	1986	7315	23109	26	12	18	

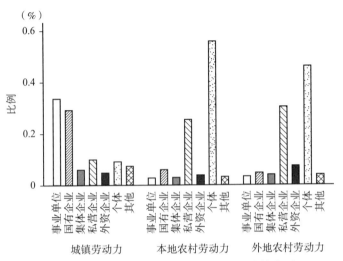

图 7 - 3　就业分布图：分单位所有制和户籍类型

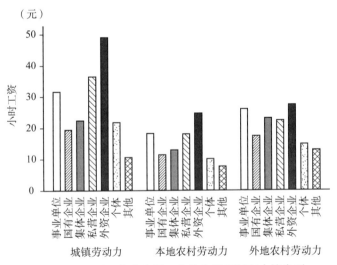

图 7 - 4　小时工资分布图：分单位所有制和户籍类型

从表 7 -3 和图 7 -3、图 7 -4 来看，城市二元劳动力市场上由于户籍因素形成明显的就业进入障碍，约 63% 的城镇劳动力在事业单位和国有企业就业，农村劳动力仅有 9% 的比例可以在事业单位和国有企业找到工作岗位，25% 的本地农村劳动力和 30% 的外地农村劳动力集中在私营企业就业，而高达 56% 的本地农村劳动力在从事个体工作，外地农村劳动力的比例约为 46%。即使就业单位所有制相同，农村劳动力的小时工资也低于城镇劳动力。

3. 就业单位所在行业

我们将劳动力就业单位所在行业分为 14 个类别：农林牧副渔业，采掘业，制造业，电力、煤气及水的生产和供给业，建筑业，地质勘查业、水利管理业、科学研究和综合技术服务业，交通运输、仓储及邮电通信业，批发、零售贸易、餐饮业，金融保险业，房地产业，社会服务业，卫生体育和社会福利业、教育、文化艺术和广播电影电视业，国家机关、党政机关和社会团体，其他行业。涉及的问卷分别来自 2007 城镇劳动力调查表的 C11（将 20 个选项调整为 14 个选项：选项 8、9 合并为批发、零售贸易、餐饮行业；将 7、13、14 合并为地质勘查业、水利管理业、科学研究和综合技术服务业；将 12、15 合并为国家机关、党政机关和社会团体；将 16、17、18 合并为卫生体育和社会福利业、教育、文化艺术和广播电影电视业；将 19、20 合并为国家机关、党政机关和社会团体），2007 外来务工人员调查表 C106（按照 2007 年城镇劳动力分类标准，将 28 个分类首先调整为 20 个选项：将 10、11、12 合并金融业；将 14、15、16 合并为租赁和商务服务业；将 19、20、21 合并为居民服务和其他服务业；将 23、24 合并为卫生、社会保障和社会福利业；将 25、26 合并为文化、体育和娱乐业；然后按照 2007 年城镇劳动力分类调整标准调整为 14 个大类），2002 年城镇劳动力问卷的 143（将选项 6、14 合并为地质勘查业、水利管理业、科学研究和综合技术服务业，将选项 12、13 合并为卫生体育和社会福利业、教育、文化艺术和广播电影电视业），2002 年农村移民样本的 127（将选项 3 ~ 12 合并为制造业，其余同 2002 年城镇劳动力问卷）。

为了描述统计的方便，按照《中国统计年鉴 2003》和《中国统计年鉴 2007》中所公布的 2002 年和 2006 年行业平均工资水平，将 14 个行业按照平均工资水平从低到高的顺序排序，并将其一分为二划分为低工资行业（1、2、3、5、8、11、16）和高工资行业（4、6、7、9、10、12、15）。

通过表 7 - 4 和图 7 - 5 可以看出，约 44% 的城镇劳动力在高工资行业就业，农村劳动力仅有 13% 的比例可以在高工资行业找到工作岗位，在低工资行业就业的农村劳动力比城镇劳动力高出约 30%。即使在同业内部，城镇劳动力的小时工资也比农村劳动力的高。如果这些差异不能用劳动力个体特征解释的话，则说明劳动力市场存在差别性待遇。

表7-4 不同行业的劳动力就业分布：分户籍性质

行业	就业单位所在行业人数（人）				小时工资（元）		
	城镇劳动力	本地农村劳动力	外地农村劳动力	合计	城镇劳动力	本地农村劳动力	外地农村劳动力
低收入行业	7740	1737	6383	15860	22.47	12.64	18.51
高收入行业	6068	249	932	7249	31.41	15.28	20.56
合计	13808	1986	7315	23109	26	12	18

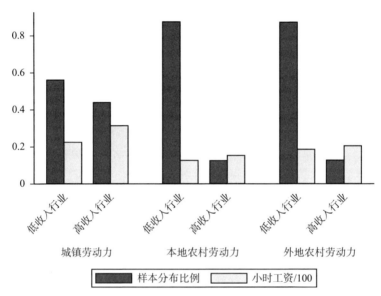

图7-5 劳动力就业和小时工资分布图：分户籍和行业

7.3 模型、变量和数据

7.3.1 模型

我们在明瑟（Mincer，1974）工资方程的基础上，将中观城市层级数据和微观劳动者个体数据相结合，引入市场潜能和城市人口规模来表示城市集聚经济的金融外部性和技术外部性，[①] 借鉴格莱泽和马雷（2001），高虹（2014），踪家峰、周亮（2015），宁光杰（2014），吴晓怡、邵军（2016）等的做法，建立基于个人层面的工资收入决定模型，旨在考察城市集聚经济对劳动力工资收入是否具有显著影响，以及这种影响在不同户籍劳动力之间是否存在显著差异。模型如下：

$$\ln(\text{wagehour}_{ij}) = c + \alpha_1 . \ln(\text{mp}_j) + \alpha_2 . \ln(\text{pop}_j) + \lambda \text{hukou}_{ij} + \beta X_{ij} + \gamma Z_{ij} + \mu_{ij}$$

$$(7-1)$$

其中下标 j 和 i 表示居住在城市 j 中的劳动力 i，CHIP2002 共 18 个城市，CHIP2007 共 43 个地级及以上城市。wagehour_{ij} 代表第 j 个城市第 i 个劳动力的小时工资水平。在回归方程的右边，c 为常数项。$\ln(\text{mp}_j)$ 和 $\ln(\text{pop}_j)$ 分别是城市市场潜能和人口规模的对数，本书中我们主要关注 α_1、α_2 的大小和显著性水平。hukou 表示劳动力户口类型，根据研究目的和样本设计，户口类型分为三类：城镇劳动力、本地农村劳动力。外地农村劳动力。λ 表示影响系数。X_{ij} 是可能影响劳动力工资收入的个人特征向量，根据文献，我们控制了劳动力的性别、婚姻状况、民族、受教育年限、潜在工作经验、是否参加培训等。Z_{ij} 为其他控制变量，根据前面的描述分析，我们还加入劳动力就业单位的所有制结构、行业类型、职业性质、年份等其他变量。μ_{ij} 表示误差项。

7.3.2　被解释变量：小时工资水平

这部分主要分析比较不同户籍劳动力的工资水平差异问题。为了剔除通货膨胀率带来的影响，我们首先使用国家统计局公布的居民消费价格指数（CPI）调整月工资和小时工资，将 2007 年工资水平调整到 2002 年水平，其中个别城市不存在 CPI 指数的，用全省 CPI 指数替代。

国内在研究工资溢价问题的时候，有两种选择：月工资和小时工资，二者存在一定的差异。根据户口类型，我们将样本分为三类：城镇劳动力（包括本地城镇劳动力和外地城镇劳动力）、本地农村劳动力、外地农村劳动力。表 7 - 5 分别计算了 2002 年和 2007 年三类劳动力的月工资收入、小时工资收入和每周工作时间。

---

① 本书 3.1.4.2 和 3.1.4.3 详细说明金融外部性和技术外部性代理指标的选择依据。

表7-5　　　　　　　工资水平分析：基于户籍和年份的比较

年份	户籍性质	样本数量（个）	平均月工资（元）	平均每周工作时间（小时）	平均小时工资（元）
2002	城镇劳动力	7605	1089	47.60	6.180
	本地农村劳动力	811	704.7	71.25	2.711
	外地农村劳动力	2111	769.4	69.40	3.019
2007	城镇劳动力	6203	2029	43.86	51.20
	本地农村劳动力	1175	1209	63.63	20.05
	外地农村劳动力	5204	1499	62.92	25.16

　　表7-5和图7-6显示的是2002年和2007年劳动力市场实际工资的变化情况。由此不难发现，相比较于2002年，2007年的劳动力市场上月工资和小时工资均有明显的提升。比如，城镇劳动力的平均月工资由2002年的1089元上升至2007年的2029元，本地农村劳动力的月平均工资从704.7元上升到1209元，外地农村劳动力从769.4元上升到1499元，这说明劳动力市场平均报酬均受益于快速的城市化进程。

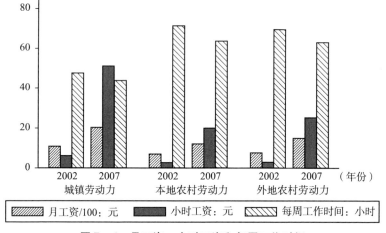

图7-6　月工资、小时工资和每周工作时间

　　从平均周工作时间来看，2007 年的每周工作时间均有所下降，城镇劳动力的每周工作时间下降 3.74 小时，本地农村劳动力、外地农村劳动力分别下降 7.62 小时、6.48 小时。不过值得注意的是，1995 年国务院出台的《国务院关于职工工作时间的规定》明确规定，职工每周工作时间 44 小时。然而截止到 2007 年，仅仅城镇劳动力的工作时间降到 43.86 小时，而其他劳动力平均工作时间均在 44 小时以上，可见这一规定对城镇劳动力有明显影响，而对农村劳动力影响不大。绝大多数农村劳动力仍处于长时间的工作状态之中。

　　相较于 2002 年，2007 年的劳动力月工资都得到不同程度的提高，平均工作时间都有所下降，因此 2007 年的小时工资比 2002 年有了很大幅度的提升。2007 年城镇劳动力、本地农村劳动力、外地农村劳动力的平均小时工资水平分别为 51.20 元、20.05 元、25.16 元。城镇劳动力的平均小时工资提高约 45 元，为 2002 年的 8 倍左右，本地农村劳动力和外地农村劳动力分别提高了约 17 元和 22 元，分别是 2002 的小时工资水平的 7 倍、8 倍左右。

　　表 7-5 的统计数据表明，虽然相较于 2002 年，劳动者的每周工作时间在 2007 年都有所缩短，但是不同类型的劳动者每周工作时间不同。具有城镇户籍的劳动者工作时间较短，具有农村户籍的劳动者工作时间都相对较长。因此，由于劳动者的身份不同，每周工作时间存在结构性差异。本书主要考察小时工资，小时工资控制了"每周工作时间"即每个劳动力在一周内的工作小时数，因此可以不必考虑工作时间的差异。

　　图 7-7 绘制了按照年份做出的小时工资核密度分布图，2002 年劳动力工资分布左偏，2007 年小时工资分布右偏，偏度系数分别为 -0.109 和 0.292（见表 7-6）。按照劳动力户籍情况，将劳动力划分为三个子样本（城市城镇劳动力、本地农村劳动力、外地农村劳动力），做出工资核密度估计图（见图 7-8 和图 7-9），无论是 2002 年还是 2007 年，城镇劳动力的小时工资分布均小于 0，为偏负态分布，表明收入较高的人口占多数；本地农村劳动力和外地农村劳动力的偏度系数均大于 0，为偏正态分布，表明收入较低的人口占多数（见表 7-6）。

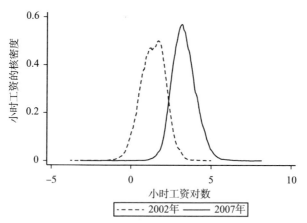

图 7 - 7　劳动力工资核密度分布图

表 7 - 6　　　　　　　　小时工资的偏态系数：分户口类型

分类	小时工资的偏态系数	
	2002 年	2007 年
城镇劳动力	− 0. 254	− 0. 106
本地农村劳动力	0. 315	0. 228
外地农村劳动力	0. 208	0. 283
全部人口	− 0. 109	0. 292

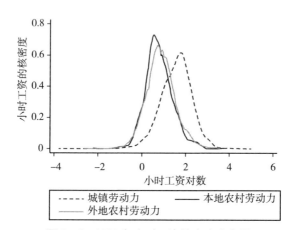

图 7 - 8　2002 年小时工资核密度分布图

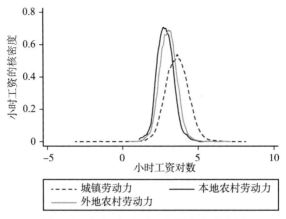

图 7 - 9 2007 年小时工资核密度分布图

从上文不难发现，不同户籍的劳动者确实存在工资差异。莱昂塔里迪（Leontaridi，1998）认为工资差异主要来源于强加在劳动者身上的制度性因素，而中国的户籍最能体现劳动者身份差异（Fan，2002）。农村劳动力城市化已经成为中国经济发展的主要推动力，那么在快速的城市化进程中，农村劳动力是否分享到了城市化进程带来的收益？户籍的差异究竟是如何引起工资差异的？这是本部分重点解决的问题。

7.3.3　核心解释变量：金融外部性和技术外部性

模型中的核心解释变量是代表城市集聚经济能力的金融外部性和技术外部性。根据本书的研究目的，我们用市场潜能来代理金融外部性，用城市人口规模来代理城市集聚的技术外部性。城市人口规模和工资溢价之间存在较强的内生性问题，因为一个城市的工资水平越高，对流动人口越具有吸引力，从而作用于人们的移民决策而影响城市的人口规模，因此本书选择滞后期 2000 年第五次人口普查的数据，2000 年的数据经过调整可以在更大程度上反映城市常住人口规模，能够较为真实反映城市集聚经济的技术外部性。

为了较为直接地观察城市集聚经济效应与工资溢价之间的关系我们绘制了图 7 - 10、图 7 - 11，它们分别报告了城市市场潜能、人口规模与城市工资之间的线性拟合结果。从图中可以看出，不同市场潜能、不同城市规模之间存在着明显的工资溢价现象。

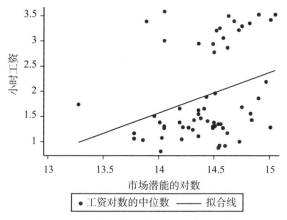

图7-10 市场潜能与小时工资的拟合线

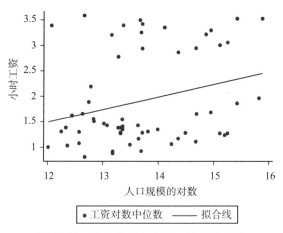

图7-11 人口规模与小时工资的拟合线

7.3.4 其他解释变量

虚拟变量 hukou 用来界定三类劳动力群体户籍身份虚拟变量：城市城镇劳动力、本地农村劳动力和外地农村劳动力。该变量来自 CHIP 问卷中问题：您目前的户口状况？问卷设计四个答案：本市非农户口、外地非农户口、本市农村户口、外地农村户口。在最终的23109个样本中，外地非农户口样本共210个，仅仅占总样本比例的0.9%，因此将该部分样本和本地城镇劳动力合并。总样本中，城市城镇劳动力所占比例约60%，本地

农村劳动力样本所占比例约 8.6%，外地农村劳动力约占总样本的
31.4%。

　　按照研究惯例，我们引入可能影响工资水平的个人特征变量：性别
（男性 = 1，女性 = 0）、婚姻（未婚 = 1，已婚 = 0）、受教育年限、潜在工
作经验及其平方项、是否少数民族（汉族 = 1，少数民族 = 0）、是否参加
培训（参加 = 1，不参加 = 0）等。受教育年限是度量人力资本的重要变
量。一般而言，接受教育的年限越长，获得高工资回报的可能性越高。年
龄变量并没有包括在个人特征中，原因在于回归中引入了潜在工作经验
（由年龄减去受教育年限再减掉 6 得出），为了避免共线性问题，回归模型
没有引入年龄变量。之所以引入潜在工作经验的二次项，原因在于随着经
验增加，个人获得高工资水平概率提高，但当工作经验提高到一定程度以
后，拥有较多工作经验的人伴随着年龄的增大，在健康和知识等方面处于
劣势，因此过高的工作经验反而不利于工资水平的提升。

　　另外，农村劳动力样本单独引入变量迁移时间。变量答案来自问题：
您第一次离开农村老家的时间？之所以引入该变量，原因在于随着移民时
间的增加，农村劳动力在城市劳动力市场的工作时间也增加，会更容易融
入当地劳动力市场中，获得"同化效应"。而由于同化效应的存在，农村
户籍身份带来的工资差异会随着农村劳动力在城市劳动力市场中融入程度
的增加而减少。

　　另外，根据前面分析可知，农村劳动力就业单位的所有制性质、就业
单位的产业、工作岗位性质也会在不同户籍身份之间存在显著的差异。因
此，模型中还控制了工作岗位性质、就业单位的所有制性质和产业。本书
使用 CHIP2002 和 CHIP2007 两年的微观调研数据，为了使每个城市有足
够的城镇劳动力、本地农村劳动力和外地农村劳动力，我们将这两年的数
据混合使用，同时引入 2007 年份虚拟变量，用来控制时间对劳动力工资
水平的影响。表 7 - 7 汇总了变量的基本信息。

表 7 - 7　　　　　　　　　　　　　变量列表

变量	解释
被解释变量	
小时工资（wagehour）	劳动力工资水平：小时工资

续表

变量	解释
核心解释变量	
金融外部性（mp）	MP 市场潜能：单位万元
技术外部性（pop）	POP 城市人口规模：市辖区总人口，单位：万人
户口虚拟变量（hukou）	城镇劳动力取值1，本地农村劳动力取值2，外地农村劳动力取值3
劳动者个体特征变量	
性别（gender）	男性取值为1；否则为0
婚姻状况（single）	未婚取值为1；否则为0
教育（edu）	1 文盲、2 小学、3 初中、4 高中、5 大专、6 大学、7 研究生
受教育年限（edutime）	到2002 年（或2007 年）底总共所受教育年限（不含休学、退学和留学的年份）：年
经验（experience）	潜在工作经验 = 年龄 – 受教育年数 – 6（单位为年）
经验平方（experience2）	潜在工作经验的平方
民族（minority）	汉族取值为1；少数民族取值为0
移民时间（time）	（年）：答案来自：你第一次离开农村老家的时间
时间（year）	2007 年取值为1，2002 年取值为0
工作性质	固定职工、长期合同工（签约时间超过1 年）、短期合同工/临时工、私营/个体经营者、其他
就业单位所有制结构	事业单位、国有企业、集体企业、私营企业、外资企业、个体、其他
就业单位产业性质	农林牧副渔业，采掘业，制造业，电力、煤气及水的生产和供给业，建筑业，地质勘查业、水利管理业、科学研究和综合技术服务业，交通运输、仓储及邮电通信业，批发、零售贸易、餐饮业，金融保险业，房地产业，社会服务业，卫生体育和社会福利业、教育、文化艺术和广播电影电视业，国家机关、党政机关和社会团体，其他行业

7.3.5 变量的描述性统计：分户籍类型

为了更为详细地分析这个问题，首先利用表7 – 8 对三类劳动力的个人特征及就业情况做出详细的描述性统计。

表 7 - 8　　　　　　　　　不同类型劳动力的特征及就业情况

年份	项目	城镇劳动力	本地农村劳动力	外地农村劳动力	农村劳动力均值	全样本均值
2002	数量（个）	7605	811	2111		
	月工资（元）	1089	705	769	751	995.3
	每周工作时间（小时）	47.60	71.25	69.40	69.91	53.79
	小时工资（元）	6.180	2.711	3.019	2.933	5.279
	性别（男性占比）	0.559	0.554	0.571	0.566	0.561
	年龄（岁）	40.56	35.04	33.91	34.22	38.80
	婚姻（未婚占比）	0.1120	0.0900	0.0891	0.0893	0.1060
	民族（汉族占比）	0.973	0.953	0.911	0.923	0.959
	最高学历	4.182	2.910	2.930	2.925	3.833
	受教育时间（年）	11.580	7.644	7.943	7.860	10.550
	潜在工作经验（年）	22.98	21.40	19.97	20.36	22.25
	培训（占比）	0.252	0.153	0.155	0.155	0.225
	移民时间（年）		8.324	7.871	7.997	7.997
2007	数量（个）	6203	1175	5204		
	月工资（元）	2029	1209	1499	1445	1733
	每周工作时间（小时）	43.86	63.63	62.92	63.05	53.59
	小时工资（元）	51.20	20.05	25.16	24.22	37.52
	性别（男性占比）	0.579	0.597	0.612	0.609	0.594
	年龄（岁）	39.74	31.73	31.37	31.44	35.53
	婚姻（未婚占比）	0.135	0.354	0.362	0.361	0.249
	民族（汉族占比）	0.989	0.994	0.980	0.982	0.985
	最高学历	4.322	3.200	3.200	3.200	3.753
	受教育时间（年）	10.560	8.993	8.996	8.995	9.765
	潜在工作经验（年）	23.18	16.74	16.37	16.45	19.77
	培训（占比）	0.398	0.226	0.264	0.257	0.326
	移民时间（年）		8.420	7.719	7.848	7.848

根据表 7 – 8 可以看出，城镇劳动力、本地农村劳动力和外地农村劳动力存在结构性差异：

第一，劳动力市场的性别构成方面，2002 年城镇劳动力、本地农村劳动力、外地城镇劳动力中男性所占比例分别为 55.9%、55.4% 和 57.1%，2007 年比例分别上升为 57.9%、59.7% 和 61.2%。2002～2007 年间，三类劳动力中的男性比例均有不同程度的增加，并且存在结构性差异，农村劳动力中男性比例高于城镇劳动力中的男性比例。这可能与农村劳动力外出打工从事的工作类型以及农村传统观念有关。首先，农村劳动力从农村进入城市，更多的是在民营经济中从事与体力活动有关的工作，男性劳动力更适合这类工作；其次，农村劳动力进入城市，难以获得城市户籍以及与户籍相挂钩的社会保障、受教育机会等，因此全家流动的比例较低，年长的父母和年幼的子女更多的是留在农村，中国传统观念中女性更适合在家乡照顾父母和子女。因此以上因素降低了农村劳动力中女性的比例，这与以往的研究发现相一致（吴贾、姚先国、张俊森，2015）。

第二，年龄在不同群体间存在显著差异。2002 年全样本的平均年龄为 38.80 岁，平均年龄最高的是城镇劳动力，为 40.56 岁，本地农村劳动力的平均年龄为 35.04 岁，而外地农村劳动力的平均年龄最低，为 33.91 岁，外来农村劳动力群体更年轻一些。相比较于 2002 年，2007 年的平均年龄均有不同程度地下降，全样本平均年龄为 35.53 岁，降低了约 3 岁。城镇劳动力、本地农村劳动力和外地农村劳动力的平均年龄由高到低，分别为 39.74 岁、31.73 岁和 31.37 岁。

第三，受教育时间在农村劳动力和城镇劳动力之间存在显著的不同，2002 年城镇劳动力和农村劳动力的受教育时间分别为 11.580 年和 7.860 年，二者相差 3.720 年；而在 2007 年受教育时间分别为 10.560 年和 8.995 年，二者相差 1.565 年，虽然仍然具有差异，但是差距在缩小。受教育时间在本地农村劳动力和外地农村劳动力之间并不存在显著的差异。从全样本而言，平均受教育时间由 2002 年 10.550 年下降到 2007 年 9.765 年，整体上城市劳动力市场受教育程度有了下降趋势。这些指标反映出：第一，与城镇劳动力相比较，农村劳动力的受教育程度明显偏低，这种教育上的"城乡差别"受到长期实施户籍制度和城市偏向型政策的影响。第二，农村劳动力在 2002 年和 2007 年平均受教育时间是逐步提高的，表明在城市劳动力市场上，农村劳动力的竞争力在逐步增强，越来越多的高学历的农村劳动力进入到城市劳动力市场。第三，对于城镇劳动力而言，虽然平均受教育时间有所下降，但是最高学历有所提高，可能的原因是，在城市劳动力市场深入改革后，就业市场化程度提高，城镇劳动力市场也逐步产生了分化。

第四，就潜在工作经验而言，2002 年和 2007 年全样本平均值分别为 22.28 年和 19.78 年，下降 2.50 年。可能的原因是，城市劳动力市场的平均年龄由 2002 年 38.80 岁，下降到 2007 年 35.53 岁，而受教育年限却由 10.550 岁下降到 9.765 岁。年龄下降幅度超过受教育年限下降的幅度，而潜在工作经验由年龄减去受教育年限减去 6 计算得到。就分样本而言，城镇劳动力、本地农村劳动力、外地农村劳动力的潜在工作经验逐步降低，2002 年分别为 22.98、21.40 和 19.97，2007 年为 23.18、16.74 和 16.37，城镇劳动力潜在工作经验有所提高，而本地农村劳动力和外地农村劳动力分别下降了 4.66 年和 3.60 年。

第五，从全样本来看，参加培训的比例在 2002 年和 2007 年为 0.225 和 0.326，约提高 10 个百分点，表明城市劳动力市场越来越重视培训在提高人力资本水平中的贡献。同样培训也在农村劳动力和城镇劳动力之间存在差异，2002 年城镇劳动力、本地农村劳动力、外地农村劳动力曾经接受培训的比例分别为 25.2%、15.3% 和 15.5%，到 2007 年该比例分别提升到 39.8%、22.6%、26.4%。

第六，对于农村劳动力的平均移民时间而言，2002 年平均为 7.997 年，而在 2007 年则平均为 7.848，并没有产生太大的变化，劳动力市场的少数民族的比例也没有太大的变化。就婚姻状况而言，2002 年未婚比例 10.6%，2007 提高到 24.9%，表明在城市劳动力市场上，未婚人口比例在逐步提升，而在农村劳动力样本中提升的比例最高。2002 年城镇劳动力、本地农村劳动力、外地农村劳动力未婚的比例分别为 11.2%、9.0% 和 8.9%，到 2007 年该比例分别提升到 13.5%、35.4%、36.2%。

7.4　城市集聚经济与工资溢价：全样本实证结果

在这一部分，我们首先考察城市集聚经济对劳动力工资水平的影响，利用 CHIP2002 和 CHIP2007 的全部劳动力样本，考察市场潜能和城市人口规模对劳动力工资的影响，验证城市集聚经济影响劳动力工资机制的有效性。由于城市人口规模与劳动力工资收入之间存在双向因果关系，以及可能的遗漏变量的问题，本书选择工具变量对估计结果进行验证。集聚经济常见的工具变量选择有两类：一类是地理性的工具变量，如西科恩在1996年选择1860年是否有铁路交通代表美国的经济集聚能力，国内学者刘修岩在2009年研究城市层面集聚经济与劳动生产率关系时，选择1933年样本城市是否修通铁路作为工具变量。另一类运用滞后期的人口规模，如陆铭、高虹、佐藤宏（2012）研究城市规模和劳动力就业机会的相关性时候，选择利用1953年中国第一次人口普查数据作为集聚经济的工具变量；高虹（2014）利用1953～1982年中国城市人口增长作为工具变量，分析城市人口规模对劳动力收入的影响；踪家峰、周亮（2015）利用1953年第一次人口普查数据作为集聚经济的工具变量，发现大城市存在工资溢价现象。借鉴陆铭等（2012）、高虹（2014）、踪家峰、周亮（2015）的做法，我们采用工具变量的方法对劳动力工资的决定模型进行估计，工具变量来自1953年中国第一次人口普查的城市人口数据。城市人口规模变化具有累积性和持久性特征，而中国城市规模近似遵循着平行增长的模式（陆铭、高虹、佐藤宏，2012），1953年距离2002年和2007年50多年，城市规模没有受新中国成立后的许多重大政治变化和从1978年以后各项经济改革的影响，对当前生产率和工资可能不会产生影响，即使存在影响，这些因素也更可能发生在1953年之后（王建国、李实，2015）。因此，1953年城市规模对2002年和2007年城市规模具有很强的解释力。

表7-9汇报了城市集聚经济对于劳动力小时工资影响。回归结果（1）汇报的是没有控制劳动者职业性质、就业单位的所有制性质、就业单位所在行业的回归结果。回归结果（2）（3）（4）是分别控制了劳动者职业性质、就业单位的所有制性质、就业单位所在行业的回归结果。回归结果（5）是同时控制了劳动者职业性质、就业单位的所有制性质、就业单位所在行业的结果。回归结果（6）汇报的是以1953年人口普查数据为工具变量的回归结果。工具变量显著性的F值检验统计量为1.7e+04，因此可以认为我们选择的工具变量是有效的，不存在明显的弱工具变量问题。6个回归结果均显示市场潜能、城市人口规模对劳动力小时工资具有显著正效应，城市集聚能力的提升能够显著提高劳动力的收入水平。下面主要针对回归结果（6）进行分析。

表 7 – 9　　　　　　　　城市集聚效应与工资溢价：全样本

变量	(1)	(2)	(3)	(4)	(5)	(6)
ln（市场潜能）	0.436 *** (0.015)	0.448 *** (0.015)	0.425 *** (0.015)	0.432 *** (0.015)	0.429 *** (0.015)	0.418 *** (0.015)
ln（人口规模）	0.072 *** (0.005)	0.081 *** (0.004)	0.069 *** (0.005)	0.083 *** (0.005)	0.085 *** (0.004)	0.124 *** (0.005)
本地农村劳动力	− 0.494 *** (0.017)	− 0.386 *** (0.017)	− 0.366 *** (0.017)	− 0.412 *** (0.017)	− 0.339 *** (0.017)	− 0.309 *** (0.018)
外地农村劳动力	− 0.466 *** (0.012)	− 0.379 *** (0.012)	− 0.347 *** (0.013)	− 0.391 *** (0.012)	− 0.334 *** (0.013)	− 0.309 *** (0.013)
性别	0.191 *** (0.009)	0.176 *** (0.009)	0.193 *** (0.009)	0.169 *** (0.009)	0.159 *** (0.009)	0.157 *** (0.009)
婚姻状况	− 0.093 *** (0.016)	− 0.080 *** (0.016)	− 0.102 *** (0.016)	− 0.092 *** (0.016)	− 0.069 *** (0.016)	− 0.075 *** (0.017)
民族	0.022 (0.027)	0.017 (0.026)	0.021 (0.026)	0.016 (0.026)	0.020 (0.025)	0.023 (0.027)
教育	0.063 *** (0.002)	0.051 *** (0.002)	0.051 *** (0.002)	0.051 *** (0.002)	0.043 *** (0.002)	0.041 *** (0.002)
经验	0.016 *** (0.002)	0.014 *** (0.002)	0.016 *** (0.002)	0.016 *** (0.002)	0.014 *** (0.002)	0.012 *** (0.002)
经验平方	− 0.0002852 *** (0.000)	− 0.0002785 *** (0.000)	− 0.0003165 *** (0.000)	− 0.0002974 *** (0.000)	− 0.0002751 *** (0.000)	− 0.0002529 *** (0.000)
培训	0.157 *** (0.010)	0.132 *** (0.009)	0.138 *** (0.009)	0.143 *** (0.009)	0.124 *** (0.009)	0.116 *** (0.010)
2007 年样本	1.959 *** (0.010)	1.940 *** (0.010)	1.927 *** (0.010)	1.946 *** (0.010)	1.917 *** (0.010)	1.879 *** (0.011)
工作岗位变量	N	Y	N	N	Y	Y
单位所有制变量	N	N	Y	N	Y	Y

续表

变量	(1)	(2)	(3)	(4)	(5)	(6)
产业类型变量	N	N	N	Y	Y	Y
常数项	-6.810*** (0.212)	-6.741*** (0.208)	-6.281*** (0.209)	-6.555*** (0.213)	-6.272*** (0.210)	-6.621*** (0.220)
Observations	22957	22957	22957	22957	22957	20409
Adjusted R^2	0.729	0.742	0.739	0.742	0.754	0.752
F	5147.770	4120.134	3617.661	2642.063	2006.475	1774.146
P	0.000	0.000	0.000	0.000	0.000	
Cragg – Donald Wald F statistic						1.7e + 04

注：括号内为标准差；* p < 0.10，** p < 0.05，*** p < 0.01。

7.4.1 城市集聚经济效应存在性证明

市场潜能的回归系数为 0.418，在 1% 统计水平上显著，即城市市场潜能每提高 1%，劳动力小时工资平均提高 0.418 个百分点。常住人口规模的回归系数为 0.124，在 1% 统计水平上显著，即城市常住人口规模每提高 1%，劳动力工资水平提高 0.124 个百分点。实证结果证实劳动力个体的工资水平与城市集聚显著正相关，城市集聚经济提高了该区域劳动力的竞争力，中国城市化进程中显著存在着集聚经济效应。劳动力在市场潜能高、常住人口规模大的城市会获得更高的工资，或者说市场潜能高、常住人口规模大的城市有能力支付给劳动者更高的工资。这也是生产要素流向大城市的主要原因。

户籍变量的回归结果表明，在控制住其他因素的情况下，相比较于城镇劳动力，农村劳动力（无论是本地农村劳动力还是外地农村劳动力）的工资下降 0.309 个百分点，并且在 1% 统计水平上显著。这表明城市劳动力市场上存在严重的市场分割，在控制其他因素的情况下，同等能力的劳动力由于户籍的不同而不能获得同等的报酬，在快速的城市化进程中，城市户籍歧视并没有止步。农村劳动力在工资待遇方面仍然受到不公平待遇，这些发现也与许多学者的研究相一致（吴贾、姚先国、张俊森、

2015)。

7.4.2 其他控制变量解释

在回归结果中，我们还控制了其他可能影响劳动力工资收入的个人特征。性别虚拟变量的回归系数为 0.157，婚姻虚拟变量的回归系数为 -0.075，均在 1% 统计水平上显著，和现有研究一致，"女性"和"未婚"显著降低了劳动者的小时工资收入。平均而言，女性的小时工资收入比男性低 15.7%，而未婚人士和已婚人士的小时工资收入差别也达到了 7.5%。

教育提升了劳动力市场的工资报酬，在我们的回归结果中，使用受教育年限表示的受教育程度的回归系数为 0.041，并且在 1% 统计水平上显著，受教育年限每增加 1 年，平均会带来工资水平 4.1 个百分点的提升。

工作经验对工资水平的影响呈现显著的倒 "U" 型，伴随着工作经验的增加，工资报酬会增加，但是当经验提高到一定程度以后，经验反而不利于工资水平的提高。这可能的原因是工作经验越多的人往往年龄越大（工作经验 = 年龄 - 受教育时间 - 6），而年龄越大的人在健康、精力、知识等方面处于劣势。根据回归结果，可以计算出，工作经验对工资水平的拐点出现在 23.73 年，即大约在工作经验小于 23.73 年时候，工作经验的增加有利于提高个人的工资水平，而当经验超过 23.73 年后，年龄的劣势开始发挥主要作用，经验的增加反而不利于工资水平的提高。在我们的回归样本中，大约有 57.55% 的劳动力处于拐点的左边。这意味着对于 57.55% 的劳动力而言，随着经验的增加，其小时工资收入不断上升。

是否参加培训的虚拟变量回归系数为 0.116，并且在 1% 水平上显著，表明参加各种培训有助于提高平均工资水平 0.116 个百分点。2007 年的劳动力工资明显高于 2002 年的平均工资水平，这体现了 5 年间城市劳动力小时工资收入的增长。而在我们的回归中，民族身份的差异对小时工资收入的影响不显著，可能的原因是多年来的民族政策取得了成效。

7.5 城市集聚经济与工资溢价：农村劳动力子样本实证结果

以上是将不同户籍性质的劳动力样本放在一起回归，可以得到城市集聚对所有劳动者工资溢价的平均效应。在长期的二元经济结构下，第一部门的农村劳动力不断地进入第二部门从事第二产业或者第三产业的经济活动，人口要素不断向城市聚集。城市化本身是集聚经济的较高层次，以城市为载体，拥有一定的空间规模，统一了产业集聚和劳动者（消费者）集聚。农村劳动力城市化是城市经济发展的动力，在中国分割的城市劳动力市场上，农村劳动力在城乡间流动存在流动成本，在学习、知识创新等方面和城市城镇劳动力存在显著的不同，因此农村劳动力是否受益于城市集聚经济，究竟多大程度上受益于城市集聚经济是我们关注的问题。以往的大多数研究集中在城市扩张能够给农村劳动力提供更多的就业机会（陆铭等，2012），但是城市集聚经济对农村劳动力的影响，不能仅仅考虑就业机会，因为要改变农村劳动力"候鸟式流动"现状，促进农村劳动力扎根于城市，农村劳动力能否依托城市的集聚效应提升自己的劳动技能水平，进而获得更高的工资收入至关重要，更具有长远的现实意义。

7.5.1 城市集聚经济与农村劳动力工资溢价

为了详细回答这个问题，接下来我们对农村劳动力子样本进行单独回归，该样本来自 CHIP 数据库中流动人口样本数据：本地农村户口和外地农村户口。表 7 - 10 中的回归结果（1）是利用 CHIP2002、CHIP2007 中的全部农村劳动力的估计结果，将不同移民时间、不同年龄阶段的样本放在一起进行回归，得到的是城市集聚经济对所有农村劳动力工资水平影响的平均效应，并没有对不同移民时间、不同年龄的个人加以区分。然而不同移民时间、不同年龄的劳动者从城市集聚经济中的收益可能并不相同。因此，为了考察城市集聚经济对农村劳动力工资水平影响的异质性，首先根据农村劳动力的移民时间是否大于平均移民时间，将农村劳动力样本分为两组，分别进行回归，回归结果（2）和（3）是根据移民时间的长短进行区分的子样本回归结果。其次根据农村劳动力的年龄是否大于平均年龄，将农村劳动力样本分为两组，分别进行回归，回归结果（4）和（5）是根据农村劳动力年龄分成两个子样本分别进行回归的估计结果。在所有的回归中，我们均控制了个人层面的特征。通过分析表7－10可知，回归结果具有很高的稳健性，下面我们主要分析回归结果（1）汇报的实证分析结论。

表7－10　　城市集聚经济与工资溢价：农村劳动力子样本

变量	（1）全部农村劳动力样本	（2）移民时间超过平均值	（3）移民时间低于平均值	（4）年龄超过平均值	（5）年龄低于平均值
ln（市场潜能）	0.420 *** （0.022）	0.403 *** （0.033）	0.429 *** （0.029）	0.348 *** （0.031）	0.487 *** （0.030）
ln（人口规模）	0.038 *** （0.007）	0.035 *** （0.011）	0.041 *** （0.009）	0.047 *** （0.011）	0.028 *** （0.010）
外地农村劳动力	0.024 （0.015）	0.034 （0.023）	0.016 （0.020）	0.037 * （0.022）	0.019 （0.020）
移民时间	0.010 *** （0.001）	0.002 （0.002）	0.030 *** （0.004）	0.010 *** （0.001）	0.008 *** （0.002）
性别	0.128 *** （0.012）	0.183 *** （0.020）	0.085 *** （0.016）	0.165 *** （0.019）	0.095 *** （0.016）
婚姻状况	− 0.043 ** （0.020）	− 0.002 （0.037）	− 0.064 ** （0.025）	0.066 （0.066）	0.005 （0.022）
民族	0.000 （0.031）	− 0.044 （0.053）	0.015 （0.038）	− 0.065 （0.048）	0.053 （0.040）
教育	0.036 *** （0.003）	0.034 *** （0.004）	0.039 *** （0.004）	0.024 *** （0.004）	0.061 *** （0.004）
经验	0.006 ** （0.003）	0.007 （0.005）	0.005 （0.003）	− 0.013 （0.008）	0.030 *** （0.006）
经验平方	− 0.0002635 *** （0.000）	− 0.0002383 ** （0.000）	− 0.0002433 *** （0.000）	0.0000386 （0.000）	− 0.0007018 *** （0.000）
培训	0.096 *** （0.015）	0.120 *** （0.023）	0.071 *** （0.019）	0.141 *** （0.025）	0.071 *** （0.018）

续表

变量	（1） 全部农村 劳动力样本	（2） 移民时间 超过平均值	（3） 移民时间 低于平均值	（4） 年龄超过 平均值	（5） 年龄低于 平均值
2007 年样本	1. 948 *** （0. 017）	1. 872 *** （0. 024）	2. 031 *** （0. 023）	1. 940 *** （0. 024）	1. 966 *** （0. 023）
工作岗位变量	Y	Y	Y	Y	Y
单位所有制变量	Y	Y	Y	Y	Y
产业类型变量	Y	Y	Y	Y	Y
常数项	− 6. 191 *** （0. 346）	− 5. 781 *** （0. 520）	− 6. 598 *** （0. 501）	− 4. 931 *** （0. 508）	− 7. 313 *** （0. 559）
Observations	9282	4161	5121	4344	4938
Adjusted R^2	0. 777	0. 754	0. 797	0. 779	0. 773
F	922. 894	365. 160	573. 737	438. 255	480. 442
P	0. 000	0. 000	0. 000	0. 000	0. 000

注：括号内为标准差；* $p < 0. 10$，** $p < 0. 05$，*** $p < 0. 01$。

从表 7 - 10 中，可以看出，城市集聚经济对所有农村劳动力工资溢价的平均效应均显著，快速的城市化进程有助于农村劳动力获得更高的工资水平。市场潜能的回归系数为 0. 420，在 1% 统计水平上显著，即城市市场潜能每提高 1%，农村劳动力的小时工资平均提高 0. 42%。常住人口规模的回归系数为 0. 038，在 1% 统计水平上显著，即城市常住人口规模每提高 1%，劳动力工资水平提高 0. 038%。实证结果证实农村劳动力从农村转移到城市中，确实能够依托城市的金融外部性和技术外部性，获得城市集聚效应，进而获取更高的工资收入，为将来扎根于城市劳动力市场奠定基础。

另外，从农村劳动力的 4 个子样本回归结果中可以看出，对于市场潜能而言，农村劳动力的移民时间越短，农村劳动力越年轻，获得的工资溢价效应越高。而对于技术外部性而言，移民时间越短则越容易获得城市人口规模带来的知识溢出，伴随着农村劳动力年龄的增加，则越能获得更高的技术外部性。

值得注意的是，移民时间对劳动力小时工资具有显著正向影响，回归系数为 0. 010，在 1% 统计水平上显著。这意味着农村劳动力在城市居住时间增加 1 年，工资将增加 0.01%。这证实了城市集聚经济"增长效应"的存在性，城市集聚效应随着劳动力在城市工作时间的增加而增加，农村劳动力的小时工资收入将显著地向城市居民同化。然而比较有意思的是，回归结果（2）显示，对于移民时间超过平均值的样本而言，移民时间差异却并不会带来工资水平的差异，可能的原因是伴随着移民时间的增加，在控制其他个人特征的情况下，农村劳动力的小时工资收入存在趋同特征。

7.5.2 内生性检验：工具变量回归

为了克服内生性和遗漏变量问题，我们依然采用 1953 年中国第一次人口普查数据作为工具变量进行回归，表 7-11 汇报工具变量的回归结果。选择 1953 年第一次人口普查数据作为工具变量时，进行弱工具变量检验的 Cragg-Donald Wald F 统计量均大于 10，证明不存在弱工具变量问题。

表 7-11　　　　城市集聚经济与工资溢价（工具变量回归）：
农村劳动力子样本

变量	(1) 全部农村 劳动力样本	(2) 移民时间 超过平均值	(3) 移民时间 低于平均值	(4) 年龄超过 平均值	(5) 年龄 低于平均值
ln（市场潜能）	0.398 *** (0.022)	0.375 *** (0.034)	0.416 *** (0.029)	0.318 *** (0.032)	0.471 *** (0.031)
ln（人口规模）	0.084 *** (0.008)	0.082 *** (0.013)	0.085 *** (0.011)	0.090 *** (0.012)	0.076 *** (0.012)
外地农村劳动力	0.015 (0.016)	0.039 * (0.024)	-0.005 (0.021)	0.048 ** (0.023)	-0.011 (0.021)
移民时间	0.010 *** (0.001)	0.003 (0.002)	0.033 *** (0.004)	0.010 *** (0.001)	0.009 *** (0.003)
性别	0.139 *** (0.013)	0.194 *** (0.021)	0.094 *** (0.017)	0.172 *** (0.020)	0.106 *** (0.017)

续表

变量	（1） 全部农村 劳动力样本	（2） 移民时间 超过平均值	（3） 移民时间 低于平均值	（4） 年龄超过 平均值	（5） 年龄 低于平均值
婚姻状况	-0.063 *** （0.022）	-0.014 （0.039）	-0.081 *** （0.027）	0.081 （0.069）	-0.010 （0.024）
民族	0.004 （0.034）	-0.021 （0.056）	0.006 （0.042）	-0.060 （0.051）	0.062 （0.044）
教育	0.033 *** （0.003）	0.031 *** （0.004）	0.036 *** （0.004）	0.021 *** （0.004）	0.059 *** （0.005）
经验	0.004 （0.003）	0.004 （0.005）	0.001 （0.004）	-0.015 * （0.008）	0.031 *** （0.007）
经验平方	-0.0002244 *** （0.000）	-0.0001928 ** （0.000）	-0.0001714 ** （0.000）	0.0000829 （0.000）	-0.0007892 *** （0.000）
培训	0.094 *** （0.016）	0.121 *** （0.024）	0.059 *** （0.021）	0.148 *** （0.026）	0.062 *** （0.019）
2007 年样本	1.951 *** （0.017）	1.877 *** （0.025）	2.032 *** （0.023）	1.955 *** （0.024）	1.958 *** （0.024）
工作岗位变量	Y	Y	Y	Y	Y
单位所有制变量	Y	Y	Y	Y	Y
产业类型变量	Y	Y	Y	Y	Y
常数项	-6.558 *** （0.347）	-6.052 *** （0.525）	-6.947 *** （0.504）	-5.137 *** （0.509）	-7.766 *** （0.565）
Observations	8340	3781	4559	3994	4346
Adjusted R^2	0.779	0.757	0.799	0.784	0.775
F	843.802	337.222	518.537	414.564	429.929
Cragg – Donald Wald F statistic	4.7e+04	2.3e+04	2.4e+04	2.3e+04	2.4e+04

注：括号内为标准差；* $p<0.10$，** $p<0.05$，*** $p<0.01$。

回归结果（1）是 CHIP2002 和 2007 数据库中的全部农村劳动力样本

的回归结果。回归结果（2）和（3）是根据移民时间是否超过平均移民时间分类的子样本回归结果。回归结果（4）和（5）是根据农村劳动力年龄是否超过平均年龄分类的子样本回归结果。

与表 7 – 10 中集聚效应的估计系数相比较，表 7 – 11 中人口规模的估计系数大于之前估计的系数。回归结果（1）中，人口规模对农村劳动力工资溢价的影响系数从 0.038 上升为 0.084；回归结果（2）中，人口规模对移民时间超过平均值的农村劳动力工资溢价的影响系数从 0.035 上升到 0.082；在回归结果（3）中，人口规模对移民时间低于平均值的农村劳动力工资溢价的影响系数从 0.041 上升到 0.085；在回归结果（4）中，人口规模代理的技术外部性对超过平均年龄的农村劳动力工资溢价影响系数从 0.047 上升到 0.090；在回归结果（5）中，人口规模代理的技术外部性对低于平均年龄的农村劳动力工资溢价影响系数则从 0.028 上升到 0.076。其余变量估计结果大致与表 7 – 10 相一致。

从表 7 – 11 可知，中国的城市化确实包容了农村劳动力，城市集聚经济大幅度提升了农村劳动力的工资水平。农村劳动力显著受益于城市集聚经济。具体来看，市场潜能的回归系数为 0.398，在 1% 统计水平上显著，这表明城市市场潜能提高 1%，农村劳动力的小时工资水平提高 0.398 个百分点。而常住人口规模的回归系数为 0.084，在 1% 统计水平上显著，即城市常住人口规模每提高 1%，劳动力工资水平提高 0.084%，农村劳动力在大城市会获得较高的工资溢价。回归结果（2）（3）（4）（5）和（1）的结果一致，表明我们的结论是可靠的。

回归结果证实，在城市劳动力市场上，不仅仅劳动者的个人特征会影响到工资水平，城市层面的特征也会发挥作用。在中国城市化进程中，农村劳动力在城市劳动力市场上能够分享到城市集聚经济带来的工资溢价，通过金融外部性和技术外部性两个途径获取更高的工资水平，为实现永久移民奠定基础。城市市场潜能高、常住人口规模大的城市有能力支付给农村劳动力较高的工资水平，会促进农村劳动力进一步向大城市流动。

7.6　模型拓展：城市集聚效应影响工资溢价的差异性分析

以上是将不同户籍性质的劳动力样本、全部农村劳动力放在一起回归，可以得到城市集聚对所有劳动者、所有农村劳动力工资溢价的平均效应。那么城市集聚进程中，农村劳动力和城镇劳动力在分享城市集聚效应方面是否存在差异呢？正如前文所说，城市集聚经济是"顺市场力量"，而户籍因素可以作为"逆市场力量"，不同户籍的劳动者从城市化过程中收益程度可能不同。这种差异性主要来自两个层次：第一，城镇劳动力和农村居民的不同；第二，外地人身份和本地人身份的不同。

目前有很多文献对城市新二元劳动力市场的市场分割现象进行了深入的研究分析，发现农村劳动力和城镇劳动力确实存在明显的工资差异，其中的差异绝大部分是由于歧视造成的，不能用生产率差异来解释（陈珣、徐舒，2014；章元、王昊，2011）。然而很少会有研究从集聚经济角度出发，引入城市层面特征，分析城市集聚经济效应在城镇劳动力和农村劳动力之间的分享问题。因此，本部分将关注城市集聚效应带来的城镇劳动力和农村劳动力工资溢价的差异性分析，即分析户籍因素是否对城市集聚经济的金融外部性和技术外部性带来的工资溢价产生影响。为了回答这个问题，本部分首先利用农村劳动力和城镇劳动力两个子样本，对比分析回归结果，然后利用三个子样本（城镇劳动力、本地农村劳动力、外地农村劳动力）分别进行回归，通过对比回归结果进行工资溢价的差异性分析。

7.6.1 城镇劳动力和农村劳动力工资溢价的差异性分析

表 7 - 12 报告了回归结果。回归结果（1）（2）（3）分别是全样本、城镇劳动力、农村劳动力的回归结果。回归结果（4）是以小时工资收入作为被解释变量，引入农村劳动力虚拟变量（城镇劳动力取值为 1，包括本地农村劳动力和外地农村劳动力在内的农村劳动力取值为 2），并引入虚拟变量和市场潜能、常住人口规模的交叉项来分析城市集聚经济分享的差异性。在实证检验中，我们均控制了教育、经验、性别、婚姻、民族、培训、就业单位所有制性质、工作岗位性质、就业单位所处产业、年份等个人特征的因素。

表 7 - 12　　　　　　　城市集聚经济与工资溢价的差异性：
城镇劳动力和农村劳动力

变量	（1）全样本	（2）城镇劳动力	（3）农村劳动力	（4）交叉项
农村劳动力虚拟变量				0.168 （0.446）
ln（市场潜能）	0.429*** （0.015）	0.421*** （0.019）	0.420*** （0.022）	0.421*** （0.018）
农村劳动力虚拟变量 * ln（市场潜能）				0.004 （0.029）
ln（人口规模）	0.085*** （0.004）	0.104*** （0.006）	0.038*** （0.007）	0.104*** （0.005）
农村劳动力虚拟变量 * ln（人口规模）				-0.063*** （0.009）
本地农村劳动力虚拟变量	-0.339*** （0.017）			
外地农村劳动力虚拟变量	-0.334*** （0.013）		0.024 （0.015）	
移民时间			0.010*** （0.001）	
性别	0.159*** （0.009）	0.163*** （0.012）	0.128*** （0.012）	0.163*** （0.011）
婚姻状况	-0.069*** （0.016）	-0.104*** （0.024）	-0.043** （0.020）	-0.104*** （0.023）
民族	0.020 （0.025）	0.054 （0.040）	0.000 （0.031）	0.054 （0.038）
教育	0.043*** （0.002）	0.042*** （0.003）	0.036*** （0.003）	0.042*** （0.003）
经验	0.014*** （0.002）	0.015*** （0.003）	0.006** （0.003）	0.015*** （0.003）

续表

变量	（1） 全样本	（2） 城镇劳动力	（3） 农村劳动力	（4） 交叉项
经验平方	− 0. 0002751 *** （0. 000）	− 0. 0002686 *** （0. 000）	− 0. 0002635 *** （0. 000）	− 0. 0002686 *** （0. 000）
培训	0. 124 *** （0. 009）	0. 118 *** （0. 012）	0. 096 *** （0. 015）	0. 118 *** （0. 011）
2007 年样本	1. 916 *** （0. 010）	1. 91 *** （0. 013）	1. 948 *** （0. 017）	1. 910 *** （0. 013）
工作岗位变量	Y	Y	Y	Y
单位所有制变量	Y	Y	Y	Y
产业类型变量	Y	Y	Y	Y
常数项	− 6. 272 *** （0. 210）	− 6. 488 *** （0. 272）	− 6. 167 *** （0. 351）	− 6. 488 *** （0. 260）
Observations	22957	13663	9282	22957
Adjusted R^2	0. 754	0. 748	0. 777	0. 759
F	2006. 475	1229. 280	922. 894	1080. 447
P	0. 000	0. 000	0. 000	0. 000

注：括号内为标准差；* $p < 0.10$，** $p < 0.05$，*** $p < 0.01$。

从表 7 - 12 中可以看出，城镇劳动力和农村劳动力的市场潜能的回归系数分别为 0. 421 和 0. 420，在 1% 统计水平上显著，即城市市场潜能每提高 1%，城镇劳动力和农村劳动力的小时工资分别提高 0. 421% 和 0. 420%，不存在显著的不同。回归结果（4）中代表户籍差异的虚拟变量和市场潜能交叉项的统计结果也不显著，进一步证实了市场潜能对农村劳动力和城镇劳动力的工资溢价方面不存在显著的差异，这说明该结果是稳健的。城市市场增加的市场潜能，增加了企业的前后关联，通过降低企业中间产品等产生成本，吸引了大量企业倾向于选址在市场潜能大的地方，从而扩张了对劳动力的需求，在提升就业机会的同时，不同户籍性质劳动者在城市市场潜能扩张中获得的工资溢价趋于一致。

而城市人口规模对工资溢价的影响则存在显著的差异性。表 7 - 12 的回归结果显示，城镇劳动力和农村劳动力的人口规模的回归系数分别为 0.104 和 0.038，均在 1% 统计水平上显著，即城市常住人口规模提高 1%，城镇劳动力和农村劳动力的小时工资分别提高 0.104% 和 0.038%，二者相差 0.066%。该结果在回归结果（4）中同样得到了证实。回归结果（4）中代表户籍差异的虚拟变量和市场潜能交叉项的统计结果为 −0.063%，在 1% 统计水平上显著，这意味着在控制其他因素的情况下，仅仅户籍身份的不同就会导致劳动力获得技术外部性带来的工资溢价存在显著的差异，根据我们的样本，具有城市户籍的城镇劳动力获得的工资溢价要比农村劳动力高出 0.063 个百分点，虽然大城市可以获得更多的知识外溢，通过劳动者之间的互动，农村劳动力可以学到的更多，但是相比较于城镇劳动力，农村劳动力由于技术外部性获得的工资溢价显著降低。而该差异是不能用劳动者个人特征解释的，城市人口规模增加带来的技术外部性更多地被具有城市户籍的劳动者享有，并没有在农村劳动力和城镇劳动力之间无差异分配，扩大了两类劳动力工资收入的差距。

因此可以得到一个初步结论，作为生产要素及其经济活动空间集聚的城市化进程，确实能够通过集聚经济提高工资水平，然而城市集聚带来的金融外部性和技术外部性在分割劳动力市场产生的集聚效应是不同的，城市市场潜能带来的工资溢价在农村劳动力和城镇劳动力之间无差异地分享，而城市人口规模扩大带来的工资溢价则更多地偏向了具有城镇户籍的劳动者。

7.6.2 城镇劳动力和农村劳动力工资溢价的差异性分析：工具变量回归

我们同样采用 1953 年人口普查数据作为工具变量克服内生性和遗漏变量的问题，进行弱工具变量检验的 Cragg – Donald Wald F 统计量取值分别为 6.2e +04（城镇劳动力）和 4.8e +04（农村劳动力），证明不存在弱工具变量问题。表 7 – 13 汇报工具变量的回归结果。

表 7 – 13   城市集聚经济与工资溢价的差异性（工具变量）：
城镇劳动力和农村劳动力

变量	（1）全样本	（2）城镇劳动力	（3）农村劳动力
ln（市场潜能）	0.418 *** （0.015）	0.417 *** （0.020）	0.398 *** （0.022）
ln（人口规模）	0.124 *** （0.005）	0.144 *** （0.007）	0.084 *** （0.008）
本地农村劳动力虚拟变量	– 0.30898 *** （0.018）		
外地农村劳动力虚拟变量	– 0.30929 *** （0.013）		0.015 （0.0016）
移民时间			0.010 *** （0.001）
性别	0.157 *** （0.009）	0.153 *** （0.012）	0.139 *** （0.013）
婚姻状况	– 0.075 *** （0.017）	– 0.101 *** （0.025）	– 0.063 *** （0.022）
民族	0.023 （0.027）	0.053 （0.041）	0.004 （0.034）
教育	0.041 *** （0.002）	0.040 *** （0.003）	0.033 *** （0.003）
经验	0.012 *** （0.002）	0.015 *** （0.003）	0.004 （0.003）
经验平方	– 0.0002529 *** （0.000）	– 0.0002621 *** （0.000）	– 0.0002244 *** （0.000）
培训	0.116 *** （0.010）	0.112 *** （0.013）	0.094 *** （0.016）
2007 年样本	1.879 *** （0.011）	1.851 *** （0.014）	1.951 *** （0.017）

续表

变量	（1） 全样本	（2） 城镇劳动力	（3） 农村劳动力
工作岗位变量	Y	Y	Y
单位所有制变量	Y	Y	Y
产业类型变量	Y	Y	Y
常数项	− 6. 621 *** （0. 220）	− 6. 932 *** （0. 290）	− 6. 558 *** （0. 347）
Observations	20409	12058	8340
Adjusted R²	0. 752	0. 743	0. 779
F	1774. 146	1059. 893	843. 802
Cragg – Donald Wald F statistic	1. 1e + 05	6. 2e + 04	4. 7e + 04

注：括号内为标准差；* p < 0.10，** p < 0.05，*** p < 0.01。

与表 7 – 12 中集聚效应的估计系数相比较，表 7 – 13 中人口规模的估计系数大于之前估计的系数。对于全样本而言，人口规模对劳动力市场的工资溢价影响系数从 0.085 上升到 0.124，对城镇劳动力工资溢价影响系数则从 0.104 上升到 0.144，而农村劳动力工资溢价的影响系数则从 0.038 上升至 0.084，其余变量估计结果大致与表 7 – 12 相一致。

我们也可以从该回归结果得到启发，如果不将城市二元劳动力市场上的农村劳动力区分为本地农村劳动力和外地农村劳动力，研究城市集聚经济对劳动力市场工资溢价影响的差异性，可能是有偏差的。比如在表 7 – 13 回归结果（3）中，表示外地农村劳动力虚拟变量的回归系数虽然为正值，但是在统计上不显著，导致它不显著的一个可能的原因就是将外地农村劳动力和本地农村劳动力混合在一起，有可能存在着方向完全相反的集聚经济影响。全样本的工具变量回归中，相比较于城市城镇劳动力，本地农村劳动力和外地农村劳动力虚拟变量的回归系数分别为 − 0.30898 和 − 0.30929，均在 1% 统计水平上显著。在控制其他变量的情况下，相比较于城市城镇劳动力，本地农村劳动力和外地农村劳动力的工资溢价下降 30.898% 和 30.929%，但是这为金融外部性和技术外部性共同作用的结果，并没有区分城市集聚的市场机制和非市场机制对于工资溢价的差异性影响。

7.6.3 城镇劳动力、本地农村劳动力和外地农村劳动力工资溢价的差异性分析

为了证实上面的问题,我们将劳动力市场上的劳动力划分为三类:城镇劳动力、本地农村劳动力、外地农村劳动力(虽然 CHIP2002 和 CHIP2007 的调研对象包括四类:本地城镇劳动力、外地城镇劳动力、本地农村劳动力和外地农村劳动力,但是由于外地城镇劳动力样本数量很少,所以将外地城镇劳动力和本地城镇劳动力合并)。借此可以考察户籍来源地的不同对城市集聚效应分享的差异。

表 7-14 报告了分样本的回归结果。回归结果(1)(2)(3)(4)分别是全样本、城镇劳动力、本地农村劳动力、外地农村劳动力子样本的回归结果。回归结果(5)是以小时工资收入作为被解释变量,引入户籍变量 hukou 和市场潜能、常住人口规模的交叉项来捕捉城市集聚经济效应在三类劳动力市场的差异性。和前面一样,在实证分析中,我们均控制了教育、经验、性别、婚姻、民族、培训、就业单位所有制性质、工作岗位性质、就业单位所处产业、年份等个人特征的因素。

表 7-14　　　　集聚经济与工资溢价的差异性:城镇劳动力、
本地农村劳动力和外地农村劳动力

变量	(1) 全样本	(2) 城镇劳动力	(3) 本地农村 劳动力	(4) 外地农村 劳动力	(5) 交叉项
本地农村劳动力虚拟 变量	-0.339*** (0.017)				1.637* (0.942)
外地农村劳动力虚拟 变量	-0.334*** (0.013)				-0.040 (0.522)
ln(市场潜能)	0.429*** (0.015)	0.421*** (0.019)	0.304*** (0.047)	0.455*** (0.026)	0.421*** (0.019)
本地农村劳动力虚拟 变量*ln(市场潜能)					-0.119** (0.056)

续表

变量	（1） 全样本	（2） 城镇劳动力	（3） 本地农村 劳动力	（4） 外地农村 劳动力	（5） 交叉项
外地农村劳动力虚拟变量＊ln（市场潜能）					0.033 （0.033）
ln（人口规模）	0.085 *** （0.004）	0.104 *** （0.006）	0.065 *** （0.016）	0.028 *** （0.008）	0.104 *** （0.006）
本地农村劳动力虚拟变量＊ln（人口规模）					− 0.036 * （0.019）
外地农村劳动力虚拟变量＊ln（人口规模）					− 0.074 *** （0.011）
移民时间			0.009 *** （0.002）	0.011 *** （0.001）	
性别	0.159 *** （0.009）	0.163 *** （0.012）	0.175 *** （0.026）	0.115 *** （0.014）	0.163 *** （0.011）
婚姻状况	− 0.069 *** （0.016）	− 0.104 *** （0.024）	− 0.113 ** （0.046）	− 0.023 （0.023）	− 0.105 *** （0.023）
民族	0.020 （0.025）	0.054 （0.040）	− 0.099 （0.083）	0.014 （0.034）	0.054 （0.038）
教育	0.043 *** （0.002）	0.042 *** （0.003）	0.035 *** （0.006）	0.037 *** （0.003）	0.042 *** （0.003）
经验	0.014 *** （0.002）	0.015 *** （0.003）	− 0.003 （0.006）	0.009 *** （0.003）	0.015 *** （0.003）
经验平方	− 0.0002751 *** （0.000）	− 0.0002686 *** （0.000）	− 0.0000591 （0.000）	− 0.0003271 *** （0.000）	− 0.0002686 *** （0.000）
培训	0.124 *** （0.009）	0.118 *** （0.012）	0.101 *** （0.032）	0.095 *** （0.016）	0.118 *** （0.011）
2007 年样本	1.916 *** （0.010）	1.91 *** （0.013）	1.905 *** （0.034）	1.954 *** （0.019）	1.910 *** （0.013）
工作岗位变量	Y	Y	Y	Y	Y

续表

变量	（1） 全样本	（2） 城镇劳动力	（3） 本地农村 劳动力	（4） 外地农村 劳动力	（5） 交叉项
单位所有制变量	Y	Y	Y	Y	Y
产业类型变量	Y	Y	Y	Y	Y
常数项	-6.272 *** (0.210)	-6.488 *** (0.272)	-4.799 *** (0.809)	-6.491 *** (0.419)	-6.488 *** (0.260)
Observations	22957	13663	1985	7297	22957
Adjusted R²	0.754	0.748	0.789	0.768	0.759
F	2006.475	1229.280	218.629	711.915	717.700
P	0.000	0.000	0.000	0.000	0.000

注：括号内为标准差；* $p<0.10$，** $p<0.05$，*** $p<0.01$。

从表 7 - 14 中可以看出，城镇劳动力、本地农村劳动力、外地农村劳动力的市场潜能回归系数分别为 0.421、0.304 和 0.455，在 1% 统计水平上显著，这意味着市场潜能每提高 1%，城镇劳动力、本地农村劳动力、外地农村劳动力的小时工资分别提高 0.421%、0.304% 和 0.455%，本地农村劳动力的回归系数显著低于外地农村劳动力和城镇劳动力，外地农村劳动力由于市场潜能获得的工资溢价最高。回归结果（5）引入交叉项的实证结果证实，和城镇劳动力相比较，外地农村劳动力虚拟变量和市场潜能交叉项的回归系数为正值，并不显著。本地农村劳动力虚拟变量和市场潜能交叉项的回归系数为 - 0.119，并且在 5% 统计水平上显著，这表示，在其他因素控制的情况下，一个本地农村劳动力在本地城市中，会获得城市市场潜能带来的工资溢价，但是比城镇劳动力少 0.119%。

然而城市人口规模带来的工资溢价在分割的劳动力市场上存在着显著的差异。城镇劳动力、本地农村劳动力、外地农村劳动力的城市常住人口规模的回归系数分别为 0.104、0.065，0.028，在 1% 统计水平上显著。这意味着城市人口规模每增加 1%，城镇劳动力、本地农村劳动力、外地农村劳动力的小时工资收入分别可以提高 0.104%、0.065%、0.028%，获得的工资溢价逐步显著降低，虽然农村劳动力可以在城市化进程中通过进城务工获得较高的工资收入，但一个外地农村劳动力在城市人口集聚过程中，通过学习、分享等获得的工资溢价显著低于城市城镇劳动力。回归结果（5）引入户籍虚拟变量和人口规模交叉项，本地农村劳动力虚拟变量和人口规模交叉项的回归系数为 -0.036，在 10% 统计水平上显示，外地农村劳动力虚拟变量和人口规模交叉项的回归系数为 -0.074，在 1% 统计水平上显著，这意味着，在控制其他变量的情况下，相比较于城镇劳动力，本地农村劳动力由于农村户籍身份获得的工资溢价降低 0.036 个百分点，外地农村劳动力由于农村户籍和外地人身份获得的工资溢价降低 0.074 个百分点。

7.6.4　城镇劳动力、本地农村劳动力和外地农村劳动力工资溢价的差异性分析：工具变量

和前文一样，为了克服内生性和遗漏变量问题，我们依然采用 1953 年中国第一次人口普查数据作为工具变量进行回归，进行弱工具变量检验的 Cragg - Donald Wald F 统计量均大于 10，证明不存在弱工具变量问题。表 7 - 15 汇报工具变量的回归结果。

表 7 - 15　　　　　集聚经济与工资溢价的差异性（工具变量）：
城镇劳动力、本地农村劳动力和外地农村劳动力

变量	（1） 全样本	（2） 城镇劳动力	（3） 本地农村 劳动力	（4） 外地 农村劳动力
本地农村劳动力虚拟变量	- 0.3089772 *** （0.018）			
外地农村劳动力虚拟变量	- 0.3092922 *** （0.013）			
ln（市场潜能）	0.418 *** （0.015）	0.417 *** （0.020）	0.332 *** （0.047）	0.421 *** （0.026）
ln（人口规模）	0.124 *** （0.005）	0.144 *** （0.007）	0.119 *** （0.018）	0.072 *** （0.010）
移民时间			0.008 *** （0.002）	0.011 *** （0.001）
性别	0.157 *** （0.009）	0.153 *** （0.012）	0.181 *** （0.026）	0.127 *** （0.015）

续表

变量	（1） 全样本	（2） 城镇劳动力	（3） 本地农村 劳动力	（4） 外地 农村劳动力
婚姻状况	-0.075 *** （0.017）	-0.101 *** （0.025）	-0.127 *** （0.046）	-0.042 * （0.025）
民族	0.023 （0.027）	0.053 （0.041）	-0.022 （0.085）	0.008 （0.037）
教育	0.041 *** （0.002）	0.040 *** （0.003）	0.031 *** （0.006）	0.033 *** （0.003）
经验	0.012 *** （0.002）	0.015 *** （0.003）	-0.009 （0.006）	0.007 ** （0.003）
经验平方	-0.0002529 *** （0.000）	-0.0002621 *** （0.000）	0.0000482 （0.000）	-0.0003071 *** （0.000）
培训	0.116 *** （0.010）	0.112 *** （0.013）	0.127 *** （0.032）	0.085 *** （0.018）
2007 年样本	1.879 *** （0.011）	1.851 *** （0.014）	1.909 *** （0.033）	1.960 *** （0.020）
工作岗位变量	Y	Y	Y	Y
单位所有制变量	Y	Y	Y	Y
产业类型变量	Y	Y	Y	Y
常数项	-6.621 *** （0.220）	-6.932 *** （0.290）	-6.043 *** （0.805）	-6.608 *** （0.424）
Observations	20409	12058	1857	6483
Adjusted R^2	0.752	0.743	0.794	0.773
F	1774.146	1059.893	212.567	649.820
Cragg – Donald Wald F statistic	1.1e + 05	6.2e + 04	1.1e + 04	3.4e + 04

注：括号内为标准差； * p < 0.10， ** p < 0.05， *** p < 0.01。

与表 7 - 14 中集聚效应的估计系数相比较，表 7 - 15 中人口规模的估计系数大于之前估计的系数。对于城镇劳动力子样本而言，人口规模对劳动力市场的工资溢价影响系数从 0.104 上升到 0.144，对本地农村劳动力工资溢价影响系数则从 0.065 上升到 0.119，而外地农村劳动力工资溢价的影响系数则从 0.028 上升至 0.072，虽然人口规模的估计系数都得到不同程度上升，但还是和前面结论一致：城镇劳动力、本地农村劳动力、外地农村劳动力获得人口规模带来的工资溢价逐步降低。其余变量估计结果大致与表 7-14 相一致。

从表 7-15 中可以看出，城镇劳动力、本地农村劳动力、外地农村劳动力的市场潜能的回归系数分别为 0.417、0.332 和 0.421，在 1% 统计水平上显著，这意味着城市市场潜能每提高 1%，城镇劳动力、本地农村劳动力、外地农村劳动力的小时工资分别提高 0.417%、0.332% 和 0.421%，本地农村劳动力的回归系数显著低于外地农村劳动力和城镇劳动力，外地农村劳动力和城镇劳动力之间不存在显著的差别。

然而城市人口规模带来的工资溢价在分割的劳动力市场上存在着显著的差异。城镇劳动力、本地农村劳动力、外地农村劳动力的城市常住人口规模的回归系数分别为 0.144、0.119，0.072，在 1% 统计水平上显著，这意味着城市人口规模每增加 1%，城镇劳动力、本地农村劳动力、外地农村劳动力的小时工资收入分别可以提高 0.144%、0.119%、0.072%，获得的工资溢价逐步显著降低，外地农村劳动力显著低于城镇劳动力，仅为城镇劳动力获得工资溢价的 50%。

7.6.5 进一步讨论：户籍身份与工资溢价的差异性

经过上面分析，我们可以得到清晰的结论：户籍制度使得集聚经济效应的分享变得复杂而独特。城镇劳动力和本地农村劳动力存在是否具有城市户籍的差异，城镇劳动力和外地农村劳动力存在是否具有外地户籍和城市户籍的差异，而本地农村劳动力和外地农村劳动力都不具备城市户籍，但是二者具有是否外地户籍的差别。户籍制度的背后是长期以来的二元经济结构影响以及城市保护本地市场、对外排他性的制度安排等。而这些造成了不同户籍身份的劳动力在城市劳动力市场上就业存在结构性差异。为了进一步详细解释户籍身份和差异性工资溢价的关系，需要先分析户籍带来的就业差异。

如表 7-16 所示，从职业性质来看，75% 左右的城镇劳动力集中在固定岗位或者为长期合同工，76%左右的本地农村劳动力和66%左右的外地农村劳动力的就业岗位是短期合同工和私营为主；从就业单位所有制来看，63%左右的城镇劳动力可以在事业单位和国有企业获得就业机会；而81%左右的本地农村劳动力和76%左右的外地劳动力在集体企业就业或者从事个体户工作。87%左右的农村劳动力在低收入行业就业，而这一比例在城镇劳动力中仅约56%。本地农村劳动力和外地农村劳动力也存在一定就业差异。相比较于本地农村劳动力，外地农村劳动力在固定岗位工作和作为长期合同工的比例高出本地农村劳动力约10%。

表7-16 劳动力就业类型汇总

就业类型	城镇劳动力（%）	本地农村劳动力（%）	外地农村劳动力（%）	全样本均值（%）
固定职工	42.50	5.14	6.67	27.95
长期合同工	32.13	16.36	24.2	28.26
短期合同工	17.10	33.48	30.32	22.69
私营	5.87	42.45	36.58	18.73
其他	2.40	2.57	2.23	2.36
合计	100.00	100.00	100.00	100.00
事业单位	33.60	2.77	3.34	21.37
国有企业	29.23	5.94	4.72	19.47
集体企业	9.91	25.48	30.38	17.72
个体	9.09	55.84	46.17	24.84
私营企业	5.98	2.97	3.96	5.08
外资企业	4.82	3.83	7.44	5.56
其他	7.37	3.17	4.01	5.95
合计	100.00	100.00	100.00	100.00
低收入行业	56.05	87.46	87.26	68.63
高收入行业	43.95	12.54	12.74	31.37
合计	100.00	100.00	100.00	100.00

　　因此，从总体上，城镇劳动力的就业具有稳定性高、垄断性高、收入高的特征，而农村劳动力则大多在稳定性差、自由竞争、收入低的岗位就业；相比较于本地农村劳动力，外地农村劳动力在稳定性高的固定岗位就业比例更高。

1. 市场潜能与工资溢价的差异性

　　根据前面分析可知，城镇劳动力、本地农村劳动力、外地农村劳动力从城市市场潜能扩张中均得到了工资水平的提高。平均来说，城市市场潜能每增加 1%，三类劳动力获得工资溢价效应分别为 0.417%、0.332%、0.421%。在其他条件不变的情况下，在分享金融外部性带来的工资溢价方面，城镇劳动力和外地农村劳动力二者并不存在显著的差异（表 7－14 中，外地农村劳动力虚拟变量和市场潜能交叉项的回归结果为正值，但是并不显著），而本地农村劳动力则显著低于城镇劳动力和外地农村劳动力。

　　首先，我们以市场潜能的 1/4 分位数、2/4 分位数和 3/4 分位数，将样本分为 4 个子样本：城市类型 1（市场潜能小于 1/4 分位数）、城市类型 2（市场潜能介于 1/4 分位数和 2/4 分位数之间）、城市类型 3（市场潜能介于 2/4 分位数和 3/4 分位数之间）、城市类型 4（市场潜能大于 3/4 分位数）。表 7－17 汇总了不同城市类型中工作岗位、工作单位所有制性质、行业不同的小时工资均值。

　　从表 7－17 可以看出，伴随着市场潜能的增加，就业于不同工作类型、工作单位所有制、行业的劳动力的工资水平都会得到不同程度的增加。最后一列表示从最低市场潜能到最高市场潜能小时工资水平增长的倍数。从中可以看出，城镇劳动力集中的固定岗位和长期合同工等工作岗位的小时工资增长倍数为 2.99（均值），低于农村劳动力集中就业的短期合同工和私营单位的小时工资增长倍数 3.29（均值）。而城镇劳动力集中的事业单位和国有企业的小时工资增长倍数（3.62）略高于农村劳动力所在的私营企业、集体企业和个体的小时工资增长倍数（2.83）。同样农村劳动力集中就业的低收入行业的小时工资增长倍数为 3.28，高于高收入行业的 2.79 倍，然而约 56% 的城镇劳动力在低收入行业就业，可以获得低收入行业工资增长效应。

表 7 - 17   市场潜能与工资溢价的差异性

就业类型	城市类型 1（元）	城市类型 2（元）	城市类型 3（元）	城市类型 4（元）	总增长倍数
固定职工	15.04	18.48	38.38	50.82	3.38
长期合同工	17.19	15.55	32.49	44.67	2.60
短期合同工	8.83	9.02	20.62	21.17	2.40
私营	8.71	13.13	22.18	36.37	4.18
事业单位	18.47	21.37	40.25	53.67	2.91
国有企业	9.99	13.08	26.29	43.18	4.32
外资企业	25.64	14.53	36.17	50.78	1.98
集体企业	11.38	10.65	26.31	39.17	3.44
私营企业	19.21	17.29	29.15	33.97	1.77
个体	8.29	11.78	19.9	27.11	3.27
低收入行业	10.47	12.25	24.76	34.37	3.28
高收入行业	17.89	18.77	38.64	49.99	2.79

因此，可以得到结论，城市市场潜能增加带来的工资溢价并不具备显著的差异性。甚至由于外地农村劳动力没有城镇户籍，流动成本（如资产处置、社会关系重建等）较低，能够更多地获得市场潜能带来的工资报酬。

相比较于外地农村劳动力，本地农村劳动力获得金融外部性带来的工资溢价最低。平均来说，城市市场潜能每增加 1%，二者的工资溢价相差 0.089 个百分点。以 A、B 两个城市为例，假设相比较于 A 城市，B 城市较大的市场潜能形成足够大的拉力，B 城市能够吸纳的农村劳动力数量大于本地农村愿意迁移的劳动力数量，因此存在 A 地区农村劳动力向 B 城市流动形成的异地城市化以及 B 地区的本地农村劳动力城乡流动形成的本地城市化。本地农村劳动力与外地农村劳动力在劳动力市场上的差异来自外来/本地户籍差异作用，背后是城市保护本地劳动力、对外排他的制度性安排。而只有在异地劳动力市场上具有竞争优势的劳动力才能获得就业机会。据统计，相比较于本地农村劳动力，外地农村劳动力的受教育水平、参加培训的概率都较高，正如前面所分析的，相比较于本地农村劳动力，外地农村劳动力在稳定性高的固定岗位以及外资企业的就业比例高于本地农村劳动力。这就证实了外地农村劳动力具有较强的市场竞争力。伴随着市场潜能的增加，固定岗位的小时工资收入增长倍数为 3.38，在四类工作岗位中位居第二位。所以外地农村劳动力从城市市场潜能扩大中的受益也会高于本地农村劳动力。

2. 城市人口规模与工资溢价的差异性

所有劳动者均从城市人口规模扩张中得到了工资水平的提高，但是三种类型的劳动者之间存在着显著的差异性。平均来说，城市人口规模每增加 1%，城镇劳动力的工资水平会提高 0.144 个百分点，而对于本地农村劳动力和外地农村劳动力而言，此效应分别为 0.119 和 0.072，外地农村劳动力的效应仅为城镇劳动力的 50%。外地农村劳动力从城市人口规模扩大中受益程度最低，主要是由于自身人力资本水平和就业特征造成的。一方面由于外地农村劳动力人力资本水平均值低于城镇劳动力，城市人口规模扩大对低人力资本水平影响较低；另一方面外地农村劳动力就业的知识密集程度较低，从知识溢出中获得收益相对较少。

首先，我们根据受教育年限的 2/4 分位数（10）和 3/4 分位数（12），将样本分为三个子样本（表 7-18 只汇报了城市规模和市场潜能的估计系数和标准差，其他可能影响劳动力工资收入的变量系数与全样本相似，因此没有报告）。我们发现，相比较于受教育水平高的劳动力，受教育水平低于 10 年的劳动力获益程度显著更小，而外地农村劳动力和本地农村劳动力的受教育水平平均值均低于 10（城镇劳动力、本地农村劳动力、外地农村劳动力的受教育年限均值分别为 11.13、8.44 和 8.69 年）。因此由于自身人力资本水平低的原因，外地农村劳动力由于城市人口规模扩大获得工资溢价较低。

表 7-18　　　　　　　　城市人口规模与工作溢价的差异性

变量	受教育年限≤10	<10 受教育年限≤12	<12 受教育年限
ln（人口规模）	0.114 *** (0.007)	0.121 *** (0.009)	0.175 *** (0.013)
ln（市场潜能）	0.442 *** (0.020)	0.399 *** (0.026)	0.356 *** (0.041)

续表

变量	受教育年限≤10	<10 受教育年限≤12	<12 受教育年限
本地农村劳动力虚拟变量	-0.355 *** (0.023)	-0.293 *** (0.036)	-0.032 (0.092)
外地农村劳动力虚拟变量	-0.351 *** (0.018)	-0.314 *** (0.024)	-0.074 (0.062)

注：括号内为标准差；* $p<0.10$，** $p<0.05$，*** $p<0.01$。

其次，从表 7 – 19 中可知，伴随着城市规模的扩大，不同工作岗位的受教育水平均有不同程度的提高，但是固定岗位、长期合同工的受教育水平始终高于外地农村劳动力集中的短期合同工/临时工、私营/个体经营者岗位；从工作单位所有制上来看，伴随着城市规模的扩大，不同所有制单位的就业人员受教育水平也有了不同程度的提高，但是外地农村劳动力集中的集体企业、私营企业普遍低于事业单位和国有企业；类似的规律同样显现在行业类别上，外地农村劳动力集中的低收入行业的受教育水平低于城镇劳动力集中的高收入行业。因此，在城市劳动力市场上，外地农村劳动力由于所处工作环境的知识密集度较低，所以经由学习、交流等途径获得的知识溢出较少，进而获得较低的工资溢价。

表 7 – 19　　　　　　　城市人口规模与劳动力受教育水平　　　　　　单位：年

就业类型	小城市 100 万人以下	中等规模城市 100 万人 ~ 300 万人	大城市 300 万人以上
固定职工	11.43	11.32	11.48
长期合同工	10.44	10.34	10.66
短期合同工	9.41	9.675	9.85
私营	7.96	8.300	8.41
事业单位	11.81	11.41	11.52
国有企业	10.87	10.77	11.01
集体企业	10.02	10.06	9.96
私营企业	9.54	9.75	9.69
外资企业	10.35	9.99	10.90

就业类型	小城市 100 万人以下	中等规模城市 100 万人~300 万人	大城市 300 万人以上
个体	8.19	8.65	8.69
低收入行业	9.36	9.53	9.83
高收入行业	11.35	11.22	11.3

7.7 本章小结

　　本章利用 CHIP2002 和 CHIP2007 数据，考察了城市集聚能力对于劳动力工资收入的影响及其影响的差异性，并利用 1953 年中国第一次人口普查数据作为工具变量检验结论的稳健性。研究结果发现：城市市场潜能和人口规模的扩大有助于劳动力收入水平的提升。平均来讲，城市市场潜能和城市人口规模每上升 1%，劳动力小时工资收入分别提升 0.418% 和 0.124%；作为城市化进程的主要推动力量，农村劳动力同样获得城市集聚经济带来的工资溢价，城市市场潜能和城市人口规模每提高 1%，农村劳动力小时工资收入分别提高 0.398% 和 0.084%。

　　由于城市劳动力市场存在城乡分割和区域分割，城市集聚能力在促进劳动力小时工资收入方面存在结构性差异性：城镇劳动力、本地农村劳动力、外地农村劳动力的小时工资收入与金融外部性的回归系数分别为 0.417、0.332 和 0.421，在 1% 统计水平上显著，这意味着城市集聚产生的金融外部性提高 1%，城镇劳动力、本地农村劳动力、外地农村劳动力的小时工资分别提高 0.417%、0.332% 和 0.421%。外地农村劳动力和城镇劳动力获得市场潜能带来的工资溢价最高，二者之间不存在显著的差异，本地农村劳动力获得的工资溢价最低。城镇劳动力、本地农村劳动力、外地农村劳动力的小时工资收入与技术外部性的回归系数分别为 0.144、0.119，0.072，在 1% 统计水平上显著，这意味着城市集聚产生的技术外部性增加 1%，城镇劳动力、本地农村劳动力、外地农村劳动力的小时工资收入分别可以提高 0.144%、0.119%、0.072%，外地农村劳动力获得技术外部性带来的工资溢价最低，仅仅达到城镇劳动力的一半。城市人口规模带来的工资溢价更多地被城市城镇劳动力获得，本地农村劳动力次之，外地农村劳动力获得的工资溢价最低。

总的来说，按照城市劳动力市场户籍身份分类估计的结果可以总结出一个经验事实：外地农村劳动力进城更多的是因为大城市提供了高工资的就业机会，或者说大城市有能力提供较高的工资报酬，从而吸引力大量的农村劳动力迁入。然而农村劳动力很难融入城市劳动力市场中，难以获得同样的技术外部性。而这不利于新型城市化目标的实现。

在当前的中国，将来的城市化道路该如何选择，究竟是优先发展大中型城市还是小城镇，学术上存在极大的分歧。农村劳动力是中国城市化进程的主要推动力量，如果集聚收益是重要的，对于城市而言，地方政府可以制定城市发展政策去帮助劳动力获取更多的城市集聚经济收益，提高城市的劳动生产率，促进经济社会的发展。本部分从劳动力收入的角度，结合中国分割的城市劳动力市场，为大城市发展模式提供支持。在中国，城市化带来了生产要素和经济活动的集聚，城市集聚经济加强了生产价值链上的"前后联系"、劳动力共享和知识溢出，通过城市集聚效应的金融外部性和技术外部性促进了劳动生产率的提高和劳动力收入水平的增加，大城市有能力为劳动者提供较高的工资水平。从发挥市场潜能和城市人口规模带来集聚效应的角度，应该放松管制，促进劳动力进一步集聚，使劳动力进一步获得城市集聚的好处。为了促进"农村劳动力市民化"的进程，实现包容性的城市化目标，将城市化带来的经济效应惠及更多的劳动者，城市尤其是大城市要继续推进户籍制度以及与户籍制度相关的制度改革，以积极开放态度对待农村劳动力。

第 *8* 章

研究结论与政策建议

8.1 研究结论

集聚经济塑造了世界经济地理。作为城市化进程的主力军，农村劳动力流动是我们城市集聚经济的典型表现。本书综合考虑城市集聚经济和户籍因素两种力量，发现农村劳动力在金融外部性和技术外部性引导下的城乡流动，促进了城市经济增长（虽然具有差异性），然而获得差异性的工资溢价（和城镇劳动力相比较）。具体结论将在下文展开。

8.1.1 金融外部性、技术外部性和农村劳动力流动存在非线性关系

本书利用人口普查数据库，根据集聚经济理论，发现并验证了城市集聚经济的金融外部性、技术外部性和农村劳动力规模的"U"型和"⌣"型非线性关系：（1）以城市人口规模衡量的技术外部性和农村劳动力流动规模之间存在显著的"⌣"型关系，当达到一定的人口规模后，城市集聚产生的技术外部性对农村劳动力流动规模的增长有一个先促进后抑制的作用，不过约91%城市仍处于促进阶段。（2）以市场潜能衡量的金融外部性和农村劳动力流动规模之间存在显著的"U"型曲线关系，只有当市场潜能超过一定的门槛值后，生产要素集聚产生的金融外部性和农村劳动力流动规模才存在正相关关系，不过约83%的城市已处于"U"型曲线的上升阶段。

8.1.2 农村劳动力流动缩小城乡收入差距

本书将新经济地理学中的城市经济集聚运用于城市经济和县域经济的经济发展差距问题中，探讨农村人口迁移影响城乡收入差距的内在机理和具体路径，并在实证模型中引入农村人口迁移和城市集聚的交叉项，结果发现：农村迁移人口显著缩小了城市经济和县域经济的经济发展差距；然而从城市集聚经济视角来看，农村迁移人口流动率和城市集聚技术外部性的交叉项的回归系数显著为正，表明农村迁移人口经过技术外部性扩大了城乡收入差距；农村迁移人口通过金融外部性对经济发展差距的影响不显著，可能的原因是农村迁移人口未获得城市户籍，这有待于进一步的验证。

8.1.3 农村劳动力流动带来差异化的城市经济增长

理论模型和实证检验两方面均表明，农村劳动力是促进城市经济增长的重要影响因素。然而在户籍因素的制约下，农村劳动力流动率和市场潜能交叉项的回归系数显著为负值，在市场潜能一定的情况下，农村劳动力在城市劳动力市场上的比例越高，户籍制度带来的削弱程度就越高，这显然不利于城市经济增长。而农村劳动力流动率和技术外部性的交互作用对城市经济增长的影响虽是正值，但是不显著，仍有待于进一步验证。

在证实农村劳动力流动是城市经济增长重要影响因素的基础上，本书利用 Shapley 方法，分解城市经济增长差异性指标（基尼系数、泰尔－L 指数、泰尔－T 指数），发现农村劳动力流动因素对三个指标的贡献均居于首位：农村劳动力流动带来差异性的城市经济增长，扩大了城市间经济发展差距。

8.1.4 农村劳动力在城市劳动力市场上获得工资溢价

利用 CHIP2002 和 CHIP2007 数据，考察了城市集聚能力对劳动力工资收入的影响及其影响的差异性，并利用 1953 年中国第一次人口普查数据作为工具变量检验结论的稳健性。研究结果发现：城市市场潜能和城市人口规模的扩大有助于劳动力收入水平的提升。平均来讲，城市市场潜能和城市人口规模每上升 1%，劳动力小时工资收入分别提升 0.418% 和 0.124%；作为城市化进程的主要推动力量，农村劳动力同样获得城市集聚经济带来的工资溢价，城市市场潜能和城市人口规模每提高 1%，农村劳动力小时工资收入分别提高 0.398% 和 0.084%。

8.1.5 相较于城镇劳动力，农村劳动力获得的工资溢价呈现差异性

由于户籍因素的制约，劳动力在分享工资溢价方面存在差异性。在金融外部性方面，外地农村劳动力和城镇劳动力获得较高的工资溢价，并不存在显著的差别，而本地农村劳动力获得的工资溢价最低。在技术外部性方面，较高城市人口规模带来的工资溢价更多地被城市城镇劳动力获得，本地农村劳动力次之，外地农村劳动力获得的工资溢价最低。概括来讲，城市市场潜能扩大带来的集聚经济效应更多地偏向了外地农村劳动力和城镇劳动力，而技术外部性带来的工资溢价更多地偏向了城镇劳动力。外地农村劳动力进城更多的是因为大城市提供了高工资的就业机会，或者说大城市有能力提供较高的工资报酬，从而吸引力大量的农村劳动力流入。

8.2 政 策 建 议

8.2.1 充分利用集聚经济机制引导农村劳动力流动

要鼓励劳动力及其经济活动的空间集聚。农村劳动力流动完全是一种市场行为，他们选择流向一线城市还是二线城市甚至选择本地城市化均遵循自身利益最大化原则，由集聚经济的外部收益和外部成本决定。因此，政府应致力于解决市场自身不能解决的问题，重点放在城市基础设施等建设上，改善城市交通运输，降低通勤成本，为城市集聚效应的发挥提供硬件支持，充分发挥城市集聚机制在农村劳动力流动中"向心力"作用；利用城市的"生存成本"提高农村劳动力对于集聚经济"外部成本"的判断，发挥城市集聚经济"离散力"的引导作用。

8.2.2 采用提高集聚经济的城市化模式

本书认为，以提高集聚经济程度为目标的城市化模式提高了城市经济发展水平，并且使得城市劳动力市场中全部劳动力（包括农村劳动力）均获得了工资水平的提高。这也有助于"包容性经济增长"目标的实现。此外，较高市场潜能、较大的人口规模有助于获得更高的工资溢价，这同时也从微观提供了集聚经济效应在中国存在的证据，证实通过劳动力及其经济活动的空间集聚可以充分获得集聚经济带来的好处。学术界和政策界在中国城市化道路选择方面始终存在争论。本书证实了提高集聚经济程度的重要性，大城市发展会给中小城市带来经济辐射效应，并最后实现"在集聚中走向平衡"。

8.2.3 打破地区间的市场分割，鼓励地区间的交流和合作

要充分发挥城市集聚经济效应，消除影响集聚经济效应的地方市场分割。分割的市场不利于集聚经济功能的发挥，造成资源配置效率的下降（周光霞、余吉祥，2013）。因此要进一步降低地区间的贸易壁垒，加强地区间尤其是东中西部之间的贸易联系，鼓励地区间的经济合作与交流，使中西部地区在能够享受东部地区金融外部性好处的同时，提高自身的市场潜能。改善城市交通基础设施建设，加快中西部地区硬件和软件建设，向欠发达地区实施支持性财政政策和转移支付，有助于中西部地区自身集聚经济的形成，从而促进经济增长。

8.2.4 加快户籍改革，推进农村劳动力市民化的进程

根据2014年《国家新型城镇化规划》目标，2020年户籍人口城镇化率要达到45%左右，推进农村劳动力市民化是新型城镇化核心。农村劳动力市民化的内涵就是改变"候鸟式"迁移的特征，使已经进城的农村劳动力获得城市户籍。首先，从金融外部性而言，市民化可以在保持城市常住人口规模不变的情况下，发挥城市化拉动内需功能。其次，就技术外部性而言，城市劳动力市场的共享和知识溢出是农村劳动力提升人力资本水平的可行途径，通过户籍制度改革，增加农村劳动力在城市中融入度有助于

发挥"干中学"的知识溢出和学习效应。为了充分发挥集聚经济效应，发挥城市化拉动内需、促进经济增长的功能，一个切实可行、急需采取的政策就是户籍制度改革，允许农村劳动力和城镇劳动力一样，享受同样福利和城市公共设施，从而使农村劳动力能够在城市长久居住下来。狭义来看，户籍制度仅仅是人口登记和管理的制度；广义来看，户籍制度内容包含了与身份识别相关联的就业、社会保障和公共服务领域。因此户籍制度改革是一个系统性的工程，需要有序、渐进式推进。

8.2.5　提升农村劳动力的人力资本水平，提高城市融入度

真正市民化的实现还需要农村劳动力具备在城市生存、发展的能力，如就业、再就业和创业能力，良好的人资关系，融入城市文明和文化的能力等。因此为了实现农村劳动力市民化目标，不仅需要政府的大力支持，还需要其自身素质的提升，各种职业教育培训会有助于培养农村劳动力的各种能力。这些培训有助于农村劳动力完成从农民到工人的职业角色转变、从农民工到市民的社会身份转变、从土地依赖到资本依赖的资源获取方式转变，加速人力资本积累和城市融入速度，最终实现真正的市民化。

8.3　未来研究方向

城市集聚经济的学术思想源远流长，从 1890 年马歇尔提出之后，得到经济学家的高度重视，在不断和其他学科交叉过程中，研究领域和理论框架日益丰富和完善。中国户籍制度约束下的农村劳动力流动为城市集聚经济的验证提供了新的实验场所。本书将城市集聚经济理论和中国农村劳动力流动的现实相结合，发现农村劳动力城市化促进城市经济增长，但是对经济增长成果分享程度较低。限于本书对集聚经济理论的有限理解，至少有以下几个方面有待于进一步研究和拓展。

第一，进一步深入研究城市集聚经济机制。虽然本书同时研究了金融外部性和技术外部性，克服了原有大部分研究把技术外部性作为"黑箱"对待的现状，但是本书只是一个研究的开端，对技术外部性的研究还很粗糙，有待于进一步深入探讨。

第二，我国城市建制分为省级城市、副省级市、地级市和县级市，由

于数据限制，本书仅仅研究了省级市、副省级市和一般地级市，并没有包括县级市。今后条件允许的话，须将研究对象延伸至县级市，为中国的城镇化进程提供相应的政策建议。

第三，虽然本书将城市层级中观数据和劳动力个人微观数据相结合，考虑城市集聚经济分享的差异性，但是限于数据的可得性，仅仅涉及了61个地级及以上城市（其中 CHIP2002 共 43 个城市，CHIP2007 共 18 个城市）。因此，今后如果数据支持的话，可以进一步扩大研究范围，增加结论的一般性。

参 考 文 献

[1] 蔡昉. 城市化与农民工的贡献——后危机时期中国经济增长潜力的思考 [J]. 中国人口科学, 2010 (1): 2-10.

[2] 蔡昉、都阳. 工资增长、工资趋同与刘易斯转折点 [J]. 经济学动态, 2011 (9): 9-16.

[3] 蔡武、吴国兵、朱荃. 集聚空间外部性、城乡劳动力流动对收入差距的影响 [J]. 宏观经济研究, 2013 (2): 21-30.

[4] 蔡阳. 我国人口流动和区域经济增长收敛性研究 [J]. 统计与决策, 2014 (23): 138-141.

[5] 陈珣、徐舒. 农民工与城镇职工的工资差距及动态同化 [J]. 经济研究, 2014 (10): 74-88.

[6] 程中华、刘军. 产业集聚、市场潜能与地区工资差距 [J]. 财经论丛, 2015 (3): 10-16.

[7] 程开明、李金昌. 城市偏向、城市化与城乡收入差距的作用机制及动态分析 [J]. 数量经济技术经济研究, 2007 (7): 116-125.

[8] 杜旻、刘长全. 集聚效应、人口流动与城市增长 [J]. 人口与经济, 2014 (6): 44-56.

[9] 段平忠, 刘传江. 中国省际人口流动对地区差距的影响 [J]. 中国人口. 资源与环境, 2012 (11): 60-67.

[10] 范剑勇. 产业集聚与地区间劳动生产率差异 [J]. 经济研究, 2006 (11): 72-81.

[11] 范剑勇、莫家伟. 城市化模式与经济发展方式转变——兼论城市化的方向选择 [J]. 复旦学报 (社会科学版), 2013 (3): 65-73.

[12] 范剑勇、张雁. 经济地理与地区间工资差异 [J]. 经济研究, 2009 (8): 73-84.

[13] 高虹. 城市人口规模与劳动力收入 [J]. 世界经济, 2014 (10): 145-164.

［14］高新才、李岳峰. 生产要素流动 U 型假设下的城郊型县域经济发展［J］. 中国农村经济, 2007（3）: 13 - 20.

［15］郭其友、吴浜源、许建伟. 新一轮户籍制度改革与中小城市发展——以福建省为例［J］. 福建论坛. 人文社会科学版, 2013（5）: 139 - 144.

［16］韩峰、郑腾飞. 空间供给外部性、经济集聚与城市劳动生产率——对中国城市面板数据的实证分析［J］. 上海经济研究, 2014（4）: 59 - 72.

［17］何显明. 市管县体制绩效及其变革路径选择的制度分析［J］. 中国行政管理, 2004（7）: 70 - 74.

［18］贺建风、刘建平. 城市化、对外开放与城乡收入差距——基于 VAR 模型的实证分析［J］. 技术经济与管理研究, 2010（4）: 16 - 19.

［19］洪兴建. 中国地区差距、极化与流动性［J］. 经济研究, 2010（12）: 82 - 96.

［20］贾小玫、张喆、郑坤拾. 全要素背景下人口流动对我国省际间经济差距影响的分析［J］. 中央财经大学学报, 2013（9）: 64 - 70.

［21］中国经济增长前沿课题组. 中国经济长期增长路径、效率与潜在增长水平［J］. 经济研究, 2012（11）: 4 - 17.

［22］柯善咨. 扩散与回流: 城市在中部崛起中的主导作用［J］. 管理世界, 2009（1）: 61 - 71.

［23］寇恩惠、刘柏惠. 城镇化进程中农民工就业稳定性及工资差距——基于分位数回归的分析［J］. 数量经济技术经济研究, 2013（7）: 3 - 19.

［24］李宾、马九杰. 劳动力转移、农业生产经营组织创新与城乡收入变化影响研究［J］. 中国软科学, 2014（9）: 60 - 75.

［25］李金凤. 我国城镇化与城乡收入差距的正反馈机制研究［J］. 河北经贸大学学报, 2015（4）: 39 - 44.

［26］李森圣、张宗益. 城市规模对城乡收入差距的影响——基于地级市面板数据的分析［J］. 城市问题, 2015（6）: 14 - 20.

［27］李实. 中国农村劳动力流动与收入增长和分配［J］. 中国社会科学, 1999（2）: 16 - 33.

［28］李修彪、齐春宇. 人力资本积累与城镇化的互动关系研究——基于空间面板联力方程的分析［J］. 南方人口, 2015（4）: 54 - 68.

［29］李国璋、戚磊. 市场潜力、经济集聚与地区间工资差异［J］. 财经科学, 2011（5）: 71 - 78.

［30］梁琦、钱学锋. 外部性与集聚: 一个文献综述［J］. 世界经济,

2007（2）：84-96.

[31] 林毅夫、刘培林. 中国的经济发展战略与地区收入差距 [J]，经济研究，2003（3）：19-25.

[32] 凌耀初. 中国县域经济发展分析 [J]. 上海经济研究，2003（12）：3-11.

[33] 刘生龙. 中国跨省人口流动的影响因素分析 [J]. 数量经济技术经济研究，2014（4）：83-98.

[34] 刘修岩、贺小海、殷醒民. 市场潜能与地区工资差距：基于中国地级面板数据的实证研究 [J]. 管理世界，2007（9）：48-55.

[35] 刘修岩. 空间效率与区域平衡：对中国省级层面集聚效应的检验 [J]. 世界经济，2014（1）：55-77.

[36] 刘修岩、殷醒民. 空间外部性与地区工资差异：基于动态面板数据的实证检验 [J]. 经济学（季刊），2008（1）：77-98.

[37] 刘秀梅、田维明. 我国农村劳动力转移对经济增长的贡献分析 [J]. 管理世界，2005（1）：91-95.

[38] 刘晏伶、冯健. 中国人口流动特征及其影响因素 [J]. 人文地理，2014（2）：129-137.

[39] 刘以安、宁宣熙. 中心城市扩张的梯度效应对县域经济发展的影响 [J]. 江苏农村经济，2005（11）：50-52.

[40] 陆铭、陈钊. 城市化、城市倾向的经济政策与城乡收入差距 [J]. 经济研究，2004（6）：50-58.

[41] 陆铭、陈钊. 在集聚中走向均衡——中国城乡和区域差距协调发展的实证研究 [M]. 北京：北京大学出版社，2009.

[42] 陆铭、陈钊. 在集聚中走向平衡：城乡和区域协调发展的"第三条道路" [J]. 世界经济，2008（8）：57-61.

[43] 陆铭、高虹、佐滕宏. 城市规模与包容性就业 [J]. 中国社会科学，2012（10）：47-66.

[44] 宁光杰. 中国大城市的工资高吗？——来自农村外出劳动力的收入证据 [J]. 经济学（季刊），2014（3）：1021-1046.

[45] 庞明礼. "市管县"的悖论与"省管县"的可行性研究 [J]. 北京行政学院学报，2007（4）：16-19.

[46] 齐明珠. 我国农村劳动力转移对经济增长贡献的量化研究 [J]. 中国人口·资源与环境，2014（4）：127-135.

[47] 钱淑芳. 我国城市化对城乡收入差距与经济增长的影响研究 [J]. 工业技术经济, 2015 (5): 87-94.

[48] 沈坤荣、唐文健. 大规模劳动力转移条件下的经济收敛性分析 [J], 中国社会科学, 2006 (5): 46-57.

[49] 史晋川、战明华. 聚集效应、劳动力市场分割与城市增长机制的重构——转轨时期我国农村劳动力转移的一个新古典模型的拓展 [J]. 财经研究, 2006 (1): 5-19.

[50] 孙学玉、伍开昌. 当代中国行政结构扁平化的战略构想——以市管县体制为例 [J]. 中国行政管理, 2004 (3): 79-87.

[51] 陶然. 中国当前增长方式下的城市化模式与土地制度改革—典型事实、主要挑战与政策突破 [EB/OL]. http: //www. brookings. edu/ ~/ media/Research/Files/Papers/2011/9/21% 20china% 20tao/0921 _ china _ tao. PDF.

[52] 田相辉、徐小靓. 为什么流动大城市? ——基于城市集聚经济的估计 [J]. 人口与经济, 2015 (3): 23-32.

[53] 万广华. 解释中国农村区域间的收入不平等: 一种基于回归方程的分解方法 [J]. 经济研究, 2004 (8): 117-126.

[54] 万广华、周章跃、陆迁. 中国农村收入不平等: 运用农户数据的回归分解 [J]. 中国农村经济, 2005 (5): 4-11.

[55] 汪增洋、费金金. 人口流动的空间抉择: 本地城镇化抑或异地城镇化 [J]. 财贸研究, 2014 (6): 61-67.

[56] 王春超、荆琛. 中国城市化进程中农民工对经济产出的贡献与收益分享 [J]. 经济社会体制比较, 2012 (2): 144-153.

[57] 王桂新、潘泽瀚、陆燕秋. 中国省际人口流动区域模式变化及其影响因素——基于2000年和2010年人口普查资料的分析 [J]. 中国人口科学, 2012 (5): 2-13.

[58] 王建国、李实. 大城市的农民工工资水平高吗? [J]. 管理世界, 2015 (1): 51-62.

[59] 王鹏. 我国劳动力市场上工资收入差距的决定因素——基于夏普里值过程的回归方程分解 [J]. 财经研究, 2012 (2): 39-48.

[60] 王小鲁、樊纲. 中国地区差距的变动趋势和影响因素 [J]. 经济研究, 2004 (1): 33-44.

[61] 王秀芝. 省际人口流动的内在动因及其影响波及 [J]. 改革,

2014（3）：142 - 148.

[62] 王美艳. 城市劳动力市场上的就业机会与工资差异——外来劳动力就业与报酬研究 [J]. 中国社会科学，2005（5）：36 - 46.

[63] 王永培、晏维龙. 中国劳动力跨省流动的实证研究 [J]. 人口与经济，2013（2），53 - 59.

[64] 唐为、王媛. 行政区划调整与人口城市化：来自撤县设区的经验证据 [J]. 经济研究，2015（9）：72 - 84.

[65] 吴贾、姚先国、张俊森. 城乡户籍歧视是否趋于止步——来自改革进程中的经验证据：1989 - 2011 [J]. 经济研究，2015（11）：148 - 159.

[66] 吴晓怡、邵军. 经济集聚与制造业工资不平等：基于历史工具变量的研究 [J]. 世界经济，2016（4）：120 - 142.

[67] 邢春冰. 农民工与城镇职工的收入差距 [J]. 管理世界，2008（5）：55 - 64.

[68] 徐肇涵. 中国城市集聚效应与非农劳动生产率的实证研究 [J]. 经济学动态，2012（8）：38 - 41.

[69] 许召元、李善同. 区域间劳动力流动对地区差距的影响 [J]. 经济学（季刊），2008（1）：53 - 76.

[70] 许政、陈钊、陆铭. 中国城市体系的"中心—外围模式"[J]. 世界经济，2010（7）：144 - 160.

[71] 颜品、汪卢俊、宗振利. 选择机制，技能溢价与人口迁移——基于全国流动人口动态监测数据的经验分析 [J]. 南方人口，2014（1）：28 - 38.

[72] 杨晓军. 农民工对经济增长贡献与成果分享 [J]. 中国人口科学，2012（6）：66 - 74.

[73] 姚枝仲、周素芳. 劳动力流动与地区差距 [J]. 世界经济，2003（4）：35 - 44.

[74] 余吉祥、段玉彬. 集聚经济与中国城市体系优化——跨省流动视角的研究 [J]. 统计与信息论坛，2013（4）：67 - 73.

[75] 余吉祥、沈坤荣. 跨省流动、经济集聚与地区差距扩大 [J]. 经济科学，2013（2）：33 - 44.

[76] 余吉祥、周光霞、段玉彬. 中国城市规模分布的演进趋势研究——基于全国人口普查数据 [J]. 人口与经济，2013（2）：45 - 52.

[77] 张皓星. "外地人"歧视对工资差距的影响 [J]. 当代经济科

学, 2014 (9): 107-112.

[78] 张义博、刘文忻. 人口流动、财政支出结构与城乡收入差距 [J]. 中国农村经济, 2012 (1): 16-30.

[79] 章元、刘修岩. 集聚经济与经济增长: 来自中国的经验证据 [J]. 世界经济, 2008 (3): 60-70.

[80] 章元、王昊. 城市劳动力市场上的户籍歧视与地域歧视: 基于人口普查数据的研究 [J]. 管理世界, 2011 (7): 42-51.

[81] 赵连阁、钟博、王学渊. 劳动力异质性、人口流动壁垒与地区收入差距研究 [J]. 商业研究, 2014 (2): 8-14.

[82] 周光霞、王学鹏. 长三角地区城市增长的影响因素 [J]. 人口学刊, 2014 (2): 36-44.

[83] 周光霞、余吉祥. 1990~2010 年长三角地区城市体系的演进——基于人口普查数据的研究 [J]. 西北人口, 2013 (3): 16-26.

[84] 周光霞、余吉祥. 长三角城市体系的"中心—外围模式"[J]. 华东经济管理, 2013 (4): 68-72.

[85] 周黎安. 晋升博弈中政府官员的激励与合作——兼论我国地方保护主义和重复建设问题长期存在的原因 [J]. 经济研究, 2004 (6): 33-40.

[86] 周一星、于海波. 中国城市人口规模结构的重构 (一) [J]. 城市规划, 2004 (6): 49-55.

[87] 踪家峰、周亮. 大城市支付了更高的工资吗? [J]. 经济学 (季刊), 2015 (4): 1467-1496.

[88] Alonso, W. Location and Land Use [M]. Cambridge: Harvard University Press, 1964.

[89] Bloom D, Canning D, Sevilla J. The Demographic Dividend: A New Perspective on the Economic Consequences of Population Change [M]. Rand Corporation, 2003.

[90] Bosker, M. Growth, Agglomeration and Convergence: A Space-time Analysis for European Regions [J]. Spatial Economic Analysis, 2007, 2 (1), pp. 91-100.

[91] Bound, John., Harry, Holzer. Demand Shifts, Population Adjustments and Labor Market Outcomes during the 1980s [J]. Journal of Labor Economics, 2000, 18 (1), pp. 20-54.

[92] Bourguignon, Francois. Decomposable Income Inequality Measures

[J]. Econometrica, 1979, 47 (4), pp. 901 – 920.

[93] Button, K. J., Urban Economics: Theory and Policy [M]. Macmillan Press, Limited, 1976.

[94] Ciccone, A., Hall, R. E. Productivity and the Density of Economic Activity [J]. The American Economic Review, 1996, 86 (1), pp. 54 – 70.

[95] Ciccone, A. Agglomeration Effects in Europe [J]. European Economic Review, 2002, 46 (2), pp. 213 – 227.

[96] Clark G L, Gertler M S, Feldman M P, The Oxford handbook of economic geography [M]. Oxford: Oxford University Press, 2003: 477 – 486.

[97] Combes. P., G Duranton, L Gobillon, D Puga, and S. Roux, The Productivity Advantages of Large Cities: Distinguishing Agglomeration From Firm Selection [J]. Econometrica, 2012, 80 (6), pp. 2543 – 2594.

[98] Combes. P., S Démurger, Shi Li, Urbansation and Migration Externalities in China [J]. http://www. gate. cnrs. fr, 2013.

[99] Davis, D. R., Weinstein, D. E. Dose Economic Geography Matter for International Specialization? NBER Working Paper No. 5706.

[100] Diego Puga. Urbanization Patterns: European versus Less Developed Countries [J]. Journal of Regional Science, 1998, 38 (2), pp. 231 – 252.

[101] Démurger, Sylvie and Hui Xu, "Return Migrants: The Rise of New Entrepreneurs in Rural China", World Development, 2011, 39, pp. 1847 – 1861.

[102] Duranton, G., Puga, D. Diversity and Specialisation in Cities: Why, Where and When does It Matter? [J]. Urban Studies, 2000, 37 (3), pp. 533 – 555.

[103] Duranton, G., Puga, D. Micro-foundations of Urban Agglomeration Economies [J]. Handbook of regional and urban economics, 2004, pp. 2063 – 2117.

[104] Fan, C. Cindy. The Elite, the Natives, and the Outsiders: Migration and Labor Market Segmentation in Urban China [J]. Annals of the Association of American Geographers 2002, 92 (1), pp. 103 – 124.

[105] Fujita, M., Ishii, T. Global Localtion Behavior and Organizational Dynamics of Japanese Electronic Firms and Their Impact on Regional Ecomomics. Paper prepared for Prince Bertil Symposlum on the Dynamic Firm, Stock-

holm, June.

[106] Fujita, M., Krugman, P., and Venables, A. J. The Spatial Economy: Cities, Regions, and International Trade [M]. Cambridge: MIT Press, 2001.

[107] Fujita, M., Krugman P. R., Venables A. J. The Spatial Economy: Cities, Regions and International Trade [M]. The MIT Press, Cambridge, MA. 1999.

[108] Fujita, M., Ogawa, H. Multiple Equilibria and Structural Transition of Non-monocentric Urban Configuration [J]. Regional Science and Urban Economics, 1982 12 (82), pp. 161 – 196.

[109] Futagami, K., Ohkusa, Y. The quality ladder and product variety: larger economies may not grow faster [J]. Japanese Economic Review, 2003, 54 (3), pp. 336 – 351.

[110] Gardiner, B., Martin, R. and Tyler, P. Does Spatial Agglomeration Increase National Growth? Some Evidence from Europe [J]. Journal of Economic Geography, 2011, 11 (6), pp. 979 – 1006.

[111] Glaeser, E., Mare, D., Cities and Skills [J]. Journal of World Economics, 2001, 19 (2), pp. 316 – 342.

[112] Glaeser, E. L. Learning in Cities [J]. Journal of Urban Economics, 1999, 46 (2), pp. 254 – 277.

[113] Glaeser. E., Gottlieb, J. The Wealth of Cities: Agglomeration Economies and Spatial Equilibrium in the United States [J]. Journal of Economic Literature, 2009, 47 (4), pp. 983 – 1028.

[114] Harris, C., The Market as a Factor in the Localization of Industry in the United States [J]. Annals of the Association of American Geographers, 1954, 44 (4), pp. 315 – 348.

[115] Helsley, R. W., Strange W. C. Matching and Agglomeration Economies in a System of Cities [J]. Regional Science and Urban Economics, 1990, 20 (2), pp. 189 – 212.

[116] Henderson, J. V., J. R. Logan, S. Choi. Growth of China's Medium-Size Cities [J]. Brookings – Wharton Paper on Urban Affairs, 2005, (1), pp. 263 – 303.

[117] Henderson, J. V. The Size and Type of Cities [J]. American Eco-

nomic Review, 1974, 64 (4), pp. 640 –656.

[118] Huriot, J. F. , Thisse, J. F. Economics of Cities: Theoretical Perspectives [M]. Ambridge University Press, 2000.

[119] Jacobs, J. the Death and Life of Great American Cities [M]. New York: Vintage Books, 1961.

[120] Jacobs, J. The Economy of Cities [M]. New York: Vintage Books, 1969.

[121] Jones Charles I, R & D – Based Models of Economic Growth [J]. Journal of Political Economy, 1995, 103 (4), pp. 759 –784.

[122] Krugman, P. R. , Elizondo, R. Trade Policy and the Third World Metropolis [J]. Journal of Development Economics, 1996, 49 (1), pp. 137 –150.

[123] Krugman, P. R. Geography and Trade [M]. Cambridge : MIT Press, 1991.

[124] Krugman, P. R. Increasing Returns and Economic Geography [J]. Journal of Political Economy, 1991, 99 (3), pp. 483 –499.

[125] Lee R, Mason A. What is the Demographic Dividend? [J]. Finance and Development, 2006, 43 (3), P. 16.

[126] Lucas, R. On the Mechanics of Economic Development [J]. Journal of Monetary Economics, 1988, 22, pp. 3 –42.

[127] Luisito Bertinelli , Duncan Black. Urbanization and growth [J]. Journal of Urban Economics, 2004, 56 (1), pp. 80 –96.

[128] Maddaloni A, Musso A, Rother P, et al. Macroeconomic Implications of Demegraphic Developments in the EURO Arear [R]. ECB Occasional Paper, No. 51, 2006.

[129] Marshall, A. Principles of Economics [M]. London: Macmillan, 1890.

[130] Mattieu Crozet. Do migrants follow market potentials? An Estimation of a new economic geography model [J] . Journal of economics geography, 2004, 4 (4), pp. 439 –458.

[131] Meng, Xin and Junsen Zhang. TheTwo – Tier Labor Market in Urban China: Occupational Segregation and Wage Differentials between Urban Residents and Rural Migrants in Shanghai [J]. Journal of Comparative Economics, 2001, 29 (3), pp. 485 –504.

[132] Michael P. Todaro. A Model of Labor Migration and Urban Unemployment in Less Developed Countries [J]. The American Economic Review, 1969, 59 (1), pp. 138 – 148.

[133] Mincer J. Schooling, Experience, and Earnings, New York: Columbia University Press. 1974.

[134] Moretti, E. Workers Education, Spillovers, and Productivity: Evidence from Plant-level Production Functions [J]. The American Economic Review, 2004, 94 (3), pp. 656 – 690.

[135] Moretti. E. , Local Labor Markets. In O. Ashenfelter and D. E. Card, eds. , Handbook of Labor Economics. Amsterdam: North Holland, 2011.

[136] Moretti E. local Multipliers [J]. American Economic Review, 2010, 100 (2), pp. 373 – 377.

[137] Myrdal, G. Economic Theroy and Underdeveloped Regions [M]. London: University Paperbacks, Methuen, 1957.

[138] Ottaviano, G. , Thisse J. F. Agglomeration and Economic Geography [J]. Handbook of Regional and Urban Economics, 2004, 4 (1), pp. 2563 – 2608.

[139] Overman, H. , Ioannides, Y. Cross-sectional Evolution of the US City Size Distribution [J]. Journal of Urban Economics, 2001, 49, pp. 543 – 566.

[140] Paluzie, E. , J. Pons, D. A. Tirado. Test of the Market Potential Equation in Spain [J] Applied Economics, 2009, 41, pp. 1487 – 1493.

[141] Roy A, Aggarwal S. A Demographic Perspective of Economic Growth [R]. Economics Research, 2009.

[142] Scitovsky T. , Two Concepts of External Economies [J]. The Journal of Political Economy, 1954, 62 (2), pp. 143 – 151.

[143] Shorrocks, A. F. Decomposition Procedures for Distributional Analysis: a Unified Framework Based on the Shapley Value [J]. unpublished manuscript, Department of Economics, University of Essex, 1999.

[144] Shorrocks, Anthony. F. Inequality Decomposition by Factor Components [J]. Econometrica, 1982, 50 (1), pp. 193 – 211 .

[145] Shorrocks, Anthony. F. Inequality Decomposition by Population Subgroups [J]. Econometrica, 1984, 52 (6), pp. 1369 – 1385.

[146] Shorrocks, Anthony. F. The Class of Additively Decomposable Ine-

qualiy Measures [J]. Econometrica, 1980, 48 (3), pp. 613 – 625.

[147] Spiezia, V. Geographic Concentration of Production and Unemployment in OECD Countries. Cities and Regions, OECD, Paris, 2002.

[148] Tabuchi, T. , Yoshida, A, Separating Urban Agglomeration Economies in Consumption and Production [J]. Journal of Urban Economics, 2000, 48 (1), pp. 70 – 48.

[149] Tabuchi, T. Urban Agglomeration and Dispersion: A Synthesis of Alonso and Krugman [J]. Journal of Urban Economics, 1998, 44, pp. 333 – 351.

[150] Tabuchi, T. Urban Agglomeration and Dispersion: A Synthesis of Alonso and Krugman [J]. Journal of Urban Economics, 1998, 44 (3), pp. 333 – 351.

[151] Taylor, A. M. , Williamson, J. G. , Convergence in the Age of Mass Migration [J]. European Review of Economic History, 1997, 1 (1), pp. 27 – 63.

[152] Taylor Alan M, Jeffery G. Williamson. Convergence in the Age of Mass Migration [J]. NBER Working Paper, 1994, 4711.

[153] Thünen, . H. von. Der Isolierte Staat in B eziehungauf Landschaft and Nationalokonomie [M]. Hamburg, 1826.

[154] Topel, R. H. Local Labor Markets [J]. The Journal of Political Economy, 1986. 94 (4) Part 2: Hoover Institute Labor Conference (Jun. , 1986), S111 – S143.

[155] Venables, A. , Equilibrium Locations of Vertically Linked Industries [J] International Economic Review, 1996, 37 (2), pp. 341 – 359.

[156] Viner, J. Cost curves and supply curves [J]. Zeitschrift für Nationalökonomie, 1931, (3), pp. 23 – 46.

[157] Wan, Guanghua, Zhou, Zhangyue. Income Inequality in Rural China: Regression-based Decomposition Using Household Data [J]. Review of Development Economics, 2005, 9 (1), pp. 107 – 120.

[158] W. Arthur Lewis. Economic Development with Unlimited Supplies of Labour [J]. The Manchester School , 1954, 22 (2), pp. 139 – 191.

[159] Wooldridge, J. 计量经济学导论——现代观点 [M]. 北京: 清华大学出版社, 2006.

后　　记

　　本书是在我的博士论文基础上修改、完善而成的。从论文选题、数据收集整理、框架设计、论文撰写修改直至送审，我的导师宋洪远教授和林乐芬教授都给予了大量指导。书稿凝结了宋老师和林老师大量的时间、心血和智慧，深深感谢宋老师和林老师在论文写作过程中给予的耐心指导和提出的宝贵建议！宋老师和林老师渊博的学识、严谨的治学态度、敏锐的洞察力等都让我备受熏陶，使我终身受益，他们是我今后从事教学科研的楷模。宋老师和林老师不仅仅是良师，还是难得的益友，他们高尚的人格、博大的胸怀、直爽的性格等潜移默化地影响着我如何做人、如何面对生活，这必将是我一生中最为宝贵的精神财富！

　　感谢钟甫宁教授、朱晶教授、周应恒教授、董晓林教授、何军教授、张龙耀副教授等专家在选题、开题、论文预答辩过程中提出的深刻、中肯的修改建议。感谢答辩委员会温作民教授、孟令杰教授、应瑞瑶教授、周曙东教授、林光华教授以及五位匿名评审专家在论文答辩和评审中提出的修改建议。感谢四年来为我授课的南京农业大学经济管理学院老师，正是各位老师的辛勤培养，开阔了我的视野，增加我的知识储备，提高了我的科研能力，南农四年的学习使我受益终生。感谢科研办及资料室各位老师为我的学习和研究提供的各种帮助。

　　四年的博士求学生活中，同窗好友的关心和帮助使我真切感悟到友情的珍贵。感谢同师门的马艳艳、吴敏、金媛、陶世奇、周顺兴、程欣伟、顾庆康、王步天、熊发礼等师兄、师姐、师弟、师妹们在学业上对我的无私帮助，更向未毕业的各位兄弟姐妹们献出发自内心的由衷祝福，祝福大家科研有成，早日完成学业。同时感谢陈清华、张玉娥、曹科伟等各位同窗好友，在南京农业大学共同奋斗的日子终生难忘，向各位在学术思想上的交流启迪与日常生活中的关心帮助表示真挚的谢意。感谢所有关注我、关心我的朋友！

　　本书得到了齐鲁工业大学博士科研启动经费的资助，感谢以徐如志院长、刘长生书记、周峰副院长、李永平副院长为核心的院系领导班子给予的鼎力支持。感谢单位同事给予的充分理解、关怀、鼓励和热心帮助，正是由于你们在四年中分担相关工作，我才得以顺利地完成论文的写作。经济科学出版社的编辑在本书出版过程中付出了辛苦和努力，在此一并郑重致谢。

深深感谢我的爸爸、妈妈、哥哥、嫂子和侄子，一直为我的生活忙碌操心。谁言寸草心，报得三春晖。爸爸妈妈的支持一直是我前进的动力，我永远爱你们。从离开家乡的那一刻起，父母的牵挂始终伴随着我，他们倾注在我身上无私的爱是我肯于辛苦做科研、面对生活的原动力。尤其是我的妈妈，正是妈妈一直以来的坚持和鼓励，我才能一步一步地从小学一直读到博士研究生毕业。妈妈的坚韧潜移默化地影响了我，成就了我今天的成绩。哥哥和嫂子帮我分担了照顾父母的责任，解除我的后顾之忧，鼓励我不断进取。侄子的欢声笑语带给我无限的快乐，减轻了压在肩头的科研、工作压力。每每接到千里之外家人的电话时，我就会对生活充满了感恩，就会产生更多面对生活的勇气，感谢生命让我拥有如此浓浓的亲情！

由于研究条件限制，本书难免存在一些不足之处，恳请各位同仁和读者朋友批评指正。我必将再接再厉，在前期研究的基础上继续前进。

周光霞

2019 年 10 月